ALBERT-LÉVY et G. PINET

L'ARGOT DE L'X

ILLUSTRÉ PAR LES *X*

PRÉFACE D'ARMAND SILVESTRE

EAU-FORTE ORIGINALE DE BRACQUEMOND

PARIS
Librairie de l'Édition nationale
ÉMILE TESTARD, ÉDITEUR
18, RUE DE CONDÉ, 18

1894

*...Ma poule
aux œufs d'or*
Napol.

A nos Antiques.

A nos Cocons.

A nos Conscrits.

AVERTISSEMENT

L'École Polytechnique célébrant cette année (1894) le centième anniversaire de sa fondation, devra au *Comité du Centenaire*, présidé par M. Faye, le savant astronome, sa véritable histoire, celle des hommes considérables formés par elle : officiers de terre et de mer, ingénieurs des services publics, industriels, administrateurs, magistrats, membres du clergé, savants, hommes politiques et hommes d'État qui lui ont conquis la célébrité. Le récit ayant été fait déjà de la participation des polytechniciens aux grandes manifestations nationales, des *souvenirs* et des *traditions* auxquels elle doit sa popularité, son histoire est maintenant complète.

Mais le sujet n'est point épuisé pour ceux qui, répudiant, comme nous, toute prétention à la gravité de l'historien, cherchent simplement dans le passé de l'École, ce qui peut distraire et amuser les nouvelles générations d'élèves. C'est ainsi qu'essayant de revivre, pour ainsi dire, les deux années de notre jeunesse, les scènes curieuses de la vie journalière nous sont revenues à la mémoire, avec « cette façon de langage maçonnique » qui servait à nous reconnaître et dont certaines locutions ont franchi les murs de la rue Descartes. Il nous a paru alors que nos camarades pourraient prendre plaisir à retrouver les jeux, les fêtes, les cérémonies, les airs, les chansons, les poésies, tout ce qui avait distrait le temps des études laborieuses, dans un vocabulaire de l'*Argot* original, à l'aide duquel se sont transmis les souvenirs et perpétuées les traditions. Beaucoup nous ont approuvés et encouragés. De toutes les promotions, soit anciennes, soit récentes ; de tout le personnel attaché à l'École, officiers, professeurs, répétiteurs, élèves etagents, nous sont parvenus des renseignements précieux, des notes, des anecdotes, des croquis, des caricatures, des chansons, et notre livre est né de cette collaboration généreuse (1).

Nous voulons donc remercier ici publiquement tous ceux qui ont été ainsi nos collaborateurs, et parmi eux :

Les camarades : Laussédat, Cataian, Moutard, Mercadier, de Rochas, de Lapparent, Kerviler, Picquet, Saraz, Lemoine, Chéguillaume qui nous ont communiqué leurs documents, — Armand Silvestre, à qui son affection pour tout ce qui touche à l'École a inspiré la préface émue qu'on va lire, — Marcel Prévost, qui nous a donné son premier sonnet inédit composé à l'École même, — G. Moch, l'auteur de l'amusante saynette de *Chambergeot*, — Doigneau, Leblond, Voillaume, Olive, Helbronner, Ernst, et avec eux M. Ragut, attaché à la direction des études, artistes dont l'habile crayon a saisi sur le vif toutes les manifestations de la vie polytechnicienne, — les *majors* et les *caissiers* présents à l'École qui ont mis à notre disposition les

---

(1) Les auteurs accueilleront avec reconnaissance tous les renseignements rectificatifs ou complémentaires que les camarades voudront bien leur adresser pour servir à une seconde édition.

volumineuses archives accumulées par les promotions successives.

Nous remercions enfin particulièrement notre ami, l'éminent graveur Bracquemond, de sa superbe composition offerte pour être mise en frontispice, et notre aimable éditeur de s'être appliqué à parer avec art ce petit livre pour le présenter au public.

Albert-Lévy — G. Pinet.

11 mars 1894.

PRÉFACE

En me faisant l'honneur de me demander quelques lignes d' « Avant-Propos » pour leur livre tout à la fois si fantaisiste et si documentaire, mes camarades, ses auteurs, m'ont, en même temps, causé une grande joie. Car je n'en ai pas de meilleure et de plus vive que de reporter mon souvenir vers ces deux années d'École d'où je tirai l'optimisme de toute ma vie.

J'y connus, en effet, une société toute de sélection intellectuelle, ardente vers un même idéal de vérité et de justice, où l'intrigue et la basse envie étaient inconnues, où la fraternité n'est pas un mot banal ; et, bien que tout ce que j'ai rencontré depuis dans le monde en ait prodigieusement différé, j'y ai puisé une confiance dans la vie qui m'a constamment soutenu. Et j'imagine que beaucoup, de ceux qui y ont passé, en ont emporté la même impression consolatrice.

A l'École, cette camaraderie, qui, dans nos mœurs actuelles, n'est pas même pour la plupart et partout ailleurs, une menue monnaie de l'amitié, est, pour le monde polytechnicien, une chose aussi sacrée que naturelle, parce qu'elle s'exerce entre gens de même éducation et d'égales traditions d'honneur, parce qu'elle ne risque pas de s'égarer sur des indignes, à une époque où, par une certaine indifférence morale tout à fait blâmable, les hommes regardent beaucoup plus où ils mettent leurs pieds qu'où ils mettent leur main. Notre tutoiement traditionnel ne risque jamais d'être compromettant. Aussi gardai-je cette formule d'intimité à quelques amis de première enfance, puis pour nos camarades d'École exclusivement. Mais combien elle m'est douce avec eux !

L' « argot de l'X », comme l'ont appelé les auteurs de cet aimable *Dictionnaire*, est aussi, entre nous qui avons quitté depuis longtemps l'École, un signe de ralliement, une façon de langage maçonnique. Il a le grand avantage d'avoir varié avec le temps, ou plutôt de s'être constamment enrichi, ce qui lui permet de donner un moyen immédiat de se reconnaître aux élèves des promotions voisines. Il indique des dates et est documentairement historique au premier chef. Car chaque mot a sa légende et son origine nettement constatées. Il équivaut au millésime d'une année. L'orthographe en est, de plus, si parfaitement rationnelle et rudimentaire que Messieurs les réformateurs de l'Académie eux-mêmes n'oseraient en proposer la simplification. Nous avons réalisé le rêve de ces audacieux écrivains : une langue où l'on écrit comme l'on parle.

Ah ! comme, dès qu'ils se rencontrent, deux polytechniciens ont vite, sur les lèvres, ces mots qu'évoquent, dans leur mémoire, toute une évolution de leur esprit en même temps que les plus belles années de leur jeunesse ! Il me suffirait, en pareil cas, de fermer les yeux pour que fût évoqué, dans mon cerveau, tout un monde lointain auquel je suis demeuré fidèle, tout un monde d'images que je n'ai jamais oubliées, comme si l'album en était dans mon cœur même : la grande cour plantée d'arbres rares et poudreux, par les beaux soirs d'été où s'exaspérait dans la captivité ma virile adolescence, s'exhalant dans l'air tiède et poursuivant, par delà les hautes murailles, les doux fantômes féminins qui promenaient, dans la rue, sans doute, des fleurs fanées dans leurs cheveux ; mes premières veillées poétiques pendant le cours d'allemand dont, religieusement, je n'écoutais pas un mot, acharné que j'étais à quelque sonnet que je dirais, le mercredi suivant, à ma première amoureuse, laquelle se moquerait de moi sans me décourager ; mes deux salles avec leur orientation différente dans l'uniformité du grand bâtiment géométrique et monotone, avec, à leur place, chacun de mes compagnons de deux années d'études. — Hélas ! tous maintenant ne pourraient venir s'y rasseoir dans le rayonnement de la lampe studieuse sous lequel on faisait de si bons sommes, les lendemains de *prolonge !* — la petite salle de la bibliothèque, où les amateurs de musique passaient une bonne partie de la récréation, Mercadier, son violon à la main, et Sarrau derrière sa contrebasse; les soupers joyeux dont je n'ai jamais retrouvé l'appétit et, après le déjeuner de deux heures, les pyramides de *frites* dans les *polices* luisants d'un philocome comestible : tout ce qui s'enfermait de joies et d'espérances dans cet horizon si restreint, mais où la vie se resserrait, par cela même et pour ainsi parler, dans une plus grande intensité.

Car vraiment nous vivions dix ans dans ces deux années, dix ans de travail et d'activité cérébrale, avec des émulations enfiévrées, mais aussi avec de divines paresses où le rêve reprenait ses droits, où se conservaient les ardeurs contenues de notre jeunesse. C'était quelque chose de tout à fait moderne et monacal tout ensemble, avec de rapides révoltes, mais aussi avec de grands élans vers la science et vers le progrès. Et comme la moindre étincelle venait mettre le feu à ces poudres endormies ! Nous étions là pendant les victoires d'Italie et j'ai vu l'École, dans un hourra indescriptible, avec l'alcool des lampes brûlant dans des godets à lavis, cependant que des bombes, venues là on ne sait comment, soulevaient de grands jets de sable dans la cour, et que tout autour, dans les rues sordides, aux fenêtres bruyantes, on criait : « Vive l'École! Vive la Patrie! »

C'est que ces deux mots sacrés n'ont jamais été désunis.

Ah ! si je me laissais aller à ce beau fleuve de

souvenirs, sur lequel cette courte préface demandée m'a lancé comme une barque que j'aimerais abandonner à la dérive!

A l'École j'ai eu mes premiers orgueils de penseur et j'ai versé mes premières larmes d'amour. Séparé cinq jours sur sept d'une infidèle, j'ai connu les consolations qui viennent de la double pitié de la Muse et de l'Analyse. Je soupirais en vers comme Ovide, à moins que je ne m'acharnasse à des formules. Remarquez qu'il n'est pas deux occupations qui se ressemblent davantage que celles-là. C'est la même recherche du rythme et de la symétrie. Car le Vrai comme le Beau s'expriment toujours par le rythme et par la symétrie, par une harmonie des caractères et des lignes. Cauchy et Hermite, qu'ils le veuillent ou non, sont des poètes comme Homère. Mais par quelle école buissonnière, toutefois bordée de fleurs qui me sont chères, j'en viens à mon sujet, ce *Dictionnaire de l'argot polytechnicien*, que j'ai promis de présenter au public. Il faut y arriver, cependant!

Eh bien, nous nous occuperons d'abord de définir ses origines.

Il ne vient pas, du tout, des écoles préparatoires à l'École, et la preuve c'est qu'il est inconnu en province. Il est bel et bien natif de l'École même, d'où il rayonne, au contraire, sur les lycées et je ne dirai même sur le monde. Car nous pourrions revendiquer la paternité de mots passés aujourd'hui dans d'autres argots, et, pour citer un exemple, je ferai observer respectueusement au chansonnier Bruant que ce beau vocable de *rouspétance*, dont il fait un si noble usage, a roulé de la Montagne-Sainte-Geneviève jusqu'à Montmartre, en traversant Paris.

J'en pourrais citer d'autres encore, qui font honneur au langage usuel de nos contemporains.

Son berceau est donc bien à l'École. Abréviatif avant tout, par essence, il est la langue de gens qui, ayant fort peu de temps à perdre, suppriment volontiers la première ou la dernière syllabe des mots, quelquefois même plusieurs syllabes dans les mots un peu longs, comme « amphithéâtre » qui devient *amphi*. Ces vocables, ainsi ramenés à leur rudiment, sont immédiatement promus à la dignité de racines dont on pourrait faire, comme le bon Lancelot, un jardin, et qui servent à la composition d'autres mots. *Amphi* et *hypo* sont précisément dans ce cas.

Bien que d'apparence enfantine à la prononciation, ce vocabulaire diffère essentiellement de celui des enfants qui procèdent, au contraire, par répétition et disent, par exemple: « po*po* » pour *pot*. Ah! nous avons bien le temps de nous amuser à ces redoublements! C'est l'opposé. L'habitude de l'algèbre est, au contraire, visible dans l'argot de l'École. C'est une formule constante de généralisation, et si, au lieu de se parler seulement, il avait l'occasion de s'écrire, vous verriez que les lettres y auraient remplacé les mots, absolument comme dans la convention cartésienne.

Innocemment d'ailleurs ou naïvement reconnaissant, il perpétue le souvenir des supérieurs et des maîtres qui se sont succédé dans l'administration de l'École et dans les cours. *Rosto, Merca, Corio* sont les commencements de noms, lesquels, par cette simple faveur, demeureront immortels. Car si de nouveaux mots prennent droit de cité dans le Livre d'or de la fantaisie polytechnicienne, les mots anciens en sont rarement exclus. Nous l'avons bien vu dans notre promotion, où nous avons tenté de remplacer, par le nom d'un de nos camarades entré dans les mêmes conditions, le vieux mot de *gigon* désignant le supplément en toutes choses, et dont s'appelait un élève entré supplémentairement vingt ans auparavant.

Cette fidélité à l'héritage parlé des anciens est un signe de plus de l'esprit traditionnel de l'École.

Cette filiation avec des noms de personnes constitue l'élément original d'un grand nombre de mots de notre argot. L'association bizarre des idées, de cocasses rapprochements et quelque peu tintamarresques en ont enfanté d'autres qui ne sont pas les plus mauvais. Tel le mot *crotale*, pour *serpent*, employé lui-même pour « sergent ». Il y a là vraiment carambolage d'idées. Tel encore celui d'*ossian* pour « bonnet », en souvenir du célèbre géomètre, à la fois poète et coiffeur par le nom. Comme toujours, le caprice se mêle, à l'occasion, d'une certaine poésie. L'image supprimée mais vivante dans la désignation de *pitaine Printemps* pour le tapin qui apporte les feuilles en est, je crois, le plus joli exemple. La métaphore resserrée dans un seul mot s'y trouve aussi souvent, comme dans la désignation de l'épée par le mot *tangente*.

Abréger et généraliser tout à la fois, transformer en radicaux les mots ainsi tronqués qui reviennent le plus souvent dans la conversation, voilà donc en quoi se résume le travail constant et ininterrompu d'esprit qui grandira indéfiniment ce *Dictionnaire*. Il nous faudra donc — et c'est d'un heureux présage pour les auteurs de ce livre — de nouvelles éditions dans l'avenir, non pas revues et corrigées, — car celle-ci n'en a pas besoin, — mais considérablement augmentées.

Et cette modeste préface aussi, où mes souvenirs s'en sont donné à cœur joie, aura besoin d'être remplacée par une autre. Car l'histoire de l'École aura conquis de nouveaux et glorieux chapitres. Car elle aura enfanté de nouveaux grands hommes et élargi encore, à travers le monde, son sillon civilisateur.

Que ceux qui viendront après nous l'aiment autant que nous l'avons aimée nous-mêmes, et que nous l'aimons encore, cette *Alma Parens* de notre esprit, ce noble berceau où nous avons bu, comme un lait généreux et toujours fécond, l'amour de la justice, le culte du progrès, le courage du travail ; cette éducatrice de nos âmes à qui nous devons, à travers les dégoûts d'un monde mieux pourvu d'appétits que d'idéal, la notion et la mémoire d'un monde où rien n'était fait ni rêvé que d'équitable et de fraternel !

Que l'argot de l'École soit immortel comme l'École elle-même ! Car c'est le doux et joyeux langage qu'a parlé notre jeunesse au temps des amitiés vigoureuses, des impressions tenaces et des sublimes désintéressements.

27-28 octobre 1893.

Armand Silvestre.

Absorption. — L'*absorption*, par abréviation l'*absorb*, est la série des épreuves auxquelles l'ancien soumet le nouveau polytechnicien. C'est une sorte de baptême dont l'origine remonte aux premières années de la fondation de l'École.

Au palais Bourbon, où l'École était organisée en externat (1794-1804), les élèves n'ayant pas entre eux de rapports très fréquents, de relations bien intimes, la cérémonie se bornait le plus souvent à une sorte d'examen burlesque qu'on faisait passer aux nouveaux. On leur demandait de démontrer que le carré d'une vache est un cheval; de trouver l'âge d'un capitaine de navire, connaissant la hauteur du mât et la vitesse de son bateau; de deviner le nom d'un grand physicien représenté par une raie tracée sur le mur, et mille autres facéties et calembredaines analogues. Mais, dès que l'École fut casernée et soumise au régime militaire, il s'organisa immédiatement entre les élèves, sous l'apparence de jeux, une sorte d'association dont le but fut d'échapper à la surveillance dont ils étaient l'objet et de résister à l'administration de l'École.

Pour *absorber* les nouveaux (les *conscrits* comme on se mit à les appeler), les anciens commencèrent à exiger des témoignages de respect et à s'arroger sur eux, pendant un certain temps, une véritable autorité. Aux problèmes baroques qu'ils continuaient à leur poser, ils ajoutèrent une série de vexations, telles que les huées, les arrosements, l'enlèvement et la destruction des effets de casernement, d'habillement ou d'étude, l'infection des chambrées, et quelquefois la *bascule* et les *postes* (Voy. ces mots). Ces initiations duraient ordinairement deux mois, de novembre à janvier, époque à laquelle, le temps d'épreuve étant considéré comme terminé, les anciens consentaient à traiter de pair avec les nouveaux (1).

Voici l'ordre qui était affiché dans chaque brigade, dès l'entrée de la nouvelle promotion :

Conscrit,
La *bascule* tu recevras
De bonne grâce en arrivant.
La porte ouverte laisseras
Chaque soir au casernement.
Sans cela tu ressentiras
Notre courroux chimiquement.
Dans nos salles tu n'entreras
Que bien après le jour de l'an.
Ton bonnet pris rachèteras
Pour la *bascule* seulement.
Ou sinon tu le reverras
Défiguré nitriquement.
Ton ancien tu respecteras
Et serviras diligemment.
A son abord tu trembleras
Et salueras bien humblement.
Nulle part ne te placeras
Sans avoir son consentement.
Sans quoi la *poste* tu courras
Dans notre cour, tambour battant.

(1) G. Pinet, *Histoire de l'École polytechnique.*

L'usage des *bascules* subsistait encore en 1824 ; un élève de cette promotion, se moquant de l'exagération des pratiques religieuses introduites un peu plus tard par le gouvernement de la Restauration, chantait ce couplet :

> Aujourd'hui, pour chasser le diable,
> A confesse on est obligé ;
> De notre temps rien de semblable :
> Le diable eût été *basculé!*

La *bascule* disparut et fut remplacée par d'autres épreuves assez anodines, dont les parents cependant se plaignirent à plusieurs reprises, mais sans succès.

Sous le premier empire, les brimades causèrent parfois de véritables désordres et amenèrent des voies de fait et des duels. Sous le régime beaucoup plus doux établi par la Restauration, en 1826, l'autorité s'étant relâchée, le système des initiations ne fit que se développer, s'étalant ouvertement et se terminant chaque année par une représentation grotesque des autorités. Ce fut là l'origine de la séance des *Ombres* (Voy. ce mot).

Il arrivait quelquefois que des conscrits résistaient, refusaient de se laisser *absorber*, faisaient de la *rouspétance*, comme on dit aujourd'hui. Ceux qui avaient de l'entrain, de la vigueur, parvenaient à échapper à tous les bras qui cherchaient à les saisir ; quelques-uns payaient d'audace et d'esprit et faisaient rire aux dépens des anciens ; mais le jeu n'était pas sans danger. Johanneau, pour l'avoir joué avec succès en 1845, fut la cause d'un *bran* fameux à la suite duquel il fut définitivement renvoyé de l'École, et dix-sept de ses camarades furent enfermés à l'Abbaye.

Le plus souvent, les brimades n'étaient que jeux, facéties, plaisanteries, cérémonies toujours drôles et parfois spirituelles. Ainsi, le premier jour, quand il revenait de la bibliothèque après avoir passé par la lingerie, le *conscrit* était contraint de passer une chemise par-dessus ses habits et de chanter sur un air connu un passage quelconque d'un livre, ouvert à la première page venue. Ceux qui avaient de la voix entonnaient un air d'opéra aux applaudissements de la promotion. Les *taupins* à qui l'on connaissait quelque talent ou qui s'étaient fait remarquer par quelques travers étaient signalés pour être l'objet de vexations particulières. C'est ainsi qu'en 1839, Léorat et Larochefoucauld, qui s'étaient acquis au collège une certaine célébrité par leurs exploits chorégraphiques au bal de la Chaumière, durent exécuter devant les deux promotions le *pas du grand Chahut* pendant que, sur l'air de *Larifla*, anciens et conscrits chantaient à tue-tête la complainte du maréchal Gérard :

> Le maréchal Gérard,
> Passant su' l'pont des Arts,
> Rencontre un étudiant
> Qui lui dit poliment :
> Larifla, fla, fla, etc.

> — Monsieur le maréchal,
> Vous êtes sans égal ;
> Allons au bout du pont,
> Nous prendrons un canon.
> Larifla...

> Le maréchal ému,
> Lui f... son pied dans le c..,
> En lui disant : — Gamin,
> Veux-tu passer ton chemin !
> Larifla...

> La morale de ceci,
> C'est que les maréchaux,
> Ne sont plus aujourd'hui,
> Des gens très comme il faut.
> Larifla...

Après 1840, l'*absorption* se fit au Palais-Royal, au café Hollandais, au *Holl*, devenu le café des élèves. Elle consistait en un déjeuner froid composé d'huîtres et de pâté et arrosé de champagne, déjeuner que les conscrits offraient aux anciens et qui était précédé de brimades inoffensives. Chaque conscrit, débarrassé de son épée, coiffé du claque placé en bataille, à la gendarme, était saisi, enlevé de terre par deux bras vigoureux et transporté dans les airs d'un bout à l'autre de la grande salle. Pendant qu'il était soumis à un double mouvement de translation et de rotation, le conscrit était marqué d'un numéro à la craie sur la partie la plus large de son pantalon et recevait au passage nombre de taloches sur son... numéro. Les conscrits restaient groupés dans une petite salle, appelée le *parc aux huîtres*, jusqu'au moment où ils étaient admis au festin (1).

Supprimée en 1865, au moment de l'épidémie de choléra, et sévèrement interdite l'année suivante, l'*absorption* n'a pas tardé à reparaître à l'intérieur de l'École, malgré les défenses, les menaces, les répressions les plus sévères. Elle se résume aujourd'hui en une série de brimades (Voy. *Bahutage*), pour la plupart fort innocentes.

L'*absorption*, avec ses initiations et sous l'apparence de jeux, a pour but de fusionner les deux promotions qui se succèdent, de plier les caractères, de faire prévaloir l'idée généreuse du sacrifice de l'intérêt particulier à l'intérêt général. C'est ce que dit l'ancien aux conscrits, en présence des deux promotions réunies, à la fin des épreuves : « Malgré les punitions qui ont plu sur vos anciens, ceux-ci ont continué, fermes et calmes, leur initiation. Vous ferez de même l'an prochain. Opposez à l'autorité le lien solide de la camaraderie : les *géné* passent et le *Code X* reste. Vous avez subi les épreuves nécessaires ; maintenant soyez nos camarades. » Cette tradition, transmise de promotion en promotion, a certainement contribué, dans une large mesure, à développer un puissant esprit de corps entre les élèves.

Admiss'. — Abréviation d'*admission*. On dit les examens d'*admiss'*, ou même simplement l'*admiss'*.

Ce serait une curieuse histoire que celle du programme

(1) *L'École polytechnique* (*Journal de la Jeunesse*), par Albert-Lévy.

des examens d'entrée : toujours grossi, surchargé, exigeant de plus en plus un effroyable surmenage. Que de changements depuis les premières années, où l'on n'exigeait que des éléments d'arithmétique, d'algèbre et de géométrie, où l'on tenait compte surtout de l'intelligence, préférant « ceux qui savaient le mieux à ceux qui savaient le plus », et aussi « ceux qui avaient constamment manifesté l'amour de la liberté et la haine des tyrans » ! Les épreuves, uniquement orales à l'origine, sont augmentées en 1800 d'épreuves écrites : d'abord une simple dictée de quelques phrases françaises ; puis une version latine, bien vite supprimée ; puis une composition d'analytique, une épure, des dessins lavis et d'imitation, un calcul trigonométrique, une composition de physique et de chimie. Pour l'oral, chaque branche des connaissances exigées est successivement étendue puis diminuée ; la mécanique apparaît, disparaît, reparaît. L'importance relative des différentes épreuves ne cesse de varier.

Le mode d'examen change presque aussi souvent que les programmes : les interrogations sont confiées tantôt à un seul examinateur, tantôt à quatre ou même à deux, qui se partagent les candidats et dressent chacun leur liste, tantôt à une commission unique qui se transporte dans les principales villes de France, comme cela a lieu aujourd'hui. Ces changements successifs ont toujours pour but de donner au concours une sévérité plus grande, une justice plus complète, une égalité plus parfaite, une solennité plus imposante.

Aujourd'hui les épreuves de l'admission comportent :

1° Une série de compositions écrites, après lesquelles on dresse une liste d'*hypo-admissibilité*.

2° Deux examens oraux portant sur les mathématiques et qui servent à dresser une liste, dite d'*admissibilité*.

3° Quatre examens oraux, deux de mathématiques, un de

physique et un de chimie, permettant de constituer, avec les notes des premiers examens et celles des épreuves écrites la liste définitive de classement.

Un examen d'escrime et d'équitation peut donner aux candidats de 1 à 15 points.

Le baccalauréat ès lettres ou simplement le certificat de

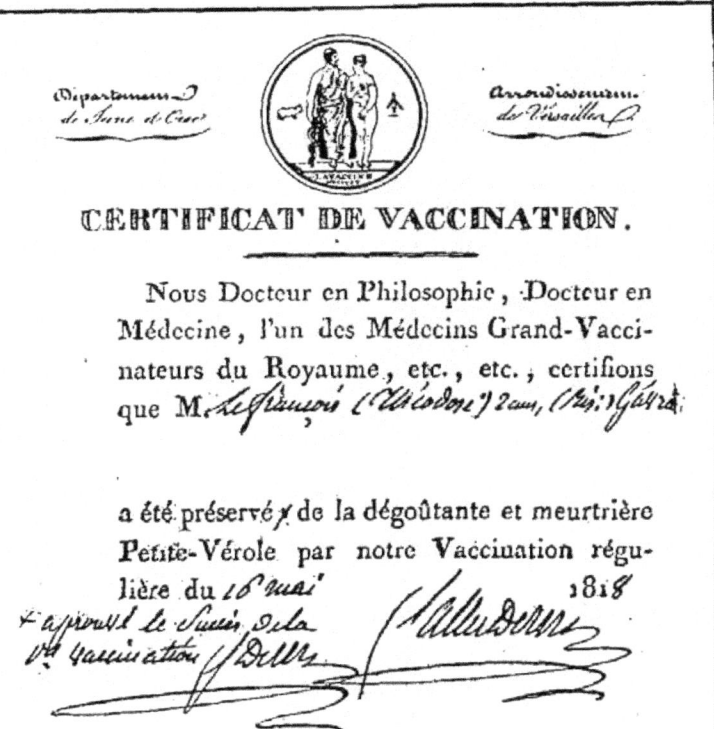

la première partie de ce baccalauréat donne un avantage de 15 points. Sur la liste par ordre de mérite, on prend le nombre d'élèves fixé chaque année par le ministre de la guerre.

Pour entrer à l'X il ne suffit pas d'être Français, d'avoir moins de vingt et un ans, et d'être ferré sur les mathématiques (*trapu en X* comme on dit à l'école) ; il faut avant tout être vacciné.

Dès l'origine de l'École, un certificat de vaccine a été nécessaire. Nous donnons, page 7, le curieux fac-similé d'un certificat produit en 1818.

Vacciné, déclaré bon pour les services qui se recrutent à l'École par un conseil de revision spécial, le *taupin* est alors autorisé à se présenter devant les examinateurs.

Les candidats les redoutent, ces examinateurs féroces, qui, pendant une heure, les tournent et les retournent comme les martyrs sur leurs brasiers.

Aussi comme on se venge à l'École, le jour de la séance des *Ombres*, en mettant en lumière leurs tics, leurs travers, leur manière d'interroger, les tours de phrases qu'ils affectionnent.

Celui-ci hirsute, lourd, le dos voûté, critique en grommelant toutes les expressions échappées au candidat :

— Heu ! heu ! « le sens des aiguilles d'une montre ! » mais, monsieur, si vous n'avez pas de montre ? — Et puis, vous dites « ce qui satisfait à l'équation » ; vous a-t-elle dit ce qui lui fait plaisir ? Heu ! heu ! Quand on parle comme vous, on apporte un dictionnaire de locutions ! — Vous ne comprenez pas ?... C'est malheureux pour l'un de nous deux, monsieur ! heu ! heu ! — Effacez !

Celui-là, moins gouailleur mais plus nerveux :

— Ah ! vous ajoutez !... Eh bien, dites-le, monsieur, parlez ! Bon, vous retranchez, maintenant ! mais dites-le, monsieur, dites-le donc ! — Cela me fait beaucoup de peine, monsieur ; j'ai pleuré pendant tout l'examen de votre prédécesseur, j'en ai assez... Je vous remercie.

Cet autre, physicien très distingué d'ailleurs, promène

une longue règle de bois de sa chaussette à sa bouche, cache son visage derrière une pile de livres, afin d'éviter la poussière de craie, et demande :

— M'sieu, pas de détails, pas de figures. — Tournez le dos à la *planche* et tâchez de me comprendre; c'est pas si facile que ça.

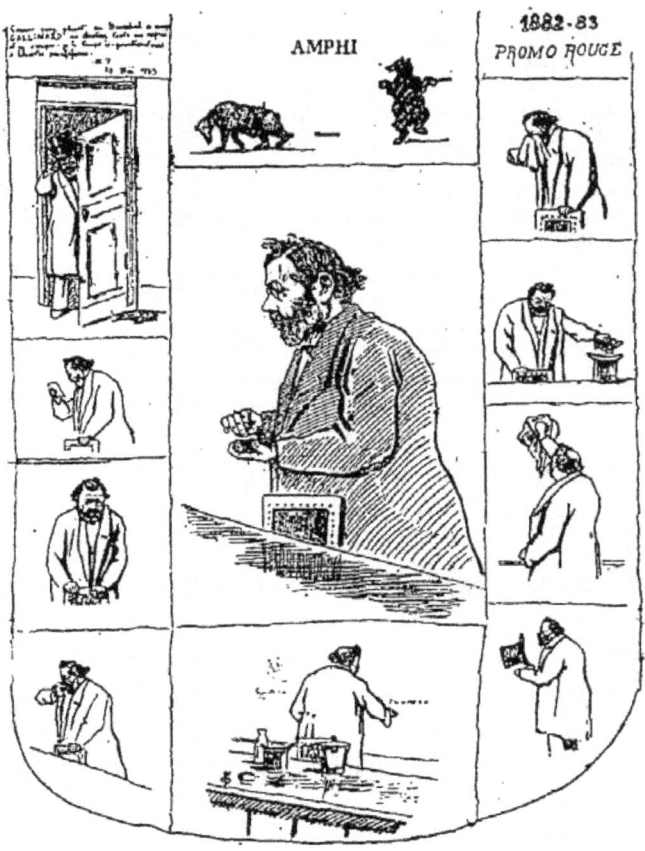

— M'sieu, si je place une mouche dans un verre plein d'air, et que cette mouche vole, le verre en sera-t-il plus lourd?

Il y a l'examinateur nerveux, ne *cotant* que l'intelligence, et posant au candidat des problèmes dont il ne connaît pas lui-même la solution. Il s'échauffe, dirige l'élève, cherche avec lui et donne comme note un 5 ou un 18 suivant l'inspiration du moment.

De tout temps, il s'est rencontré des examinateurs grincheux et même tant soit peu impertinents. Écoutez plutôt Arago racontant son examen d'entrée à l'École :

L'Examinateur. — Si vous devez répondre comme votre camarade, il est inutile que je vous interroge.
Arago. — Monsieur, mon camarade en sait plus qu'il ne l'a montré ; j'espère être plus heureux que lui : mais ce que vous venez de me dire pourrait bien m'intimider et me priver de tous mes moyens.
L'Examinateur. — La timidité est toujours l'excuse des ignorants ; c'est pour vous éviter la honte d'un échec que je vous fais la proposition de ne pas vous examiner.
Arago. — Je ne connais pas de honte plus grande que celle que vous m'infligez en ce moment. Veuillez m'interroger, c'est votre devoir.
L'Examinateur. — Vous le prenez de bien haut, monsieur ! Nous allons voir tout à l'heure si cette fierté est légitime.
Arago. — Allez, monsieur ! je vous attends.

Les réponses du candidat furent si remarquables que, passant d'un extrême à l'autre, l'examinateur, Monge le jeune, se leva, vint embrasser Arago et lui déclara qu'il occuperait le premier rang sur sa liste.

Vers 1860, l'un des examinateurs de *math* était un ancien saint-simonien, devenu catholique ultra. Lorsque la famille s'était retirée au monastère de Ménilmontant, il avait eu pour fonction de cirer les bottes d'Enfantin et de ses compagnons. Affligé d'un mal qui le faisait se tortiller sur sa chaise, il variait à chaque instant son humeur au grand effroi du candidat.

Que de générations ont maudit le célèbre Lefébure de Fourcy, toujours grognant, toujours caustique, s'attirant parfois de vives répliques. Un élève ayant ânonné sa réponse, Lefébure s'adresse à l'appariteur :

— Garçon, apportez une botte de foin pour le déjeuner de monsieur !

— Garçon, répond le candidat, apportez-en deux; — monsieur l'examinateur déjeune avec moi !

Nous retrouverons un peu plus loin plusieurs autres examinateurs de l'*admiss'*.

Amicale (l'). — C'est la *Société amicale de secours*, instituée dans le but de venir en aide aux camarades malheureux et à leurs familles. Née du même esprit de corps et de camaraderie qui a présidé à l'Association mutuelle des élèves et, plus tard, à l'institution des *caissiers* (Voy. ce mot), cette Société, fondée par les promotions 1863 et 1864, n'a pas tardé à être déclarée d'utilité publique et à prendre un développement rapide. Ses ressources, consistant en dons, legs, souscriptions perpétuelles, cotisations et dans le produit d'un bal annuel, sont arrivées à constituer un capital social de près d'un million.

Tous les élèves tiennent à honneur de figurer sur la liste des souscripteurs, qui est un véritable Annuaire de l'École.

L'*Amicale* organise tous les ans, dans les salons de la Légion d'honneur, du ministère de la guerre, ou d'un grand hôtel de Paris, un bal où se donnent rendez-vous toutes les familles polytechniciennes. C'est le bal de l'*X*.

Tous les ans, au mois de janvier, les membres de l'Association se réunissent à l'École, sous la présidence d'un d'entre eux, pour entendre la lecture du rapport sur les actes de la Société.

Jadis, la réunion avait lieu dans le pavillon même des élèves; jeunes et vieux fraternisaient, quelquefois bruyamment.

La séance se tient aujourd'hui dans le grand *amphi* de physique.

Amphi. — Abréviation du mot *amphithéâtre*.

Le premier amphithéâtre avait été construit dans l'hôtel

Lassay, contigu au palais Bourbon, sur la terrasse du quai ; il contenait quatre cents places. Pendant l'hiver rigoureux de 1794-95, les élèves, alors externes, avaient pris l'habitude de venir y déjeuner le matin, puis de chanter et de faire le plus grand vacarme jusqu'à l'heure de la leçon.

Dès le principe il fut le lieu désigné de toutes les réunions tumultueuses.

Des étrangers s'y glissaient tous les jours, particulièrement les élèves de l'École des mines et ceux de l'École normale.

C'est pour cela qu'on fit délivrer à chaque polytechnicien une carte qu'il devait présenter à la sentinelle du poste

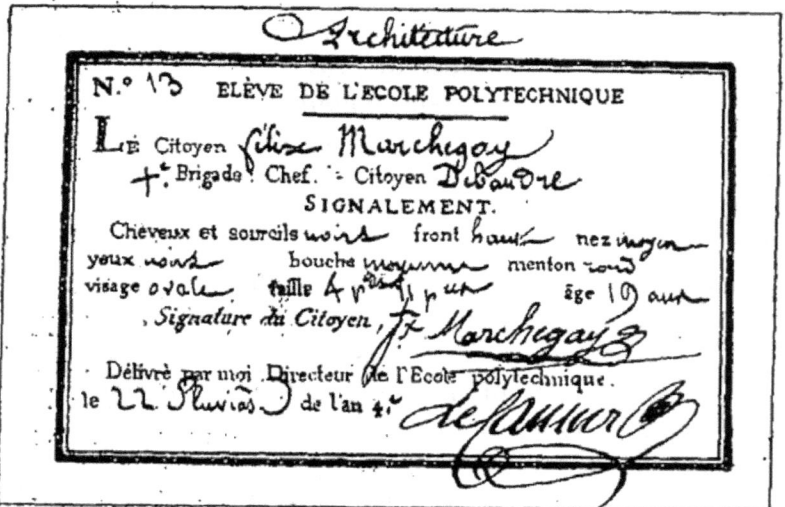

d'entrée de la rue de l'Université ; cette carte servait également de *carte de sûreté* pour circuler librement dans Paris.

Quand l'École fut transportée au collège de Navarre, on construisit, à chacune des ailes du pavillon destiné aux élèves, un amphithéâtre particulier à chaque division.

Ces deux amphithéâtres disparurent en 1871, lors des agrandissements de l'École, et furent remplacés par un seul, construit dans un bâtiment annexe, qu'on éleva au milieu de la cour de gymnastique, dite autrefois *cour des Acacias.*

L'amphithéâtre de chimie fut construit en même temps que les laboratoires, par le général Tholozé, en 1842. C'est dans cette vaste salle semi-circulaire que les deux promotions se réunissaient jusqu'à ces derniers temps. Le grand amphithéâtre de physique, dans la construction duquel on a introduit tous les perfectionnements de l'art moderne, a été élevé de 1879 à 1883, en même temps qu'un groupe de bâtiments spécialement destinés à la physique, sur la rue

d'Arras et la rue du Cardinal-Lemoine ; il contient 700 places.

A l'amphithéâtre le professeur, presque toujours en habit noir, expose la leçon ; il est écouté religieusement. Toute manifestation est interdite ; les élèves se lèvent à la première et à la dernière leçon ; il n'y a généralement d'applaudissements qu'à la fin du cours. Les élèves, assis sur les gradins, prennent des notes sur leurs genoux, le papier appuyé sur le *carton Pierre*.

La surveillance est faite par un capitaine de service qui, les yeux sur le plan de la salle, peut immédiatement *repérer* l'élève qui troublerait l'ordre. La mesure n'est pas toujours inutile car il peut arriver que quelques élèves fatigués se laissent aller au sommeil ou même, si la leçon est trop ardue, qu'ils se livrent assis à terre, entre les bancs, aux émotions du whist à trois.

Le mot *amphi* ne désigne pas seulement l'amphithéâtre ; il a reçu, par extension, plusieurs autres acceptions. *Amphi* signifie aussi la leçon du professeur. C'est dans ce sens qu'on dit : « Je n'ai pas compris un traître mot de l'*amphi* d'aujourd'hui, » ce qu'on exprime plus couramment en disant : — *J'ai pigé zéral à l'amphi* .

Les élèves savent que « les interrogations portent sur les quatre derniers *amphis* ».

On dit encore « faire un *amphi* à un camarade », c'est-à-dire « lui expliquer une leçon ».

Dans les salles d'étude, le *crotale* fait souvent un *amphi* préparatoire à ceux qui doivent subir une interrogation.

Sur la demande des élèves d'une salle, un répétiteur vient faire un *amphi* supplémentaire ; c'est un droit dont les élèves usent peu souvent.

Lorsqu'on veut avoir sur un point particulier des renseignements intéressants, des *tuyaux*, on demande un *amphi-tuyaux*.

Par extension encore, on appelle *amphi* la réunion de plusieurs personnes, de plusieurs objets : on dira un *amphi* de

généraux, un *amphi* de claques, etc.

Le matin, après l'appel, certains élèves remontent dans les casernements, terminent leurs ablutions ou se couchent sur le *pieu* (le lit) et continuent le somme interrompu par la diane : c'est l'*amphi-pieu* (Voy. p. 16).

Amphi-chevé. — Depuis plus de trente ans, un enseignement musical, facultatif du reste, est donné à l'École d'après la méthode Galin-Paris-Chevé. Émile Chevé, puis Armand Chevé ont successivement professé avec le désintéressement le plus absolu. Ils ont obtenu de merveilleux résultats constatés tous les ans dans une grande séance musicale offerte au général. Les élèves se passionnent à ce point pour les *ta fa té ré lé ti fi* du maître, que quelques-uns, assure-t-on, transforment en mélopée les chiffres de leur table de logarithmes.

Amphi-danse. — C'est le cours de danse.

Dans une salle basse, où le jour ne pénètre que par

deux portes vitrées donnant sur une cour, le père Fischer donne la leçon de danse. Le gros homme, à la mine réjouie, à la démarche sautillante, debout sur la pointe des pieds, exécute la ritournelle avec un violon, en indiquant le pas.

Les élèves qui doivent faire la dame ôtent leur *berry*, le retournent et le mettent à l'envers : ils se coiffent de leurs képis, la visière sur le cou ; ils font des mines et prennent des poses.

Dans une affreuse poussière jaune, les groupes s'animent, tournent, se culbutent; des cavaliers seuls battent des entrechats.

— Allons, messieurs, dit mélodieusement le père Fischer, si vous voulez bien, pied droit, pied gauche et assemblez; droit qui recule, gauche qui avance (violon): 1, 2, 3, 4, messieurs, mon quatrième temps, je vous recommande! Mesdemoiselles, veuillez mettre vos couronnes de roses, c'est ainsi que nous appelons ici les képis. Soyez dame, soyez cavalier, c'est absolument la même chose.

Avant le père Fischer, le professeur de danse était le fameux Cellarius. Bien avant lui, Beaupré, ancien danseur de l'Opéra, donnait depuis 1824 des leçons de danse et de maintien. Il faisait presque sérieusement une sorte de cours sur le port de l'épée et du chapeau, sur la manière de se présenter, sur certaines attitudes de la vie civile et de la vie militaire. Toujours sur la pointe des pieds, le mollet tendu, le corps légèrement incliné, plein de grâce malgré ses quatre-vingts ans, Beaupré donnait des exemples des faux pas, des entortillements, en un mot de toutes les catastrophes pouvant être causées par une épée mal gouvernée; puis, subitement, il marchait sans embarras avec la plus grande élégance (Voy. le mot *Frégate*).

L'*amphi de Beaupré* n'a pas manqué d'être tourné en ridicule, en ce temps-là, au moment de l'*absorption* : « Tu n'as pas rédigé ton cours de *beaupré*, disait l'ancien au conscrit embarrassé par sa *tangente* ; rédige, mon ami, et aie toujours ton cahier dans ta poche, pour montrer que tu as compris et donner des espérances d'un meilleur avenir. »

Amphi-gog. — Dans le buen-retiro baptisé *gog* ou *longchamps* (Voy. ces mots), où l'on est à l'abri de toute surveillance importune, bon nombre d'élèves se trouvent souvent réunis, grillant une cigarette et bavardant, sans se soucier des odeurs fétides. C'est l'*amphi-gog*.

Lorsque, par hasard, on veut parler de politique ou de religion lorsqu'on veut régler bien en secret certaines petites affaires de famille, c'est à l'*amphi-gog* qu'on se réunit.

Certains joueurs acharnés qui ne se sentent pas suffisamment à l'aise dans les salles ou à l'*amphi*, vont tenir un *amphi-gog*. D'abord tolérés par leurs *cocons* dont ils gênent les promenades, ils ne tardent pas à se rendre maîtres absolus de la place, s'enferment et se barricadent. C'est alors qu'un *topo sérieux* est lancé dans la promotion, demandant la liberté des *gogs*! Nous renonçons à donner des extraits d'un *topo* de ce genre que nous avons sous les yeux : toutes les raisons qui militent en faveur de cette liberté étant exposées, les joueurs sont invités à ... vider les lieux.

A l'époque de l'élection des *caissiers* (Voy. ce mot), c'est là que le candidat loustic va, comme au club, débiter sa profession de foi. « S'il est nommé, affirme-t-il, le coffre-fort qui logeait des souris regorgera d'or et de billets ; les *basoffs* deviendront humbles et soumis ; la rue Tournefort sera pavée ; un funiculaire permettra aux élèves de gravir sans fatigue la rue de la Montagne-Sainte-Geneviève ; l'*exer* sera supprimé ; le *truffin* fera enfin connaissance avec l'eau et le savon !... »

Les murs des *gogs* sont alors couverts d'affiches, parodies, comme celle que nous reproduisons ci-contre, des affiches qu'on voit quelquefois sur les murs de Paris avant les élections :

COMITÉ ÉLECTIVISTO-ANARCHISTO-SOCIALISTO-TERRORISTO-RÉVOLUTIONNAIRE.

COCONS !!!

Vu l'importance des élections, le Comité électivisto-anarchisto-socialisto-terroristo-révolutionnaire s'est réuni dans le bocal affecté à ses délibérations pour choisir un candidat digne de représenter et de défendre les grands principes de la révolution sociale.

COCONS !!!

L'heure de la revendication a sonné; nous sommes, nous aussi, de la grande cohorte des travailleurs; car, comme eux, nous avons les mains sales ! Assez et trop longtemps nous avons fléchi sous le joug d'une administration despotique qui nous inflige des colles instantanées et de la chicorée au jus !! Pour nous affranchir, il faut un bras énergique, un homme convaincu.

Votez avec nous !!!

Le Comité propose un candidat, un vrai, un PUR *qui a signé le programme suivant et un second candidat, également vrai, également* PUR *qui l'a signé aussi.*

PROGRAMME

A$_{RT}$. Ier. — *Tout est supprimé, sauf l'*X.

A$_{RT}$. II. — *Tout est supprimé à l'*X, *sauf les frites et les sorties.*

A$_{RT}$. III. — *Vote d'un crédit destiné à affecter le local du binet de service à l'amphi-gog et vice versâ.*

A$_{RT}$. IV. — *Rétablissement du point* γ.

A$_{RT}$. V. — *Les candidats, élus caissiers, rendront compte de leur mandat tous les jours.*

Fait à l'X, le 15 mars 188..

LE COMITÉ.

Les candidats ont signé des deux mains.

L'*amphi-gog* a même un organe spécial, le *Goguenard*, qui ne paraît d'ailleurs qu'au moment de l'élection des caissiers et qui contient les scies les plus abracadabrantes. Nous extrayons d'un feuilleton cette expression de l'amour polytechnicien :

« O projection d'un ange sur la terre ! conjuguée harmonique de mon âme ! mon cœur décrit autour de toi tous les lieux géométriques de l'amour. Qu'un rire fou nous fasse tordre en spirale logarithmique ! que ma bouche soit bitangente, que dis-je ? osculatrice à la tienne ! n'est-ce pas pour toi un déterminant nécessaire et suffisant que je te supplie de ne pas t'annuler pour moi, base de ma vie ? que ta confiance soit proportionnelle à la hauteur de mes espérances ; ne me réduis pas à ma plus simple expression ! Cette délicieuse et exponentielle fonction d'épouse ne saurait t'être équilatérale et l'espérance d'une dérivée mettra notre bonheur à son maximum. »

Le *Goguenard*, tout comme le *Rosto* et le *Récréatif*, autres journaux de l'X, enregistre souvent de flatteuses approbations, telle celle-ci, posthume, de Victor Hugo : « Jeunes gens, Tout est l'Infini. Vous êtes Prométhée complété par Fulton, Brutus s'achevant dans Saint-Just. Allez ! En vain Basile vous attaque : répondez aux insultes par des clartés, résolvez les énigmes par les lumières, les problèmes par les aurores ! »

Ana. — Abréviation d'*analyse* ; l'*ana* c'est le calcul différentiel et intégral.

Après Lagrange et Prony, qui ont fondé le cours d'analyse transcendante et de mécanique rationnelle, ce cours a été professé à l'École par les plus grands géomètres : Poisson, Lacroix, Fourier, Poinsot, Cauchy, Navier, Ampère, Mathieu, Duhamel, Sturm, Liouville, Hermite, Bertrand et Jordan. L'enseignement de l'analyse a été constamment la grande préoccupation du conseil d'instruction de l'École et il a puissamment contribué à maintenir le renom scientifique de notre pays.

Lorsque Lagrange fit sa première leçon, les élèves des trois années voulurent y assister, et avec eux tous les professeurs, empressés à devenir les auditeurs de ce grand savant. « C'était là qu'il fallait être pour se faire une idée de l'enthousiasme de cette jeunesse passionnée du désir de s'instruire, afin de mieux servir le pays ; pour voir d'habiles professeurs rendre hommage à un si grand esprit, se confondre avec les élèves, afin de prendre en quelque sorte sur le fait le génie de l'invention, et pour juger du religieux silence de ce nombreux auditoire, quand une interruption inattendue indiquait chez l'illustre géomètre une de ces profondes distractions qu'une idée imprévue venait parfois lui causer. »

Poisson était entré à l'École à dix-sept ans, le premier de sa promotion (1798). Sa maladresse en dessin était légendaire ; aussi, fait unique dans l'histoire de l'École, il fut dispensé de tout travail graphique afin de pouvoir se livrer tout entier à l'étude des mathématiques. Élève de Lagrange, tout particulièrement aimé de Saint-Simon qui, pendant trois ans, avait payé ses frais d'études, signalé durant son séjour à l'École par de remarquables travaux mathématiques, Poisson fut nommé professeur en 1806, en remplacement de Fourier ; il n'avait que vingt-cinq ans. Ses camarades et son ancien professeur, Billy, avaient eu raison de répéter :

> Petit Poisson deviendra grand
> Pourvu que Dieu lui prête vie.

Poisson était le modèle parfait du professeur consciencieux ; jamais il ne se fit remplacer dans son cours. Quand il abandonna le professorat pour devenir examinateur de sortie, il apporta dans ces nouvelles fonctions les mêmes qualités d'exactitude, de sincérité. Une fois seulement, raconte Arago, il voulut, par délicatesse, se faire remplacer pour l'examen de son fils aîné ; mais les élèves, l'ayant appris, envoyèrent une députation composée de tous les chefs de salle pour lui déclarer qu'ils avaient dans son impartialité la plus grande confiance et pour le supplier de ne pas se récuser. Poisson, profondément touché, disait, sans cacher son émotion, qu'il considérait cette démarche comme la plus douce, la plus honorable récompense qu'il eût jamais pu obtenir.

« La vie, disait Poisson, n'est bonne qu'à deux choses : à faire des mathématiques et à les professer. »

Les distractions d'Ampère l'ont rendu populaire ; elles le faisaient aimer, admirer davantage. Le bas resté dans sa main pendant une méditation profonde, la craie à la place du sucre dans son verre d'eau, le torchon du tableau dont il se faisait un mouchoir, et mille autres qu'on inventait même à plaisir, faisaient la joie des élèves. En traversant la cour de récréation, Ampère, plongé dans ses réflexions, heurtait un arbre à chaque pas et saluait profondément, croyant avoir croisé un élève ou un fonctionnnaire de l'École. On raconte qu'un jour, non loin de la porte d'entrée, il avait esquissé à la craie sur la caisse d'un fiacre la démonstration d'un théorème nouveau ; sa stupéfaction avait été grande en voyant tout à coup son tableau noir et ses calculs filer à toute vitesse. Ses débuts comme professeur n'avaient pas été heureux. Il s'était présenté avec un habit noir à la française d'une coupe si ridicule que les élèves n'avaient pu garder leur sérieux. Il consultait fréquemment son auditoire, pour savoir si les caractères qu'il traçait au tableau étaient suffisamment visibles ; naturellement, les élèves déclaraient n'y voir goutte : il écrivait alors de plus en plus gros et les élèves persistant à ne pouvoir lire, il traçait des chiffres gigantesques qui couvraient le tableau et qu'il devait à chaque instant effacer pour les remplacer par d'autres.

Poinsot, l'illustre auteur de la *Statique*, avait été surnommé par les élèves le *Racine* des mathématiciens.

Sturm, professeur d'*ana*, l'auteur du *théorème dont il*

porte le nom, pour s'exprimer comme il faisait lui-même, égalait par ses distractions la célébrité d'Ampère. Aimait-il vraiment le bon vin ?. nous l'ignorons ; mais ceux-là ne semblaient pas en douter qui chantaient :

> Par des témoins je me suis laissé dire
> Que parfois Sturm et le vieux Gérono
> Allaient chercher, pleins d'un charmant délire,
> Un théorème au fond d'un vieux tonneau.

Il avait une peur effroyable de son auditoire et pourtant il était assuré de la sympathie générale. Les élèves lui en donnèrent une preuve en demandant un jour au ministre de la guerre de le faire rayer des cadres de la garde nationale. Pour les remercier, Sturm consentit alors à revoir les épreuves de son cours, que rédigeait l'un des majors.  Il faut dire qu'il venait de faire quelques jours de *clou* à *l'hôtel des Haricots* parce qu'un soir, ayant été mis de faction à l'une des grilles du jardin du Luxembourg et oublié par le caporal du poste, il était parti jugeant sa faction superflue devant une grille fermée ; déposant son fusil dans la guérite il était rentré tranquillement chez lui.

Une chanson a perpétué le souvenir du professeur Mathieu (1); elle se chantait sur l'air de la romance alors

(1) Composée en 1829 par Hervé de Penhoat, officier d'artillerie.

bien connue de Châteaubriand : *Ma sœur te souvient-il encor...*

> Dis-moi, te souvient-il encor
> Du théorème de Taylor
> Et de celui de Mac-Laurin,
>   Mon vieux,
> Qu'enseignait d'un ton malheureux,
>   Mathieu ?
>
> Je me souviens avec délices
> De la théorie des hélices,
> Des problèmes, des artifices,
> Auxquels ne voyait que du feu,
>   Mathieu !

Le professeur Hermite, que notre camarade Armand Silvestre compare ingénieusement au poète Homère, fut à plusieurs reprises chargé du cours d'*ana*. C'est un des plus grands mathématiciens du siècle. A la séance des *Ombres*, on lui fait tenir ce discours prononcé avec onction :

— Au commencement, Dieu fit le ciel et la terre. Puis il fit M. Weierstrass et lui *gigonna* M. Mittagloffler. Ces titans ont déraciné des fonctions qui poussaient dans je ne sais quel coin de l'espace et M. Weierstrass, les enfermant dans des contours où elles se trouvent finies, continues et bien déterminées, sous la garde du facteur de M. Darboux, leur dit : « Vous êtes holomorphes, » et M. Mittagloffler, qui a eu le rare mérite de répéter tout ce qu'a dit M. Weierstrass, répéta : « Oui, vous êtes holomorphes ! » Et, en effet, messieurs, elles sont holomorphes ! Puissé-je l'être moi-même ; puissiez-vous l'être vous-mêmes ! C'est la grâce que je vous souhaite ! Ainsi soit-il.

Les élèves gardent fidèlement le souvenir de leurs vieux professeurs. Boucharlat a réuni leurs noms dans ces vers, lus au banquet du 16 août 1830 :

> Oh ! si des jours heureux j'ai pu goûter les charmes,
> C'était dans votre École, ô mes compagnons d'armes !
> C'était lorsque Lagrange et Laplace et Fourier
> Allumaient du savoir cet immortel foyer !
> C'était lorsque, semblable au divin Pythagore,
> De nos jeunes savants, Monge, l'idole encore,
> Dans son élan sublime entraînait à la fois
> Ceux qu'il électrisait du geste et de la voix.
> Sages instituteurs, Prony, Lacroix, Hachette,
> Comme lui vous avez acquitté votre dette,
> Et formés par vos soins, la France a vu Thénard,
> Arago, Gay-Lussac, et Poinsot et Jomard
> Propager la science, agrandir son domaine...

C'est de l'importance même donnée à l'enseignement de l'*ana*, dont toute la langue est faite d'x et d'y qu'est venu le surnom d'X (Voy. ce mot), universellement admis pour désigner les polytechniciens. Tous ne sont pas des mathématiciens, mais tous possèdent une connaissance du calcul différentiel et intégral suffisante pour les applications des services publics. Disons de plus qu'aux époques troublées de notre histoire, en 1830 et en 1848, cette connaissance leur a particulièrement servi à ne pas être confondus avec tous les individus qui se déguisaient en polytechniciens pour se donner l'apparence de défenseurs de l'ordre. A ceux-là, quand on les rencontrait, on leur demandait la différentielle de $sin\ x$ ou de $log\ x$, et, s'ils ne répondaient pas, on les faisait immédiatement coffrer.

Ancien. — L'*ancien*, par abréviation l'*ans*, est l'élève de seconde année. Le mot a toujours existé à l'école ; on l'oppose à celui de *conscrit*. Anciens et conscrits vivent sur le pied de l'égalité la plus parfaite. Pendant les premières semaines, jusqu'à la fin de la séance des *cotes*, les anciens s'arrogent en manière de plaisanterie une espèce d'autorité sur les nouveaux. Le *major* des conscrits lui-même est invité à ne pas s'enorgueillir de son rang d'entrée, « car il n'y a de supériorité à l'École que celle des anciens sur les conscrits. » Le *Code X* (Voy. ce mot) débute par ces vers burlesques :

> L'ancien parle, conscrit, tiens ta langue captive
> Et prête à ses discours une oreille attentive !

et il trace de l'*ancien* ce portrait flatteur :

> Reconnais l'*ancien* à sa démarche noble et fière, à ce chic qui le caractérise ; son chapeau laisse à découvert la partie gauche du front, effleure l'oreille droite et divise le sourcil en moyenne et extrême raison. Son regard assuré écrase le pékin ; son corps est droit, sa poitrine luxuriante ; il porte à gauche l'épée qui, tangente à la bande, touche à terre et fait voler la poussière.
>
> Admire, conscrit, et imite si tu peux ! Tes premiers efforts seront sans succès ; mais adresse-toi à l'*ancien*, sa bonté, sa bienveillance te sont assurées ; c'est pour lui un devoir de guider tes premiers pas. — Ton *ancien*, conscrit, est aussi ton guide naturel ; c'est lui qui te transmet les traditions et elles doivent être conservées, non seulement parce qu'elles maintiennent à l'extérieur la réputation de l'École, mais parce qu'elles assurent à l'intérieur la bonne harmonie et la fraternité.

Le *conscrit* devient *ancien* au mois de juillet de la première année, immédiatement après l'examen d'*ana*. A ce même moment l'*ancien* se considère comme *grand ancien* : le futur artilleur peint des brandebourgs sur sa tunique d'intérieur et porte des éperons ; le futur sapeur s'orne d'attentes d'épaulettes; tous portent sur la manche de leur veste des chevrons rouges, fabriqués avec la bande du pantalon, et dont le nombre indique combien d'examens ont été déjà subis.

L'*ancien* se distingue à l'intérieur par le débraillé de sa tenue, le sans-gêne absolu de ses façons; sa tunique, toujours ouverte, est imprégnée de poussière de craie; son pantalon aux bandes décolorées est enfilé dans les bottes, en hélice; sa cravate est dénouée; son képi crasseux, écrasé, est aplati sur l'oreille.

L'*ans* est devenu hardi et malin; il connait tous les moyens de tromper la surveillance des *pitaines* et des *basoffs*; il sait se faufiler dans le pavillon des conscrits, dans les *caserts*, dans les salles. Les grilles, les serrures ne l'arrêtent jamais; d'ailleurs il a toujours un *passe* dans sa poche.

Sa mission est d'initier les conscrits à tous les usages, de leur transmettre les traditions, de travailler à perpétuer chez eux l'esprit de l'École.

Les repas de corps, organisés dans les dernières années de la Restauration, avaient été considérés comme un des principaux moyens d'atteindre ce but. Ces repas se composaient de soixante élèves, trente anciens et trente conscrits, ces derniers s'engageant à remplir, l'année suivante; le même devoir avec la promotion nouvelle. On trouve, dans une lettre de Bosquet à sa mère, la description animée de l'un de ces repas donné au Palais-Royal chez Grignon, le plus fameux restaurateur de Paris.

L'*ans* ne peut pas avoir été *conscrit*; non seulement il l'affirme, mais il le prouve mathématiquement :

En effet, l'*ans* est une *tête à* x ; s'il avait été conscrit on aurait l'identité

$$0x = cx \text{ conscrit}.$$

en divisant les deux membres par x on aurait :

$$0 = c \text{ conscrit}.$$

d'où, en divisant par e,

$$\frac{0}{e} = \text{conscrit}.$$

un *conscrit* aurait donc *la tête assurée*, ce qui est absurde !

Anhydre. — Terme de chimie qui veut dire *privé d'eau*. C'est le nom qu'on donne au bœuf bouilli, lequel constitue, à l'École, l'aliment le plus important et qu'on sert le plus souvent dans un profond état de dessèchement. On essaye de le faire passer en l'accommodant aux sauces les plus variées : robert, rémoulade, vinaigrette, etc.

Anhydre s'emploie aussi comme synonyme de *sec*; on dit : Être *anhydre à la planche*, c'est-à-dire ne rien répondre au tableau ou encore *être sec* (Voy. ce mot).

Antique. — Celui-là est *antique* qui a passé par

l'École, et a satisfait aux examens de sortie. Les jeunes élèves qui viennent de quitter l'École des mines, l'École des ponts et chaussées, l'École du génie maritime, l'École d'application de Fontainebleau, sont des *antiques*; pendant les années passées dans les Écoles d'application, ils n'étaient que des *grands ans*, des grands anciens. *Antiques* âgés de vingt-deux ans pour la plupart, mais entrés déjà dans cette grande famille polytechnicienne dont tous les membres, rapprochés par la fraternité de l'École, sont unis entre eux par un puissant esprit de corps, exempt de fanatisme et de fatuité, qui engendre la force, le dévouement, le patriotisme.

Chaque année, les *antiques* de tous les âges, de toutes les carrières, se réunissent, eux et leur famille, avec la pensée de tendre une main fraternelle à des camarades maltraités par le sort, dans les salons de la Légion d'honneur ou de l'hôtel Continental, le jour du bal donné par la *Société amicale de secours*.

Chaque année, les *antiques* d'une même promotion présents à Paris, se réunissent et font un *dîner de promo*, soit au Continental, au Terminus ou chez Ledoyen. Le premier banquet n'a lieu d'ordinaire que quelques années après la sortie des Écoles d'application; les visages ont déjà changé : les coupes diverses de barbe rendent les camarades presque méconnaissables et l'on s'aborde en cherchant à mettre un nom sur le visage qu'on reconnaît vaguement.

D'année en année, hélas! surtout à partir d'une certaine époque, les rangs s'éclaircissent! alors on se réunit tantôt avec ses *anciens*, tantôt avec ses *conscrits*, mais à des tables séparées; on évoque le souvenir des camarades disparus; on s'informe des absents; on se rappelle avec joie les plaisanteries du temps passé. Les graves ingénieurs en chef, les colonels ventrus, déposent au vestiaire leur dignité professionnelle et redeviennent les joyeux élèves d'autrefois.

Les anciennes chansons de l'X reviennent aux lèvres et l'on écoute avec plaisir l'orateur de la *promo* qui débite un discours humoristique, ou le poète qui entonne une chanson nouvelle. Après 1830, quand le couplet patriotique était en faveur, Pouzols[1], chantait *les Enfants de l'École* sur l'air des *Enfants de France* :

> O Liberté ! notre École fidèle
> Te doit l'orgueil de son noble berceau.
> Tu l'ombrageas d'une palme immortelle ;
> Ah ! gardons bien un souvenir si beau !
> Et qu'après nous cet espoir nous console,
> Qu'on dise encore à la postérité :
> Leur devise était « Liberté » !
> Honneur aux Enfants de l'École !

Les jeunes entonnent une des chansons de l'École, par exemple celle de *Mazure*, d'*Alcindor* ou de l'*Amoureux Colin* :

Un lien fraternel unit tous les *antiques*. Deux hommes inconnus l'un à l'autre deviennent immédiatement amis en apprenant qu'ils sont tous deux sortis de l'École : « De quelle

---

(1) Pouzols (Antoine-Prosper), colonel du génie, décédé en 1877.

promo? — 1850, et toi? — 1854... Te rappelles-tu?... »
Et les souvenirs sont évoqués !

Tous ceux-là sont des *antiques* dont parle le savant philosophe Cournot, quand il dit : « Voyez ces vieillards en retraite, dont l'un a été colonel d'artillerie, un autre officier d'état-major, un autre ingénieur des mines, un autre préposé aux constructions navales, ou même, si vous le voulez, à la fabrication des tabacs ; ils ne portent plus leur uniforme, peut-être même ne distinguerez-vous plus le civil et le militaire ; mais vous les reconnaîtrez et surtout, ils se reconnaîtront entre eux comme des anciens élèves de l'École polytechnique, et cette empreinte se reflétera dans leur commerce comme celle du jurisconsulte ou du médecin. »

On trouve partout des *antiques* qui ont obtenu d'éclatants succès et conquis la célébrité dans les sciences, dans l'armée, dans les services publics, dans l'industrie, dans les grandes administrations, dans la magistrature, dans les finances, dans la médecine, dans le clergé ; on en trouve au conseil d'État, sur les bancs de la Chambre des députés ou du Sénat, dans le conseil des ministres ; un *antique* occupe en ce moment le premier rang dans l'État. Cavaignac, le président de notre deuxième République, appartenait à la promotion de 1820 ; Sadi Carnot, président de la troisième République est de la promotion 1857. Nous avons la bonne fortune de pouvoir reproduire à la page 31 une photographie faite à l'École en 1858 et qui montre dans leur costume d'intérieur trois polytechniciens photographiés par leur camarade Carette : à droite, Devaux ; au milieu, Mercadier, actuellement directeur des études ; à gauche... le futur président de la République, Sadi Carnot.

C'est l'histoire des services, des travaux, des découvertes, des inventions dus à ces *antiques*, intelligences d'élite, que le Comité du centenaire de la fondation a entrepris de publier en 1894 ; ce sera la véritable histoire de l'École.

Nous ne pouvons avoir la prétention de citer les *antiques* dont les noms sont devenus illustres. Il suffira de signaler parmi ceux qui sont décédés :

Ingénieurs des mines. — Élie de Beaumont, Dufrénoy, de Billy, Delesse, Ebelmen, Combes, Lefébure de Fourcy,...

Ingénieurs des ponts et chaussées. — Fresnel, Vicat, Coriolis, Darcy, Belgrand, Alphand, de Franqueville,...

Officiers d'artillerie. — Gourgaud, Fabvier, Paixhans, Morin, Bosquet, Treuille de Beaulieu,...

Officiers du génie. — Vaillant, Niel, Poncelet, de Lamoricière, Cavaignac, Faidherbe,...

Génie maritime. — Dupin, Dupuy de Lôme,...

Officiers de vaisseau. — Rigault de Genouilly, Courbet.

Mathématiciens. — Malus, Biot, Poinsot, Poisson, Liouville, Chasles, Halphen,...

Astronomes. — Le Verrier, Savary, Perrier,...

Physiciens et chimistes. — Gay-Lussac, Arago, Becquerel, Regnault, Lamé, Cahours,...

Administrateurs et diplomates. — De Clermont-Tonnerre, Destutt de Tracy, Vuitry, Lacave-Laplagne, de Montebello,...

Économistes. — Auguste Comte, Le Play, Michel Chevalier, Jean Reynaud,...

Littérateurs. — De Saulcy, Jomard, Walckenaer, Daru, de Barante, de Sainte-Aulaire, Gratry,...

Médecins. — Bussy, Gavarret, Gueneau de Mussy, Pravaz, Giraud-Teulon,...

Artistes. — Choron, colonel Langlois, général Athalin.

Agriculteurs, industriels. — D'Avrincourt, Cagniard de Latour, Perdonnet, Talabot, Christofle.

En parcourant la liste des *antiques*, on trouve plusieurs fois répétés, les mêmes noms ; il y a en effet des familles dont les membres se succèdent de père en fils à l'École. On trouve le nom de « de Lapparent » dans la liste des élèves reçus en 1794 et ce vénérable *antique* vécut jusqu'en 1870 ; tous ses camarades de promotion avaient alors disparu et il aimait à répéter qu'il « faisait son dîner de promotion tous les soirs » ; il avait été artilleur, puis maître de forges, puis préfet du Cher. En 1826, son fils aîné entrait à l'École ; en 1828, c'était le tour de son second fils. Deux de ses petits-fils, Albert de Lapparent, ingénieur des mines, et Bucheron, entrèrent à l'École en 1858 et en 1852. Signalons également les dynasties des Bertrand, des Résal, des Carnot, des Kerviler, des Becquerel (Antoine, Edmond, Henri), etc.

Applic. — Abréviation du mot *application* ; ce mot s'employait autrefois pour désigner toutes les Écoles d'application, celle des mines, des ponts, du génie maritime, et surtout l'École d'application de Metz ; il n'est plus usité aujourd'hui.

Archi. — Abréviation du mot *architecture* ou du mot *architecte*. — L'art de l'architecte a été enseigné à l'École depuis la fondation. Après Lamblardie qui fut tout à la fois le premier directeur de l'École et professeur d'*archi*; après Neveu, l'instituteur de dessin qui faisait de grands discours sur l'architecture, les professeurs furent Lesage, Baltard, Durand, l'auteur du *Parallèle des édifices anciens et modernes* et dont le talent était un peu froid pour son auditoire.

Léonce Reynaud, le plus célèbre des professeurs d'*archi*, faisait un cours remarquable et avait un talent merveilleux de dessinateur au tableau ; en quelques coups de craie il représentait l'église Notre-Dame, ou Saint-Pierre de Rome, ou bien une maison à sept étages. Caractère plein de noblesse, homme excellent, il portait une affection profonde aux élèves dont il se savait adoré ; il riait le premier du sobriquet qu'ils lui avaient donné, celui d'*Arpin, le terrible Savoyard,* parce que sa mâle stature le faisait ressembler à un lutteur fameux qui s'appelait Arpin.

M. de Dartein, qui lui a succédé dans sa chaire, a hérité de ses qualités et de son talent.

Dans l'argot parisien on a employé à une certaine époque le mot *architecte* en y attachant une signification méprisante assez semblable à celle qu'on donne aujourd'hui à l'épithète de *fumiste*. L'impératrice se servit une fois de ce mot pour l'appliquer avec dédain aux polytechniciens. Le jeune prince impérial, en costume de caporal de grenadiers de la garde, étant venu visiter l'École (1) accompagné par le général Frossard, avait été accueilli par un silence glacial, les deux promotions ayant décidé, à la presque unanimité des voix, qu'aucun cri ne serait proféré à son arrivée. « Qu'ont-ils donc à ne pas vouloir crier, ces petits *architectes* ? » avait dit l'impératrice au maréchal Vaillant, et, furieuse, elle parlait de faire supprimer l'École. La réponse du maréchal fut heureuse : « Madame, répondit-il, si ces *architectes*

(1) Gravure extraite de l'*Histoire de l'École polytechnique*, par G. Pinet.

ne crient pas aujourd'hui, demain ils se feront tuer pour leur pays. »

On donnait jadis au professeur d'*archi* le nom d'*archi-*

bête : cette expression a disparu, de même que le mot *croquard* qui désignait les croquis d'*archi* et de machines.

Arti. — Abréviation des mots *artilleur, artillerie*.

L'*arti!* voilà véritablement l'arme de l'École, l'arme qu'elle alimente pour la plus grande partie, l'arme qui y a laissé les plus beaux souvenirs militaires. C'est l'arme préférée des élèves, et ils saisissent toutes les occasions de manifester leur prédilection pour elle.

On crie *Vive l'arti!* quand on aperçoit, par hasard, un artilleur en uniforme, quand le professeur de chimie met le feu à un mélange détonant, quand les jours d'orage on entend le bruit du tonnerre. Un *Vive l'arti!* formidable, accompagné de hourras frénétiques, retentit longuement dans les salles le jour où l'on amène dans la cour les pièces de canon qui doivent servir à la manœuvre. La première fois qu'on fit à l'École l'exercice du canon, c'était peu de temps après la guerre de 1870, l'arrivée des pièces fut l'occasion d'une manifestation patriotique : la porte d'entrée avait été pavoisée avec des trophées de drapeaux, toutes les fenêtres des salles d'études étaient décorées d'étendards et de guirlandes de fleurs, et au milieu de la cour, en présence des deux promotions respectueusement découvertes, le major avait prononcé un discours rappelant l'héroïque défense de la barrière de Clichy en 1814 et le rôle de la batterie de l'École en 1870.

Il n'est pas de manifestation, pas de fête, sans qu'on entonne le refrain de la chanson de l'*Artilleur*, refrain

qu'on chantait déjà dans les lycées, qu'on chantera encore à l'École d'application, et plus tard, au régiment.

Cette *Marseillaise de l'X* se chante sur l'air de la *Marche des Puritains*.

C'est de la *batterie de l'École*, qui occupait en septembre 1870 les bastions de la porte d'Orléans, qu'est partie une amusante théorie de la manœuvre du canon qu'on chante sur l'air : *Allons, chasseur, vite en campagne !*

    C'est le premier servant de gauche
    Qui met l'obus dans le canon.
    Ton ton, ton ton, ton taine, ton ton;
    C'est le premier servant de droite
    Qui manœuvre l'écouvillon.
        Ton ton, ton taine, ton ton.

    C'est le deuxième servant de gauche
    Qui met la pièce en direction.
        Ton ton, etc.
    C'est le deuxième servant de droite
    Qui met son œil devant l'œilleton.
        Ton ton, etc.

    Le sous-officier chef de pièce
    Rectifie l' pointag' du canon.
        Ton ton, etc.
    Et s'il commet un' maladresse,
    Y a encor' les chefs de section.
        Ton ton, etc.

    Le capitaine à notre tête
    Nous met dans la bonn' position.
        Ton ton, etc.
    Je m' demand'rai jusqu'à ma r'traite :
    A quoi sert le chef d'escadron ?
        Ton ton, ton taine, ton ton.

Cette batterie de l'École, commandée par le colonel Mannheim, était servie par d'illustres savants, anciens polytechniciens et membres de l'Institut. C'est à eux qu'un général passant au galop de son cheval, adressa cette recommandation : « Bien, mes enfants, courage ; seulement ne vous saoulez pas ! »

L'uniforme de l'artilleur, du *tilleur*, comme on dit encore,

est celui qu'on admire le plus. Il fut donné aux élèves, peu de temps après la fondation ; Arago le portait en 1804, le jour où il reçut le drapeau de l'École, des mains de l'empereur. Tout polytechnicien, au bout de quelques mois, se voit déjà revêtu de l'uniforme coquet de cet *artilleur* fringant, hardi, caracolant sur son cheval et, comme dit la chanson,

>   ...Fidèle à sa pièce
>   Et jamais dans l'inaction !

Alors il pioche avec rage les différentielles et les intégrales pour avoir le droit... de surveiller plus tard le pansage des chevaux et la distribution du fourrage !

Art-mili. — Pour *art militaire*. Le cours d'*art-mili* a été introduit à l'École peu d'années avant 1870. Il fut professé pour la première fois par le général Favé, aide de camp de l'empereur, auquel succéda le colonel d'état-major Usquin.

L'un des professeurs d'*art-mili*, un sapeur ventripotent, n'a pas manqué d'être tourné en ridicule à la séance des *Ombres* : « En tactique, messieurs, » lui fait-on dire, « il arrive... en quelque sorte..., si je puis m'exprimer ainsi..., en somme, il arrive toujours toujours ce qui ne devait pas arriver. »

Ce cours a disparu et a été remplacé par des conférences militaires faites par les capitaines de l'École.

Astro. — Pour *astronomie*. Arago, qui était universel, avait créé à l'École un cours d'astronomie et un cours de machines. Le premier fut qualifié de cours de géodésie, ou mieux de *géo*, pour répondre à un désir de Puissant, lors de la suppression si fâcheuse du corps des ingénieurs géographes ; le nom lui a été conservé. Il a été professé successivement par Arago, Savary, Chasles, M. Faye, le colonel Hovard, le colonel Laussédat, Delaunay, et depuis la mort de ce dernier, qui professa à peine un an, il a été repris par M. Faye, qui vient seulement (novembre 1893) de quitter sa chaire.

Arago était entré à l'École à seize ans ; il a raconté lui-même comment l'idée lui vint de diriger de ce côté ses études :

En me promenant un jour sur le rempart de Perpignan, je vis un jeune officier du génie qui y faisait exécuter des réparations. J'eus la hardiesse de m'en approcher et de lui demander comment il était arrivé si promptement à porter l'épaulette : « Je sors de l'École polytechnique, répondit-il. — Qu'est-ce que cette École-là ? — C'est une École où l'on entre par examen. — Exige-t-on beaucoup des candidats ? — Vous le verrez dans le programme que le gouvernement envoie tous les ans à l'administration départementale. » Je courus sur-le-champ à la bibliothèque, et c'est là que, pour la première fois, je lus le programme des connaissances exigées des candidats.

L'année suivante, Arago entrait le premier à l'École. Sept années après, en 1809, à l'âge de vingt-trois ans, Arago était nommé membre de l'Académie des sciences. Cette élection donna lieu à un incident comique. Voici comment Arago raconte la réception que lui fit alors l'empereur.

— Vous êtes bien jeune, me dit Napoléon. Comment vous appelez-vous ?

Mon voisin de droite, ne me laissant pas le temps de répondre à la question, s'empressa de dire :

— Il s'appelle Arago.
— Quelle est la science que vous cultivez ?

Mon voisin de gauche répliqua aussitôt :

— Il cultive l'astronomie.
— Qu'est-ce que vous avez fait ?

Mon voisin de droite, jaloux de ce que mon voisin de gauche avait empiété sur ses droits à la seconde question, se hâta de prendre la parole et dit :

— Il vient de mesurer la méridienne d'Espagne.

L'empereur, s'imaginant sans doute qu'il avait devant lui un muet ou un imbécile, tourna les talons.

Cette même année, 1809, Arago était choisi pour succéder à Monge dans sa chaire d'analyse appliquée à la géométrie ; il l'occupa vingt années.

Le Verrier, l'illustre astronome, répétiteur de Savary, semblait tout désigné pour lui succéder ; mais n'ayant su se faire aimer ni des élèves ni du conseil, il dut céder la place à Chasles, fort peu préparé à cet enseignement, et pour qui on eût dû plutôt créer une chaire de géométrie supérieure. Le 30 mars 1814, Chasles s'était distingué par sa belle conduite dans la batterie de l'École, à la barrière de Vincennes.

Delaunay, après avoir brillamment professé la mécanique durant vingt années, changea sa chaire contre celle d'*astro* au moment où il devint directeur de l'Observatoire de Paris.

C'était un merveilleux professeur dont la parole claire et précise faisait disparaître les obscurités des sujets qu'il avait à traiter.

Il mourut noyé, comme étaient morts son père et son frère ; désirant visiter la rade de Cherbourg, il était monté en canot, n'ayant pas voulu par modestie, demander à l'administration un bateau spécial. Le canot chavira et le corps du malheureux professeur ne fut retrouvé que le lendemain, échoué près de l'île Pelée (1872).

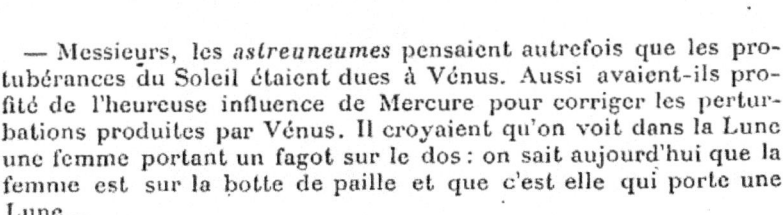

M. Faye, qui aime les élèves et les défend en toute occasion, est un des professeurs les plus appréciés.

Lorsqu'il veut bien assister à la séance des *Ombres*, son entrée est accueillie par les applaudissements énergiques des deux promotions, ce qui n'empêche pas de le caricaturer.

On lui fait tenir ce discours :

— Messieurs, les *astreuneumes* pensaient autrefois que les protubérances du Soleil étaient dues à Vénus. Aussi avaient-ils profité de l'heureuse influence de Mercure pour corriger les perturbations produites par Vénus. Il croyaient qu'on voit dans la Lune une femme portant un fagot sur le dos : on sait aujourd'hui que la femme est sur la botte de paille et que c'est elle qui porte une Lune...

J'abrège ma leçon, car il faut que j'obtienne la grâce de deux de vos camarades. Je ne puis comprendre qu'on brise de gaieté de cœur la carrière d'un pauvre jeune homme; aussi, je vais en référer au chef de l'État et à mon petit conscrit de Freycinet. »

M. Faye était naturellement indiqué pour présider les fêtes du Centenaire; sa situation scientifique et son caractère le désignaient au choix de ses camarades.

Astuce. — Atomifier. — Atrophié. — Mots tombés en désuétude. On disait jadis une *colle d'astuce* pour indiquer une colle à laquelle on ne s'attendait pas. — *Atomifier* signifiait briser, réduire en miettes, en atomes. — *Atrophié* était synonyme de « stupéfait ».

Bacha. — Abréviation par à peu près du nom d'un professeur d'allemand, *Bacharach*, dont le cours fut constamment l'occasion de plaisanteries assez irrévérencieuses. La plus innocente consistait, chaque fois qu'il prononçait les mots *ein, kein*, à répéter en chœur : ein, eine, ein ; kein, keine, kein ; ce qui constituait le tapage le plus assourdissant. *Bacha* se tournait vers le capitaine de service implorant son secours, mais le capitaine n'osant sévir, avait pris l'habitude de fermer les yeux et de paraître sommeiller.

Un jour, pendant sa leçon, on introduisit dans l'*amphi* le chat du *pique-chien* (portier-consigne) et on le fit passer de main en main ; au bout de quelques minutes, l'animal se mit à pousser des miaulements féroces dont on couvrait le bruit en accentuant les « kein, keine, kein ». *Bacha* l'aperçut à la fin, près de sa table, comme un élève allait le prendre ; il interpella alors l'élève qui hésitait : « C'est à fous, monsieur, à brendre le chat ! » Quel accès d'hilarité !

Sur le plan de l'amphithéâtre, où chacun avait sa place marquée par son nom, on traçait à l'avance une courbe, et au signal convenu tous ceux dont le nom était sur la courbe se mouchaient à la fois. On se mouchait ainsi en ellipse ou en spirale. Un autre jour, tandis que les élèves assis sur un des gradins se levaient, ceux du gradin suivant s'accroupissaient, et le mouvement répété du haut en bas de l'amphithéâtre, avait la prétention de figurer celui des vagues de la mer.

Bacha, durant ses vingt années de professorat, ne put jamais parvenir à boire son verre d'eau sucrée ! A chaque leçon le sucre disparaissait sous ses yeux.

Son répétiteur, Théobald Fix, subissait comme lui toutes sortes de mystifications (Voy. *Colles* et *Colleurs*).

L'enseignement de l'allemand, tel qu'il se donnait alors à l'École, n'était pas pris au sérieux. Il datait de 1830 ; à cette époque on avait supprimé le cours d'histoire et on l'avait remplacé par un cours d'allemand. Hase, savant philologue, qui s'en était chargé, avait trouvé le moyen d'exposer, dans cette chaire, ses idées sur l'origine et le développement des langues, et il était parvenu à se faire écouter avec admiration ; mais son exemple n'avait pas été suivi. Après 1870 l'enseignement de l'allemand a été transformé ; le cours a été supprimé et remplacé par des conférences que les élèves préparent maintenant avec le plus grand soin sous la direction de quatre maîtres d'allemand. Cette transformation paraît avoir donné les meilleurs résultats.

Bafouiller. — Pour l'élève, c'est répondre à l'examen d'une manière incohérente. Pour le professeur, c'est se coller dans une démonstration ; la chose arrive ! Un excellent professeur de *stéré*, qu'on avait surnommé *Molard* et qui possédait un admirable talent de dessinateur au tableau, avait un asthme qui l'obligeait à hacher son discours ; on lui donnait, disait-on, une leçon supplémentaire à la fin du cours pour terminer ses phrases. A la séance des *Ombres* on lui fait prononcer des phrases inachevées dans le genre de celle-ci :

Tableaux célèbres — femme adultère — il y en a beaucoup ;

et annoncer ainsi une méthode générale pour résoudre tous les problèmes de la géométrie :

Méthode pour résoudre tous les problèmes, — c'est-à-dire presque tous les problèmes, — je veux dire beaucoup de problèmes, — enfin la méthode s'emploie quelquefois — mais on ne peut jamais l'appliquer.

On retenait cette phrase qu'il avait prononcée pendant qu'un élève appelé à la *planche* bafouillait affreusement :

Problème difficile — très difficile — esprits très intelligents eux-mêmes se trompent — c'est pas pour votre camarade que je dis ça !

Bahut. — **Bahuté**. — Le *bahut*, dans l'argot des collégiens, c'est le lycée ; le mot évoque l'idée d'un vieux meuble, d'une vieille boîte ; pour les saint-cyriens, le *bahut*, c'est leur École elle-même.

Le polytechnicien emploie le mot *bahuter* dans le sens de « donner à un objet le chic ancien en le déformant ». Ainsi les anciens *bahutent* leurs képis, leurs tuniques. On dit aussi *bahuter un casert*, c'est-à-dire mettre le casernement sens dessus dessous.

Par une étrange extension, un objet *bahuté* est aussi un objet élégant, qui a du chic — ou simplement qui n'est pas réglementaire. Le polytechnicien coquet se paye une épée *bahutée*, des bottes *bahutées*.

Bahutage. — Le *bahutage* est la série des initiations,

des mystifications, disons le mot, des brimades que les *anciens* font maintenant subir aux *conscrits*. C'est l'ancienne *absorption*, née du régime de l'internat, impatiemment supportée par l'autorité, plus tard tolérée au dehors, puis supprimée, qui a reparu sous ce nom, à l'intérieur de l'École, depuis une vingtaine d'années. Le nom vient naturellement du mot *bahuter*, pris dans ses deux acceptions. Le but du *bahutage* est en effet de donner du chic au *conscrit*, de le rendre *ancien*.

Ces brimades ne sont pas bien terribles ; elles ne ressemblent en rien à celles de Saint-Cyr. A l'*X* les *anciens* n'ont aucune autorité réelle sur leurs *conscrits* ; leur unique intention, en prétendant assouplir les caractères par d'inoffensives vexations, est de faire naître aussitôt l'esprit de camaraderie. Le temps du *bahutage* dure ordinairement cinq ou six semaines, jusqu'à la séance des *cotes* (Voy. ce mot), après laquelle *anciens* et *conscrits* sortent bras dessus, bras dessous, désormais camarades.

Le *bahutage* commence le jour même de l'habillement des nouveaux. Les *ans* obligent les *conscrits* à prendre des prunes chez la *Prosper*, les empêchent de rentrer le soir de leur première sortie en cernant les rues qui avoisinent l'École ; les *conscrits* terrifiés sont placés dans cette cruelle alternative de *piger* une consigne, s'ils sont en retard, ou de provoquer la colère des *anciens* s'ils forcent la barrière qu'on leur oppose.

Le soir de la rentrée des *anciens*, quand les deux portes du garde-consigne sont franchies et que les nouveaux se disposent à traverser la cour pour se rendre au casernement, ils se heurtent aux anciens qui leur barrent le passage. Pour faire une trouée, il faut attendre qu'on soit en nombre ; mais dans la foule, où il vient s'engloutir, le *conscrit* est saisi, bousculé, enlevé, débarrassé de son épée par-dessus laquelle on le force à sauter comme un caniche, lâché enfin après avoir viré de mains en mains comme un tonton. A chaque tentative de trouée, les portes sont ébranlées à coups d'épaule, les vitres des salles de récréation volent en éclats, frappées par les queues de billard; les arrivants, de plus en plus pressés, poussent des cris auxquels les *anciens* répondent par des hurlements de fauves. Tout à coup la scène s'éclaire de feux de Bengale allumés dans la cour et le tapage devient infernal. Le dernier coup de dix heures, obligeant tout le monde à répondre à l'appel, met fin à cette saturnale.

Les jours suivants, les *anciens* se répandent dans les salles d'études des *conscrits*, font une razzia de leurs godets, de leurs équerres, de leurs cartons, etc... ; aux casernements ils font une rafle des cravates, des bottes, des casques à mèche ; pendant les récréations, ils arrachent les boutons de leurs tuniques, les grenades de leurs képis ; ils les contraignent à manger des *frites* (Voy. ce mot) dans un képi graisseux; ils leur font passer de faux avis qui les envoient promener à tous les bureaux de l'administration ; ils les accablent de questions sans queue ni tête ; ils leur montent toutes sortes de *scies* et de *bateaux*.

Puis viennent les fumisteries classiques : les lits mis en *portefeuille* et qu'il faut refaire avant de se coucher; l'*omelette des caserts*; la *salade des bottes*; le percement des *souriaux* (vases de nuit) avec les pointes des épées des conscrits; le *coup du poulet*; le jeu du *zanzibar* (Voy. ces différents mots), etc...

Un caser cahuté

L'ancien est habile à déjouer l'attention, à tromper toute surveillance. Avec le *passe* dont il s'est rendu possesseur et qu'il a toujours dans sa poche, il se faufile partout dans le pavillon des conscrits.

Sa malice sait discerner bien vite les caractères crédules dont il exigera des obéissances comiques ou qu'il terrifiera de menaces.

Il leur jettera sans cesse à la tête, avec des accents de mépris, la couleur de sa promotion; c'est la grande injure.

« *Conscrards* ! sales jaunes — ou sales rouges !... Conscrit idiot ! abruti ! etc... Mort aux *conscrards* ! »

Mais toutes ces farces, ces plaisanteries, ces scies traditionnelles sont parfaitement inoffensives; les conscrits ne tardent pas à s'en amuser eux-mêmes ainsi que de l'affectation d'injures et de brutalité, tout en paroles, qui ne dépasse jamais les bornes de la plaisanterie.

Balade. — Promenade à l'intérieur de l'école. Mot emprunté à l'argot parisien. Pendant les heures d'étude, il n'est personne qui n'aille faire sa petite *balade* dans les salles voisines, dans les corridors et surtout aux *longchamps* (Voy. ce mot). Certaines salles reçoivent leurs voisines en *balade* et leur offrent un punch, un goûter et même des concerts.

Banale. — Petite table mobile placée dans la salle

d'études et dans laquelle on serre les objets d'un usage commun ; on dit la *banale* au lieu de la *table banale*, qui appartient à tout le monde.

Cette table sert à bien des usages, mais surtout à la confection de plats variés.

C'est sur la *banale*, bien dissimulée dans le *désert*, qu'on prépare en salle le déjeuner du matin, et qu'on sert le thé du *five o'clock*.

La chanson du *Thé*, de nos camarades Dreyfus et Onillon, se chante sur l'air du *Soldat de plomb* (*Mam'zelle Nitouche*).

> Dans le *désert*, sur la *banale*,
> On me prépare en se cachant,
> Et tous les soirs je vous régale :
> J'en suis bien fier assurément.
> Dans cette École vénérable
> Où l'on entre difficil'ment
> J'pénètre, moi, pauv'misérable,
> Sans me présenter en tremblant.
> Pour entrer je n'fais pas d'*jodot*
> J'suis pas r'commandé chez *Tissot* ;
> Si j'arrive, c'est sans *piston*.
>
> Et pourquoi donc ?
> Parc'qu'à l'esto
> Parc'qu'a l'esto
> Parc'qu'à l'estomac j'suis bon !

Basané. — Expression nouvellement introduite à l'École et qui désigne le pantalon d'étoffe résistante qu'on revêt pour monter à cheval (Voy. *Zèbre*). Par extension, la *basane* est le nom donné à la cavalerie. A Saint-Cyr, où le mot est également employé, on appelle *candidats basanés* ceux parmi lesquels seront choisis les cavaliers.

Bascule. — La *bascule*, brimade en honneur au temps du premier empire, consistait à étendre le conscrit sur un tabouret auquel on donnait une succession de mouvements alternatifs d'élévation et d'abaissement des plus saccadés.

A la bascule succédait souvent le supplice de la *crapau-*

dine, alors en usage dans l'armée : couché à plat ventre sur le tabouret, les jambes repliées, le bras droit lié à la jambe gauche, le gauche à la jambe droite, le conscrit était maintenu une minute dans l'immobilité la plus complète et rafraîchi au moyen de *bombes hydrauliques*.

Basoff. — Abréviation du vieux terme de *bas-officier*; c'est le nom donné aux adjudants qui sont chargés de la surveillance des élèves à l'intérieur et à l'extérieur.

Il y a huit *basoffs*, quatre du génie et quatre de l'artillerie : on les choisissait autrefois parmi les sous-officiers proposés pour l'avancement ; mais depuis qu'il existe une école pour les sous-officiers, à Versailles, on semble, au contraire, disposé à les prendre parmi ceux qui n'ont aucune chance de parvenir. Leur service à l'École est assez délicat ; ils hésitent à sévir contre un futur officier et craignent de déplaire à l'autorité par trop de mansuétude.

Les *basoffs* sont de service à tour de rôle ; un tableau affiché au *binet* indique les semaines qui leur sont affectées ; c'est le *basoffoscope* ; ils se tiennent le jour dans le cabinet de service, au rez-de-chaussée et au premier étage du pavillon des élèves, surveillant chacun une division. Le soir, ils couchent dans une chambre voisine des casernements. Ils procèdent aux appels et sont chargés de la discipline intérieure partout ailleurs qu'à l'amphithéâtre. La consigne est la seule punition qu'ils aient le droit d'infliger.

Leur attitude vis-à-vis des élèves dépend d'ailleurs de leur propre caractère. Celui-ci est bon enfant, *coconne* volontiers, surtout avec les anciens ; celui-là, de nature policière, toujours en arrêt, prend un malin plaisir à surprendre un élève en faute : il ne *colle* pas toujours, mais il veut qu'on soit persuadé de sa vigilance ; cet autre est inexorable, il a l'inflexibilité de la loi militaire : on le craint davantage, mais on ne l'estime pas moins. Le cri : — *Vess au basoff!* avertit toujours les camarades de l'approche du surveillant.

Le plus ancien adjudant dont le nom soit resté célèbre était l'adjudant Rostan, vieux soldat de la campagne d'Égypte, qui était arrivé le premier sur la muraille de Saint-Jean-d'Acre. Il avait un mot qu'on lui faisait souvent répéter : « Que sentiez-vous, lui demandait-on, lorsque la fusillade faisait tomber les fantassins à vos côtés ? » Et lui répondait : « Suivant l'ordonnance, je sentais.... les coudes à droite. » C'est lui qui définissait la physique « un tas de petites boules de cuivre, » et qui disait : « La chimie, c'est tout ce qui pue ! » Le 30 mars 1814, Rostan fut blessé dangereusement à la tête, dans la batterie de l'École à la barrière de Vincennes.

Bazar. — Le *bazar*, c'est le lycée. Les *bazars* : *Grand* (Louis-le-Grand), *Condor* (Condorcet), *Charlot* (Charlemagne), *Sta* (Stanislas), *Louis* (Saint-Louis), sont les lycées de Paris qui préparent plus spécialement à l'École. Le mot *bazar* est surtout employé par les élèves des lycées, les *potaches*, dont le nom paraît signifier « bêtes comme des pots ».

Berry. — Tunique d'intérieur, en drap du Berry. Le règlement prescrit de la fermer complètement, l'absence d'un seul bouton devant entraîner une consigne, mais on ne l'applique pas et la tenue d'intérieur présente, le plus souvent, un débraillé qui n'a rien d'élégant. Au commencement de l'année, c'est une bonne farce à faire au conscrit que de lui arracher tous les boutons de son *berry* et c'est un honneur pour l'ancien qui a fait une cueillette suffisante, de porter, autour du cou, tous les boutons de *berry* passés dans une corde en guise de collier.

Le *berry* se prête, d'ailleurs, à des transformations variées. Quand on veut se déguiser, on le retourne et un camarade se charge de vous décorer la doublure de toutes sortes d'ornements ; quand on veut se donner l'air d'un ancien, on le *bahute*, on le traîne dans la poussière. Vers la fin de l'année, on y attache des attentes d'épaulettes et on le coupe par le bas pour lui donner le faux air d'une tunique d'officier.

Bert. — Abréviation du nom de M. J. Bertrand, secrétaire perpétuel de l'Académie des sciences et membre de l'Académie française, qu'à l'École on appelle familièrement le *petit Bert* ou encore *Joseph*. Cette familiarité ne saurait déplaire à l'illustre savant qui sait en quelle estime le tiennent les anciens élèves. M. Bertrand, déjà célèbre à l'âge de dix ans et regardé comme un prodige, professe les mathématiques depuis cinquante ans. Entré major à l'*X* en 1839, à l'âge de dix-sept ans, M. Bertrand fut nommé répétiteur pendant qu'il terminait ses années d'études à l'École des mines.

Dans quelques semaines l'École toute entière célébrera le cinquantième anniversaire de son entrée à l'*X* parmi le personnel enseignant ; une médaille commémorative rappellera les états de service du savant qui honore l'École dont il fut un des plus brillants élèves. M. Bertrand, fils du célèbre auteur des *Lettres sur les révolutions du globe*, est le neveu du professeur Duhamel et le beau-frère du savant M. Hermite. Les élèves ne manquent pas de saluer par des

applaudissements la silhouette de leur professeur quand elle apparaît à la séance des ombres.

Dès que M. Bertrand est entré dans l'amphithéâtre, debout devant la table semi-circulaire, il promène sa main sur la table, jusqu'à ce qu'il ait trouvé, sans regarder, certain trou qu'il a l'habitude de boucher avec le doigt et,

quand il a enfin trouvé le trou désiré, il continue joyeusement sa démonstration.

Berzé. — Abréviation de *Berzélius*, nom donné à l'horloge de la cour.

On raconte que le grand chimiste suédois, de passage à Paris, vers 1819, vint faire quelques expériences de physique et de chimie devant les élèves de l'École. Pour montrer l'influence exercée par l'air sur la respiration des animaux, il plaça un moineau sous la cloche de la machine pneumatique et fit le vide; au moment où l'oiseau allait périr, un même cri : « Grâce! grâce! » s'éleva de tous les côtés de l'amphithéâtre. Berzélius fit grâce à l'oiseau qui s'envola joyeusement hors de la salle. Depuis ce jour, il arriva, dit la légende, un fait étrange. Tous les mercredis et tous les dimanches, au moment où la grande aiguille de l'horloge, quittant la cinquante-neuvième minute de neuf heures allait marquer l'heure fatale de la rentrée à l'École, un obstacle semblait l'arrêter, et le garde-consigne ahuri remarquait que cette dernière minute avait une durée invraisemblable. Quand le fait eût été bien constaté, naturellement cela demanda quelque temps, on se mit à l'affût et l'on reconnut que le retard était le fait d'un moineau qui, à la minute précise, se posait sur la grande aiguille. C'était le moineau de Berzélius dont la reconnaissance envers les élèves se manifestait de cette manière touchante! Le *pique-chien* barbare enduisit un jour les aiguilles de glu et l'oiseau se trouva pris et tué! L'École lui fit de superbes funérailles : on l'enterra dans un coin de la grande cour. L'horloge reçut ce jour-là le nom de *Berzélius*[1].

Beuglant. — Pendant la période des examens de fin d'année, une récréation supplémentaire est accordée aux

---

(1) La première horloge de l'École, celle qui ornait la cour du palais Bourbon, avait été acquise révolutionnairement : on était allé simplement prendre celle des ci-devant religieuses carmélites du faubourg Saint-Germain et on l'avait transportée au palais Bourbon.

élèves, de sept heures à sept heures et demie du soir. C'est pendant cette récréation que jadis les artistes de la promotion, montés sur des tréteaux disposés dans la cour, donnaient un concert à leurs camarades. Ce concert s'appelait le *beuglant*; on y entonnait les chansons vieilles et nouvelles, faites sur l'École; on déclamait des poésies; on récitait des complaintes.

Au lendemain de la révolution de 1830, on chantait ce couplet de la *Parisienne*, de Casimir Delavigne :

> La mitraille en vain nous dévore,
> Elle enfante des combattants.
> Sous les boulets voyez éclore
> Ces vieux généraux de vingt ans !
> O jours d'éternelle mémoire !
> Paris n'a plus qu'un cri de gloire :
>   En avant ! Marchons
>   Contre les canons...

ou bien celui que le docteur Guyétant voulait faire ajouter à la *Marseillaise* :

> A peine entrés dans la carrière
> Où tant de braves ne sont plus,
> Vous y ranimez leur poussière
> Par l'éclat des mêmes vertus !
> Votre héroïque adolescence
> Déjà s'égale aux vieux soldats ;
> Et trois jours, à vos jeunes bras,
> Ont suffi pour sauver la France.

ou bien encore ce couplet comique emprunté à une revue du théâtre des Variétés :

> C't'École polytechnique,
>   Savant', patriotique,
> N's'est pas fait le moins admirer.
> En tout lieu prêt' à s'montrer,
>   Le peuple ell'le dirige)   *Bis*
>   Sans jamais l'égarer !) *en chœur.*

Mais à ces refrains du vieux répertoire du *beuglant*, on préférait les chansons drolatiques, les poésies rimées à l'École, inspirées par l'événement actuel. Ainsi, après 1840, on chanta longtemps, sur l'air de *Larifla*, la complainte du *Retour des cendres de Napoléon*, composée par un *antique* et dont voici les principaux couplets :

> Ces scélérats d'Anglais
> Avaient eu le toupet
> De tuer notre empereur
> Dont ils avaient grand'peur.
>   Larifla, flafla, etc....
>
> Je vais vous raconter,
> Sans trop vous carotter,
> Ce bel enterrement
> Ousque j'étais présent.
>
> Oh ! Muse, inspire-moi !
> J'ai grand besoin de toi ;
> Car je vais dir' comment
> Se fit le défilement.
>
> L'vainqueur des Pyramides
> Arrive aux Invalides,
> En passant par Poissy
> Et la barrière Neuilly.
>
> Non loin de la barrière,
> Était la Pépinière,
> Près de la Porte-Maillot,
> Ousqu'il ne f'sait pas chaud.
>
> Nous avons défilé
> Dans les Champs-Élysées,
> Et chacun admirait
> Comme l'École marchait.
>
> Les officiers sans troupe
> Formaient un fameux groupe ;
> Et les sous-officiers
> Qu'étaient tous décorés.
>
> Et puis, par-ci, par-là,
> On voyait deux ou trois
> Vieux grognards respectés
> Par le sort des armées.
>
> Puis le prince de Joinville
> Est entré dans la ville,

>Avec tous ses marins
>Qui sont d'fameux lapins.
>
>Monseigneur l'archevêque,
>Avec ses quatre-z-évêques,
>Est v'nu le recevoir
>A grands coups d'encensoir.
>
>Alors il est entré ;
>Les curés ont chanté ;
>L'invalide a pleuré ;
>Et l'on s'est séparé.

Il arrivait quelquefois que le poète de la promotion recevait l'ordre de produire, à jour fixe, un chef-d'œuvre qui serait chanté ou récité au *beuglant*. Voici l'une de ces compositions, faite en 1859, sur commande, et dont l'auteur est M. Mercadier, le directeur actuel des études à l'École ; elle se chantait sur l'air du *Paris* de Nadaud :

>Voyez sa marche assurée,
>Et ce claque, et cette épée,
>Ce regard et ce maintien !
>C'est un artilleur imberbe,
>C'est quelque savant en herbe,
>   Un polytechnicien.
>
>   Noble république !
>   L'un est fanatique
>De sape, et l'autre artilleur :
>   L'un, marin habile,
>   Gouverneur d'une île
>   Ou brillant ingénieur.
>
>Dans les corridors sans nombre,
>L'un erre, pensif et sombre,
>Et l'autre chante, joyeux !
>Celui-ci songe à sa belle ;
>L'autre, à la gloire immortelle
>Dont l'éclat brille à ses yeux.
>
>   Quel travail sans trêve !
>   Quel espoir, quel rêve
>Ne s'y forme et s'entretient !
>   L'un dans sa pensée,
>   Se voit chef d'armée,
>   L'autre académicien....

On chante toujours à l'École, mais plutôt aujourd'hui des refrains de troupiers, comme celui du *Frère Capucin* :

Pendant bien des années les promotions ont applaudi leurs artistes chanteurs et leurs poètes au *beuglant* du soir. Aujourd'hui c'est la musique instrumentale qui est plus particulièrement en honneur ; de véritables concerts s'organisent et les exécutants sont souvent des artistes d'un réel mérite, car on a remarqué que les élèves de l'École étaient en général mélomanes et parfois excellents musiciens. Ces concerts se donnent à l'*amphi*, en présence de l'état-major et des professeurs.

Beuveau. — Surnom donné à *Leroy*, le professeur de géométrie descriptive, dont la prononciation était des plus défectueuses, et qui disait toujours *beuveau*, au lieu de *biveau*, quand il voulait parler de l'équerre dont se servent les tailleurs de pierre.

Homme excellent, professeur remarquable, plein de modestie, Leroy prononça ce discours à l'ouverture de son cours :

— Messieurs, appelé par la confiance du gouvernement à succéder... à un homme illustre... en quelque sorte... Soit xy, la ligne de terre...

Les élèves de son temps prétendaient que son langage, d'une pauvre éloquence, empruntait tous ses termes à la science qu'il professait. On lui prêtait ces paroles au moment de la mort de sa mère :

— Ma *génératrice*, qui fut aussi ma *directrice*, est hélas! au-dessous *de la ligne de terre*, et, depuis ce temps, je suis comme un *point isolé dans l'espace, un point mort.* »

Montrant à Charles X l'hyperboloïde de révolution, au cours d'une visite que le roi fit à l'École, Leroy s'était efforcé de lui en expliquer le mode de génération ; puis, désespérant de se faire comprendre de son royal auditeur, il finit par lui donner sa *parole d'honneur* que la surface était engendrée par une ligne droite.

Les feuilles lithographiées de son cours, les premières qui furent distribuées à l'École, ont porté quelque temps le nom de *beuveautines*.

Du sobriquet de *Beuveau* donné au professeur Leroy, on comprend par quel calembour *le roi* de France se vit appelé à l'École le *grand Beuveau*.

De même, on avait donné le nom de *Beuveau l'Orifice* au garde-consigne de la porte d'entrée, qui s'appelait aussi *Leroy* et qui était préposé à la garde du vestiaire. Le souvenir en a été conservé dans le couplet de la chanson composée en 1839, le lendemain de l'affaire Barbès, chanson qui débutait ainsi :

    Écoutez, capons ou braves,
    Prolétaires ou titrés,
    Qui vous êtes illustrés,
    Bien qu'on y mit des entraves,

> Aux mémorables journées
> Des douze et treize mai.

et qui se chantait sur l'air de *Fualdès*. Le général Tholozé, pour récompenser les élèves de la belle conduite qu'ils avaient tenue en ces mémorables journées, avait autorisé un punch au parloir; la fête fut si complète que plusieurs se grisèrent. Les manteaux en ayant gardé la trace, l'un des couplets le rappelait :

> J'en atteste vos doublures,
> Manteaux pendus chez Beuveau,
> Vous n'attendiez pas sitôt
> Ce supplément de fourrures...
> On sera fier de vous porter
> Sans vous faire dégraisser.

Biblo. — C'est la *bibliothèque*; elle est ouverte aux élèves tous les jours pendant la récréation. Cette bibliothèque est fort riche en ouvrages anciens, provenant de la célèbre bibliothèque des Génovéfains; mais ses richesses sont pour ainsi dire ignorées, même des bibliothécaires qui s'y sont succédé, tous anciens officiers à la retraite, nullement préparés, pour la plupart, à ces fonctions. Le bibliothécaire de l'École, en réalité, est l'agent qui distribue les livres aux élèves, qui époussète les livres; on l'appelle le *pitaine Bouquin*.

Une grande salle de lecture, prenant jour sur le square Monge, est réservée aux élèves; ils y viennent jeter un coup d'œil sur le *Journal officiel*, feuilleter les grands ouvrages à gravures, lire des romans, rarement faire des recherches : ils n'en ont pas le temps.

L'une des salles d'étude des élèves est appelée la *salle Biblo* ; c'est celle qui a organisé un bureau de location de romans, un véritable cabinet de lecture, où les amateurs viennent louer des livres moyennant deux sous par jour.

Bigor. — Artilleur de marine, dont le nom rappelle le sobriquet *bigorneau* donné aux soldats de marine, probablement parce qu'on consomme beaucoup de coquillages (bigorneaux) dans les ports militaires. Le *bigor* (Voy. le dessin p. 64) a son couplet dans la *Chanson de l'École* :

> Le *bigor*, sur terre et sur l'onde,
> S'f...iche pas mal des quat'z'éléments ;
> Il s'embarque pour le nouveau monde,
> Mais il n'en revient pas souvent.
> Sans souci d'la couleur des filles,
> Il aime aux Indes, tout comme aux Antilles.
>   Et voilà, oui voilà, voilà !
>   Oui, voilà le *bigor* français,
>   Français, français, français !

L'artillerie de marine semblait autrefois réservée aux derniers de la promotion ; elle est devenue en honneur aujourd'hui et est recherchée par ceux qui aspirent à un avancement plus rapide que dans l'artillerie de terre : elle a produit des officiers généraux du plus grand mérite : Virgile, Sébert, Frébault, Borgnis-Desbordes...

Binet. — Abréviation du mot *cabinet*. Toute salle qui n'est pas habituellement occupée en commun par les élèves, soit comme salle d'étude, soit comme dortoir, et qui a une affection spéciale est un *binet*.

Au premier étage et au centre du pavillon, commandant toutes les salles d'étude, est le *binet de service* (on dit le *binet de ser*) avec une pièce pour le capitaine de service, d'autres pour les adjudants.

A l'entresol, entre les deux étages de salles d'étude, dans le long couloir étroit et obscur si propice aux formidables vacarmes, il y a toute une série de *binets* désignés par un numéro : *binet de l'aide-major*, réservé à la visite médicale journalière des malades, *binets des colleurs* où les répétiteurs font passer les examens et qui servent aussi de *binets de musique* à l'heure de la récréation ; ce sont de petites salles très basses, éclairées par une fenêtre semi-circulaire au ras du parquet et fermées par une porte pleine.

Dans la cage de l'escalier de service est le *binet des tapins*, où se tiennent les tambours ou clairons de service : tout un système de sonneries et de signaux électriques y aboutit, venant de tous les postes des gardes-consigne et du cabinet de service. Un élève parvient-il à se glisser dans le *binet de ser*, momentanément abandonné, il donne par le téléphone les ordres les plus baroques aux *tapins* : par exemple il fait convoquer tous les chefs de salle ; et quelques minutes après, le *basoff* ahuri voit le *binet* envahi et ne sait à qui répondre.

Il faut encore citer les *binets* des modèles, le *binet*

de danse, les *binets* du dentiste, du lampiste, etc., les postes ou *binets* des gardes-consigne, etc., etc.

Dans un *binet* de musique, un musicien enragé, étant parvenu un jour à desceller les barreaux de fer de la fenêtre, avait pris l'habitude de descendre par là jusqu'à une sorte de soupente du rez-de-chaussée où il jouait du violon pendant les études ; les accords de son instrument, muni bien entendu d'une sourdine, arrivaient aux oreilles du capitaine de service intrigué ; mais ils lui semblaient venir de loin et le *violon enchanté*, c'est  ainsi qu'on l'appelait dans la promotion, s'entendit longtemps avant d'être découvert.

Binôme. — Bit. — Biture. — Le *binôme*, c'est le camarade avec lequel on partage une chambre à *Bleau* (Voy. *Monôme*).

Bit est un vieux mot, abréviation d'habit et désignant l'habit élégant qu'on endossait jadis pour la première fois le matin de la Noël.

Le mot *biture*, vieilli, signifiait à la fois « une grande quantité » et « la nourriture ». On disait « une *biture* d'objets » pour un grand nombre.

Biturer, d'un autre côté, était synonyme de *boulotter*, c'est-à-dire de manger.

Blâme. — C'est la première des peines qui peuvent être infligées à un élève, par le jugement de ses camarades, conformément au *Code X* (Voy. ce mot).

Le *blâme* consiste en un *laïus* écrit par le major des anciens qui, après avoir circulé dans les salles d'études, est remis au coupable.

Bleau. — Abréviation du nom de Fontainebleau. *Bleau*, c'est l'École d'application de l'artillerie et du génie. En sortant de l'*X* on va à *Bleau* ; on dit « les cours de *Bleau* ».

Les élèves de Fontainebleau s'appellent aussi les *Bleaux* ; on dit les *Bleaux*, comme avant la guerre on disait les *Messins* ; ceux-ci avaient un uniforme spécial, celui de l'École d'application, tandis que les *Bleaux* portent l'uniforme de sous-lieutenant de l'arme à laquelle ils appartiennent.

Parmi les chansons de l'École, nous signalons la suivante, musique et *poème !*

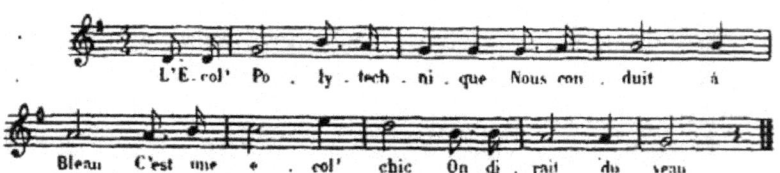

L'E.col' Po . ly . tech . ni . que Nous con . duit à
Bleau C'est une e . col' chic On di . rait du veau

Quelle joie de quitter l'École et de revêtir le costume de l'*arti !*

Les deux *binômes*, tout de neuf habillés, ont hâte

d'arriver à destination : « Cocher, à *Bleau !* » Ce beau

feu ne durera pas, car, s'il faut en croire la chanson, la vie n'est pas bien différente à *Bleau* de ce qu'elle était à l'École :

> On n'en finira donc jamais
> Avec c'te N.. de D... d'École,
> Avec ses règlements mal faits,
> Les séanc's de salles et les *colles.*
> Quand nous somm's arrivés à *Bleau*,
> En sortant de Polytechnique,
> On voyait la vie tout en beau...
> Va-t' faire fout'! C'est la mêm' boutique. } *bis.*
>
> Faudrait qu'on expuls'rait l'*géné*,
> Tout au moins qu'on le fout' à la r'traite.
> On l'a bien fait pour Boulanger,
> Y'a pas d'raison pour qu'on s'arrête !
> Faudrait qu'on expuls'rait l'*colo*,
> Celui qui dirig' nos études ;
> J'trouv' qu'i s'rait ben plus rigolo
> S'il nous en f'sait perd' l'habitude. } *bis.*
>
> Faudrait qu'on expuls'rait encor
> Les *mandants* et les capitaines ;
> J'peux pas gober l'état-major
> Qui nous laiss' pas faire nos fredaines.
> Pourquoi qu'i viennent nous humilier
> Avec leurs galons sur la manche ?
> Pourquoi nous qui sommes officiers
> Qu'i n'nous trait'nt pas comm' des vieill' branches. } *bis.*

Faudrait que tous les professeurs
Soient brûlés dans l'amphithéâtre
Pendant qu'on danserait en chœur...
Nom de D...! comm'ce s'rait folâtre!
Des types qui vienn'nt vous réciter
Des bêtises, le ... dos sur un'chaise.
C'est bon dans l'Université ; ⎫
Quoiqu'i'f... dans l'armée française ? ⎬ bis.

Quand tout c'mond'là serait expulsé,
Ça s'rait l'tour des bourgeois d'la ville ;
On aurait bientôt fait de dresser
Pour les chasser un' list' civile.
Faudrait qu'on fout' les hommes à l'eau,
C'est pas avec eux qu'on rigole ;
Qu'y ait pu qu'des femm's à Fontain'bleau ⎫
Avec les élèves de l'École. ⎬ bis.

Dès la première année de *Bleau*, l'enthousiasme se calme : on examine avec plus de sang-froid l'avenir militaire qui est réservé au commun des officiers et l'on chante, avec le camarade Gabaud (1886) :

Capitaine deviendrons :
Lors, plus jamais ne rirons
Que les lèvres mi-fermées ;
Plus jamais ne chanterons,
Plus jamais ne cueillerons
Que des roses mi-fanées.

Donc, coulons des jours heureux,
N'ayons qu'un galon ou deux ;
Quand nous serons capitaine
Nous pourrons nous repentir
De n'avoir point souvenir
De quelque folie ancienne.

Boîte à claque. — Petite cour qu'on trouve aussitôt après avoir franchi la porte d'entrée des élèves ; elle a une forme trapézoïdale qui rappelle celle de la boîte à chapeau ; de là son nom de *boîte à claque*. Parallèlement au portail d'entrée, on y voit un autre portail symétrique donnant accès dans la grande cour. A gauche, une sorte de tambour, dans lequel se tient un sergent-major garde-consigne, commande le passage avec le dehors, l'infirmerie et le pavillon des élèves. A droite sont les vestiaires, où l'on dépose les manteaux et les *pélé,* c'est-à-dire les pèlerines. La *boîte à claque* sert en été de parloir découvert; c'est là que se promènent les visiteurs autorisés à voir les élèves.

Bombe. — *Projectile hydraulique* connu depuis longtemps à l'École, confectionné avec une simple feuille de papier repliée sur elle-même et remplie d'eau; lorsqu'on est assez habile et qu'on prend certaines précautions, la *bombe* peut être lancée à quelque distance et aller asperger les camarades. Le jeu des bombes, auquel on ne se livre guère que pendant l'été, est très en honneur. Il est rare qu'un groupe stationnant dans la cour à bonne distance, un promeneur isolé, quelquefois même un *basoff* ou un agent passant trop près des fenêtres, ne reçoive une bombe de quelque salle d'étude. Il arrive parfois aussi que l'artilleur qui se penche à la fenêtre pour lancer sa bombe en reçoit une autre lancée de l'étage au-dessus et le *basoff* de service qui s'amuse de ces aspersions d'étage en étage, *en cascade,* comme l'on dit, récompense les deux artilleurs d'une *consigne.*

Boncourt. — Aucun des bâtiments du collège de Boncourt, si renommé au xve et au xvie siècle pour l'excellence de ses représentations théâtrales, où Henri II vint quelquefois entendre des tragédies et des comédies, n'existe plus aujourd'hui. Ils s'élevaient sur l'emplacement qu'occupe le bâtiment de l'état-major, qu'on appelle encore le pavillon de Boncourt, et la cour d'honneur avec ses quatre petits pavillons. C'est dans le grand pavillon qu'habitent le général et le commandant en second; c'est là que se trouve

la chambre des deux conseils, d'instruction et de perfectionnement.

Borius. — Nom donné aux *bretelles*. Le général Borius, aujourd'hui chef de la maison militaire du président de la République, a été commandant de l'École. A la séance des *Ombres*, on le fait apparaître sur un magnifique cheval et on lui fait chanter, sur l'air du *Pendu*, les couplets suivants :

    Je suis un général célèbre,
    Beau sapeur et beau cavalier.
    Je n'ai pas de pareil à *zèbre*,
    Je n'ai pas de pareil à pied.
    Sous mon autorité rigide
    Tout se passe admirablement.
    Je suis le sapeur intrépide   ) *bis.*
    Dont on ne parle qu'en tremblant.)

    Mon triomphe, c'est la serrure,
    Cadenas, verrous et *fichets* (1) ;
    Et je *chiade* une fermeture
    Qui défiera tous les crochets.
    Mais ce travail est bien aride
    Car un X, c'est intelligent !
    Je suis le sapeur intrépide.   ) *bis.*
    Dont on ne parle qu'en tremblant.)

(1) Le poète (!) fait allusion au remplacement général des serrures ordinaires, dont les élèves avaient les clefs, par des serrures Fichet, afin d'isoler complètement les deux promotions.

La bretelle est d'ordonnance. Un élève eut un jour la fantaisie de se promener tout nu dans le corridor ; pincé par le *basoff*, il fut puni de deux consignes. L'élève réclama : le règlement n'ayant pas prévu le cas. On lui leva en effet la punition, mais on lui infligea deux *consignes* pour n'avoir pas eu de bretelles !

Botte. — La *botte* c'est l'ensemble des carrières civiles qui se recrutent à l'École polytechnique. On distingue la

Projet de PONT sur la Manche

fine botte, c'est-à-dire les mines ; la *grande botte*, c'est-à-dire les ponts et chaussées ; la *petite botte* qui comprend le génie maritime, les constructions navales, les manufactures de l'État, les télégraphes, l'hydrographie et les poudres et salpêtres.

On donnait autrefois au major des anciens le sobriquet de *la Botte*.

Le *bottier* est celui qui a obtenu la *botte* à sa sortie de l'École. Être *bottier*, c'est le rêve de tous les polytechniciens à leur entrée à l'École ; tous, du premier au dernier, une fois admis, caressent l'espoir d'entrer dans la *botte* et se préparent à *chiader* ferme pour l'obtenir. Mais l'ardeur ne tarde pas à décroître à mesure que le travail devient plus pénible et puis on trouve mille raisons pour justifier sa désertion : l'abrutissement d'un travail aussi continu, le petit nombre de places réservées aux carrières civiles... Dès le

premier classement, en mars, on trouve que l'armée a du bon ; en juillet, on crie : Vive l'*arti !* et l'on conspue les infâmes *bottiers*. Seules les natures tenaces, celles qui ont une grande puissance de travail, une facilité considérable d'assimilation, réussissent à occuper les premiers rangs.

Quelques élèves affectent de paraître *flemmards*, et laissent croire qu'ils sont capables d'arriver sans travail ; ce sont des *bottiers* honteux qui piochent ferme sans en avoir l'air, dissimulant le mieux possible leur ambition. Ceux qui ne veulent pas être officiers, et qui ne peuvent pas être *bottiers*, auront la ressource de *pantoufler* (Voy. ce mot).

Jusqu'au dernier jour, le *bottier* peut être *débotté* par un camarade plus heureux à ses examens de fin d'année qui ont une importance relative considérable ; il est alors *rat de botte*.

Bouret. — Abréviation de *tabouret*. Chaque élève est assis en salle sur un *bouret* à siège de cuir épais, grossièrement rembourré, dont il est responsable et qu'il rend en général en bien mauvais état. Cela n'a rien d'étonnant lorsqu'on songe aux services variés qu'on demande à ces vieux sièges massifs.

Dans les salles d'étude, quand on ne sait plus qu'inventer pour chasser l'ennui, l'imagination juvénile en fait les montures sur lesquelles on s'en va chevauchant en file indienne en frappant le sol avec fracas : ce sont les *courses de bourets*. Tous les ans, le jour de la Sainte-Barbe, on dispose dans chaque salle les huit *bourets* superposés sur la *banale*; au dernier coup de midi, le sergent qui s'est placé sous la table la soulève et les *bourets* roulent sur le sol avec fracas. Chaque salle faisant la même opération, on imagine le tapage produit. C'est ce qu'on appelle le *coup du bouret*; il est salué par un formidable *Artilleur*, entonné par toutes les voix. Enfin, il n'est pas de tapage organisé dans les salles, pas de *chahut* un peu bien senti, qui ne soit accompagné du bris de quelques *bourets*.

Bran. — Jusque vers l'année 1848, on donnait le nom de *bran* à tout désordre général, comme on dit aujourd'hui *grand chambard* ou *grand chahut*; il était décidé dans les circonstances graves par le vote des deux promotions.

Le *bran* se faisait dans les casernements; on éteignait les quinquets, on brisait les cuvettes, les pots à eau, toute la vaisselle, et on entonnait à tue-tête le refrain de *la Mère Michel* :

>Bran ! tu m'embêtes,
>Disait la mère Michel...
>Bran ! tu m'embêtes.

On disait *faire un bran!* à peu près comme le compatriote de Tartarin dit *fess de bru!* dans le livre de Daudet. Mais l'origine du mot est plus ancienne et remonte jusqu'à Rabelais, qui l'emploie pour signifier bruit ordurier. Le vieux Régnier lui donne à peu près le même sens quand il dit :

Surtout vive l'amour, et Bran ! pour les sergents.

C'est dans ce sens qu'on disait autrefois à l'École *piquer un bran*, comme on dit aujourd'hui *piquer une sèche*, c'est-à-dire une fort mauvaise note.

On raconte qu'un bibliothécaire de l'École, peu ferré sur ses auteurs, mais accoutumé à l'argot de l'X, fit relier deux volumes de Brantôme en indiquant sur le dos : Bran, tome I et Bran, tome II. C'est peut-être le même qui fit cataloguer un volume sur les *tables tournantes* parmi les ouvrages sur la menuiserie (!!) et qui inscrivit, sur des *mémoires d'al-*

gèbre du professeur Joseph Bertrand, cette mention : *rédigés à Sainte-Hélène* !!!

Le vieux mot *bran de scie*, signifiant la sciure de bois, est encore connu à l'École ; nous n'en voulons pour preuve que ce couplet d'une complainte qui fut composée sur l'assassin Verger, lors du meurtre de l'archevêque de Paris :

>Il partit entre quat' gendarmes
>Il n'avait pas du tout l'air d'êt' gai.
>Les assistants versaient des larmes
>Bien que l'on fût dans le milieu du mois d' mai.
>On tir' la corde ; il r'çoit le coup de grâce
>Et sa tête tomb' dans un panier d' *bran de sci.*
>Ainsi finit qui creva la paillasse
>A Monseigneur l'Archevêq' de Paris.

Bussy. — Râtelier qui supporte les planches à dessin dans la salle d'étude (Voy. dessin, page 75) et qui est fixé au mur, devant chaque élève. Au-dessous est l'*hypobussy*, formé de deux planchettes qui supportent les livres. Cette installation a été faite par le colonel de Bussy, commandant en second en 1878.

Cahours. — Espèce de grande gamelle en fer-blanc, qui occupait autrefois le milieu des tables du réfectoire, et servait fort malproprement à vider toutes les assiettes. Cet ustensile, qui a disparu, portait le nom d'un des plus savants professeurs de chimie, parce que celui-ci avait l'habitude, à l'*amphi*, de verser dans un grand récipient le contenu des verres dans lesquels il avait produit des combinaisons chimiques.

Caillou. — S'employait autrefois pour désigner les manipulations de stéréotomie, où l'on s'exerçait à la coupe des pierres, la coupe des *cailloux*. Le mot, comme la chose d'ailleurs, a disparu.

Caisse. — Caissiers. — Un sentiment généreux de fraternelle union s'est manifesté à l'École dès les premiers jours de son existence. Quand le traitement était de 1200 livres payés en assignats, plus tard de un franc par jour, et qu'il fallait, avec cette unique ressource, se nourrir, se vêtir et se loger, la situation des élèves appartenant à des familles pauvres était extrêmement pénible (1). Pour venir au secours de leurs camarades, les plus favorisés de la fortune firent alors volontairement l'abandon de leur solde qu'on répartit entre les plus nécessiteux. Quand Bonaparte, transformant l'École en une institution militaire et casernée, eut exigé le payement d'une pension, il arriva chaque année que des élèves, se trouvant dans l'impossibilité absolue de se procurer la somme de huit cents francs et n'ayant pu obtenir de bourse, se virent menacés de quitter l'École. C'est alors que l'institution de la *caisse* commença à fonctionner (2).

Depuis le décret de l'an XII, deux élèves, appelés *caissiers*, investis d'un pouvoir discrétionnaire sans contrôle, furent chargés d'examiner dans quelle mesure il convenait d'alléger les charges de leurs camarades nécessiteux. Sans rendre de compte à personne, ils imposaient leurs condisciples de la somme nécessaire; le secret obligeait les camarades secourus à verser comme les autres leur quote-part dont les caissiers leur faisaient l'avance au préalable

---

(1) A la fondation de l'École, les élèves reçurent, pour se rendre à Paris le traitement de route alloué aux canonniers de première classe, c'est-à-dire quinze sous par jour en *assignats*, soit quatre sous en numéraire ; à compter du jour de leur arrivée, ils touchaient 1200 livres par an, toujours en assignats, ce qui faisait à peu près 366 francs. En 1798, le traitement fut fixé à 40 francs par mois. En 1799, les élèves furent considérés comme des sergents d'artillerie et reçurent 98 centimes par jour : les élèves nécessiteux touchaient en plus 18 francs par mois.

(2) Le gouvernement avait décidé que des bourses seraient accordées aux élèves nécessiteux, mais à la condition qu'ils seraient dans les trente premiers. C'est alors que Monge, l'illustre fondateur de l'École, fit abandon de son traitement en faveur des élèves pauvres.

et secrètement. Les *caissiers* accomplissaient dans le silence leur honorable mission et jamais on n'a su quels étaient ceux qu'on secourait.

Nous donnons en *fac-similé* une intéressante lettre de Napoléon informant le général Lacuée que vingt-cinq bourses seront accordées aux élèves.

Aujourd'hui que le nombre des bourses n'est plus limité,

les élèves n'ont plus besoin de venir au secours de leurs camarades que dans de très rares circonstances, par exemple quand des parents n'ont pas fait une demande de bourse en temps utile, quand ils ont été ruinés postérieurement à l'admission, enfin quand ils ont des raisons de vouloir cacher à l'État et au public leur situation précaire. La *caisse* paye les frais d'enterrement des camarades morts à l'École. Depuis l'année 1848, l'institution des *caissiers* n'a plus eu

pour objet que le soulagement, toujours aussi discret qu'autrefois, d'infortunes exceptionnelles.

Les fonds de la *caisse* sont fournis par une cotisation annuelle fixe que payent tous les élèves et qui est calculée de manière à laisser un excédent pour solder certaines dépenses communes, telles que celles occasionnées par l'organisation des fêtes traditionnelles.

Depuis 1860, le bureau de bienfaisance, créé dans le but de secourir les pauvres du quartier et anciennement indépendant de la caisse, a fusionné avec elle ; les *caissiers* reçoivent les demandes faites par les malheureux, désignent à tour de rôle les camarades qui doivent aller les visiter à domicile, et distribuent des secours une fois par semaine à la porte d'entrée de l'École.

Ainsi chargés par leurs camarades d'une mission de confiance, les *caissiers* ont toujours été regardés comme les représentants autorisés de chaque promotion; ils partagent avec les *majors* la prérogative de prendre vis-à-vis de l'autorité la défense des intérêts communs, de provoquer les

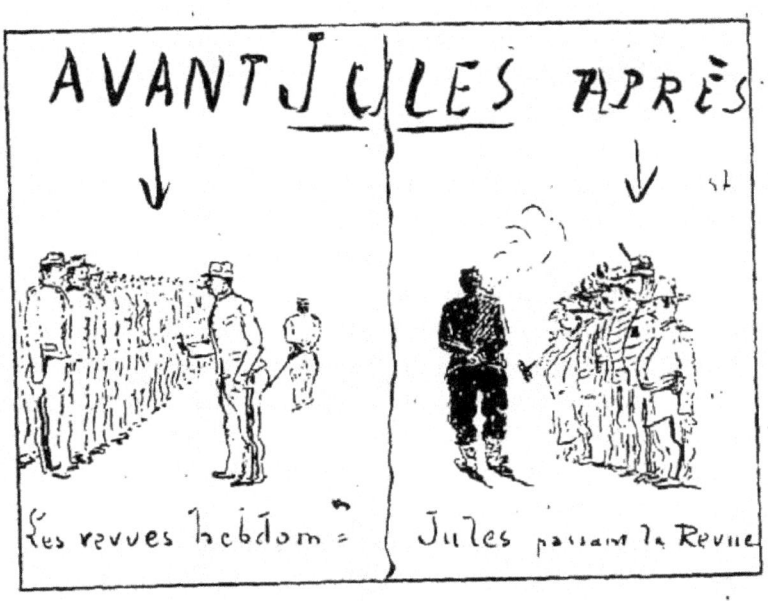

votes et les enquêtes; ils sont les gardiens des décisions prises et de toutes les traditions. La situation de *caissier* est des plus enviées, et chaque année, à l'époque de l'élection, le nombre est grand des concurrents qui se présentent aux suffrages de leurs camarades. Il est nécessaire que des comités s'organisent, que les candidats fassent connaître leur programme à la *planche aux topos*, tant l'élection est disputée. C'est alors qu'on voit circuler et afficher de nombreux *topos* illustrés de caricatures ou de dessins comiques. De tous ceux que nous avons sous les yeux, nous reproduisons celui qui représente le candidat, *Jules*, comme un taureau furieux éventrant tous ses concurrents ; un autre dessin nous montre quels seront les heureux résultats de l'élection de *Jules* : AVANT son élection, les élèves étaient passés en revue par le *géné* ; APRÈS ce sera *Jules* qui passera la revue des officiers de l'École.

Calo. — Abréviation de *calorifère*. Dans les salles d'étude, la bouche du calorifère est fermée par un treillage en fil de fer qu'il n'est pas très difficile d'enlever après s'être débarrassé du cadre qui le protège. On dispose alors d'une précieuse cachette dans laquelle on enferme toutes les provisions nécessaires à la confection des déjeuners du matin, les livres et les objets défendus.

C'était un plaisir extrême, à une certaine époque, d'allumer un petit pétard d'enfant dans la conduite du *calo* ; la détonation ne causait aucun dommage, mais elle faisait un bruit énorme qui se répétait presque simultanément à toutes les bouches de chaleur et mettait en agitation tout le personnel du cabinet de service sans qu'on pût jamais savoir d'où le coup était parti.

L'été, celui qui veut dormir bien à son aise, enlève le couvercle et le treillis, s'étend à terre le long de la cloison et, la tête dans l'ouverture de la conduite sur un coussin de brique, il fait des rêves d'or.

Calot. — Abréviation de *calotte*, pour désigner le képi d'intérieur, anciennement appelé *phécy* et qui ne tarde pas à prendre, par l'effet du *bahutage* auquel on le soumet, l'aspect d'une vulgaire calotte. Le képi est relativement récent ; la coiffure d'intérieur était jadis un bonnet de police, un *police*, à gland jaune ou rouge suivant les promotions.

Casert. — Les *caserts* sont les casernements, c'est-à-dire les dortoirs des élèves. Ils occupaient autrefois le deuxième et le troisième étage du pavillon, un étage

par division. Depuis que les promotions sont devenues si nombreuses, on a fait de nouveaux *caserts* dans l'annexe du Pavillon et dans le bâtiment construit sur le square Monge. Toutes les chambres sont d'ailleurs à peu près semblables, généralement trop petites et insuffisamment aérées. Le mobilier en est des plus simples, huit ou dix lits alignés de chaque côté, la tête au mur; au pied de chaque lit un petit bahut (le *coffin*) contenant le linge et les effets, et servant de table de toilette avec le pot à eau et la cuvette posés sur le marbre; au-dessus de la tête une planchette sur laquelle se placent le carton contenant le képi et la boîte à claque. Au mur, accrochés à un clou, l'épée et le ceinturon. Une fontaine dans un coin; point de rideaux, ni aux lits, ni à la porte vitrée, ni aux fenêtres. Il y a cependant au pied du lit un petit tapis qu'on appelle un *favé*, en l'honneur du général commandant l'École qui l'introduisit dans les *caserts*.

Il y a naturellement sous le lit un vase indispensable, appelé généralement *thomas*; actuellement on l'appelle *souriau*. Pendant le *bahutage*, l'ancien passe une revue au *casert* en obligeant les *conscrits* à tenir leur *souriau* à la main.

Comme on dort là, à vingt ans! Le matin, il faut trois roulements de tambour ou trois sonneries stridentes du clairon pour réveiller les dormeurs ronflant encore comme des tuyaux d'orgue. A la dernière minute seulement l'X saute à bas du lit, passe son pantalon à la hâte, enfile ses bottes; puis, prenant à la main le képi, la cravate, se précipite dans le corridor, moitié vêtu, pour se trouver en *salle* au moment de l'appel.

Un peu plus tard on remonte au *casert*, au risque d'être puni, pour terminer sa toilette, ou pour achever le somme interrompu; à la récréation de l'après-midi, on y vient encore dans le même but, sous prétexte de mettre en ordre sa garde-robe.

Pendant l'été, c'est un plaisir très goûté de s'asseoir sur l'appui de la fenêtre, les jambes pendantes dans le vide, ou même de s'étendre de tout son long sur la corniche assez large. Des fenêtres on aperçoit la grande cour, la *boîte à claque* aplatie, le couronnement du portail d'entrée orné du drapeau flottant, et par-dessus les maisons pittoresques qui dessinent le cercle de la petite place de l'École, le clocher coquet de Saint-Étienne-du-Mont, le dôme énorme du Panthéon et tout Paris dans le lointain.

Dès les premiers temps du casernement, les *caserts*, où l'on est tout à fait chez soi, ont servi de théâtre à toutes sortes de distractions plus ou moins défendues. Sous le premier empire, on y organisait des concerts, des comédies et même des bals ; le *casert* était le *temple de l'art*. Costumes et coulisses étaient faits avec des couvertures ; les spectateurs s'asseyaient sur les lits et l'on jouait à la lumière des quinquets. Les plus jeunes, se faisant un costume avec des tabliers de laboratoire, remplissaient les rôles de femmes ; ceux qui avaient du talent pour la musique composaient l'orchestre. Le spectacle devait être terminé à l'extinction des feux ; un roulement de tambour et l'obscurité subite interrompaient la représentation.

Il n'y a pas encore bien longtemps, une fièvre chorégraphique s'était emparée des élèves et le *casert* servait au tourbillonnement des valses les plus échevelées. Dans le plus simple appareil, coiffés du claque, le baudrier passé sur la chemise, les couples tournaient avec furie, au grand désespoir des camarades fatigués que le bruit empêchait de dormir. Si les protestations devenaient nombreuses, on votait sur la continuation de la danse et un *cocon* facétieux proposait le vote en ces termes : « Que ceux qui veulent dormir se lèvent ! »

Le *casert* est souvent témoin de luttes homériques : on donne volontiers l'assaut au *casert* voisin qu'on *bahute* d'une manière complète. Les assiégés font bonne résistance et se barricadent avec soin. D'autres fois ce sont les *caserts* de l'étage supérieur qui attaquent : un *houret* solidement attaché à l'appui de la fenêtre et suspendu à l'extrémité d'une corde est lancé dans l'espace : les futurs artilleurs ont tellement bien pris leurs mesures que le *houret* retombe dans les vitres du *casert* ennemi qui se brisent avec fracas.

Aux *caserts*, aujourd'hui, plus de divertissements semblables, mais de longues causeries, des discussions philosophiques ou politiques interrompues par les bâillements ; quelquefois des assemblées muettes autour d'un bol de punch qui flambe dans une cuvette.

Casos. — Abréviation de *casoard*. Les saint-cyriens donnent le nom de *casoard* à leur élégant plumet blanc et rouge, fait des plumes de cet échassier. Comme ils se montrent particulièrement soigneux de leur *casoard*, ayant toujours dans la poche un petit étui en carton pour l'y enfiler à la moindre menace de pluie, les X leur ont donné le sobriquet de *casos*, qui a remplacé ainsi l'ancien surnom de *cyrards*. La supériorité de l'X sur le *caso*, dont le premier est convaincu d'ailleurs, ne ferait pas de doute pour le dernier gavroche du quartier, si l'on en croit la vieille chanson de la rue Mouffetard :

> Messieurs les Saint-Cyriens
> N'sont pas des gens de rien,
> Mais le Polytechniqu'
> Est encore bien plus chic !
> Lari fla, fla, fla...

Chahut. — Manifestation bruyante, en forme de protestation contre l'autorité. Le mot *chahut* vient d'une

danse échevelée, fort en honneur dans les bals de barrière, à la fin de la Restauration, et qui a été remplacée, depuis, par le cancan.

Le *chahut* n'est pas autre chose que l'ancien *bran*. Il doit être décidé par un vote de la promotion, et pour que

Chambard. — C'est un *chahut* plus modeste et qui n'est pas général. On fait du *chambard* dans une salle d'étude, ou bien l'on va *chambarder* un casernement.

Chambergeot. — Le jeune *Chambergeot* mourut en 1750, dans l'intervalle des compositions à la distribution des prix, ayant remporté les quatre premiers prix du grand concours. Son histoire, racontée en style suranné, dans le *Cours de thèmes allemands* du professeur *Bacharach*, était autrefois le sujet de mille plaisanteries où l'esprit caustique des élèves s'ingéniait à tourner en ridicule le professeur qui puisait dans ce récit les questions souvent les plus grotesques.

Ainsi, on trouvait cette phrase : « Le jeune Chambergeot n'avait pas seize ans quand il mourut. » En manière de *scie*, on se posait à chaque instant des questions comme celles-ci : « Quel âge n'avait pas le jeune Chambergeot quand il mourut ? » le camarade interrogé devait répondre : « Il n'avait pas seize ans ! » Un autre demandait : « Dans quoi mourut Chambergeot ? » la réponse était : « Dans l'intervalle » ; ou bien encore : « Qu'est-ce qu'on entendit partir ?

et il fallait répondre : « Des *gradins !* » parce que le texte disait : « On entendit partir des gradins ce cri lugubre : *Fato functus.* »

A la fin, on imagina, à la cérémonie des *cotes* (Voy. ce mot) de faire de cette histoire le sujet d'une cote particulière, la *cote Chambergeot*, appliquée au conscrit ayant obtenu dans sa dernière année de collège le plus grand nombre de nominations, prix et accessits, ou à celui qui a remporté le prix d'honneur de mathématiques.

En 1879 notre camarade Gaston Moch eut l'idée de remplacer la lecture de la *cote* par une scène de l'effet le plus amusant. Nous reproduisons en grande partie cette scène qui fait revivre les principaux événements de l'histoire de l'École (1).

[Un Spectre, drapé dans un linceul, apparaît brusquement sur l'estrade. Effarement des commissaires. L'un d'eux interpelle le Spectre :]

    Quel est ce fantôme inconnu
    Dont la présence redoutable
    Vient troubler ce jour mémorable ?
    Dis-moi, réponds : — Qui donc es-tu ?

LE SPECTRE.

— Vous avez devant vous le spectre furibond
Du *conscrard* Chambergeot, du conscrard dont le nom
Est célèbre à l'égal de celui d'un génie,
Du conscrard dont jamais la tâche n'est finie,
De ce conscrard enfin dont l'acclamation
Doit saluer ici la résurrection !

Or donc, j'étais un jour, dans l'étroit monument
Où j'habite, à fourrer dans ma tête rétive
Les premiers éléments de l'art de Perspective
(Car j'avais renoncé, depuis longtemps déjà,
A savoir ce que sont les droites D, Δ,

---

(1) Nous sommes heureux de remercier ici notre camarade G. Moch de l'obligeance avec laquelle il a mis à notre disposition des matériaux intéressants qu'il avait réunis depuis longtemps et qu'il se proposait même de publier.

Que l'excellent monsieur Mannheim prétend comprendre,
Ce que de vous, conscrards, on ne saurait attendre)...
Soudain, j'entends un bruit, étrange à concevoir :
« Un conscrard vient d'entrer à l'X, et dit avoir
Enfoncé Chambergeot! Et sa bouche hardie
Longuement énumère une liste infinie
De prix et d'accessits qu'il aurait remportés
Au lycée, au concours, en toutes facultés,
En thème, en vers latins, comme en géographie,
En récitation, grec et géométrie,
En physique, en chimie ainsi qu'en version,
En descriptive aussi, discours, narration,
Sans même en excepter les arts qu'on dit graphiques.
Ce conscrard remporta des succès magnifiques;
Semblable à Chambergeot, il lutta sans vainqueur! »
Eh bien, conscrit, écoute; et ces mots, qu'un vain songe
Me fit entendre, vois qu'ils ne sont que mensonge.

[Ici le Spectre lit le récit lamentable de la mort du jeune Chambergeot, fréquemment interrompu par les gémissements de l'auditoire. Il reprend :]

La première *promo*, sous la Convention,
Fut rouge. — J'entrai dans cette promotion.
— Bientôt, dans mon tombeau j'allai cacher ma gloire.

En mil huit cent quatorze, an de triste mémoire,
En sursaut réveillé par le bruit du canon
Qui tonnait sur le sol sacré de la patrie,
Pour défendre Paris sauvant Napoléon
En brave je mourus dans une batterie.
— Pour la seconde fois, une promotion
Rouge m'avait reçu.

          Ma résurrection
Ne se fit point attendre, et quand la générale
Remplit de ses appels toute la capitale,
Je reparus, armé d'un fusil ramassé
Sur une barricade. Et, par ma voix poussé,
Le peuple, à nos côtés, sut vaincre et se venger.
Mourant avec Vaneau, j'ai, je puis l'affirmer,
En délivrant Paris, sauvé la nation.
— Or, c'était en l'an trente, et la promotion
Était rouge toujours!

         Était-ce donc fini?
Non : quarante ans plus tard, j'appris que mon pays

Subissait de nouveau l'assaut de l'Allemand,
Et, comme aux anciens jours, je lui donnai mon sang.
J'étais à Reichshoffen quand une batterie
Sans défenseurs allait périr : mon énergie
A sauvé ses canons, et je fus décoré (1).
— Comme toujours, conscrards, ici j'étais rentré
Dans une *promo* rouge.

     Eh bien, *conscrit* infâme,
Oses-tu t'étonner si vertement je blâme
Ton *culot* monstrueux ? Pour des prix arrachés
A quelques concurrents absurdes, mal léchés,
Tu t'oses comparer à ton antique illustre,
Non, ce n'est pas ainsi qu'on acquiert un tel lustre,
Conscrard ! Et si tu veux te comparer à moi,
Meurs, ressuscite et meurs encor, comme avant toi
L'a fait ce Chambergeot, dont sans doute on plaisante
Les prix comme les tiens, mais qu'ici chacun vante,
Car, aux jours de danger, il s'est toujours donné
A l'X, pour la patrie et pour la liberté !

On peut penser si ce discours du Spectre est couvert d'applaudissements frénétiques !

Le spectre Chambergeot cite l'élève Vaneau qui fut tué

> *M*
>
> Vous êtes prié d'assister aux Convoi, Service et Enterrement de Monsieur Louis-Marie-Anne VANEAU, Élève de l'École Polytechnique, décédé par suite d'une blessure reçue le 29 Juillet courant, qui auront lieu ce jourd'hui 31 Juillet 1830, à onze heures du matin, dans la chapelle de l'hospice des Incurables, rue de Sèvres.
>
> *De Profundis.*
>
> De la part de la Famille et de ses Amis.

en 1830, à l'attaque de la caserne Babylone. Tous les ans, une députation des élèves se rend au cimetière Montparnasse déposer une couronne sur la tombe de Vaneau.

(1) Allusion à notre camarade Pistor, de la promotion 1869.

Voici (page 91), à titre de curiosité, la lettre de faire-part de l'enterrement de Vaneau que nous avons retouvée et le détail des dépenses faites par l'École pour les funérailles :

	Fr.
Frais d'impression des lettres de faire-part...	6.»»
Payé à la poste pour remettre les lettres...	1.50
Crêpe, drap noir pour tambours...........	28.75
Port de sa malle déposée chez un ami et remise à l'École,............................	1.»»
Payé pour l'ensevelir, sel, etc.............	5.»»
Frais funéraires payés à l'hospice des Incurables...................................	58.30
Fr.	100.55

Chameau. — Animal post-biblique qu'on rencontre à l'état civilisé sur le Boul'Mich' et dans les environs du quartier Bréda.

Le *Code X* prévient sagement le *conscrit* « qu'il lui est défendu de promener des *chameaux*, à moins qu'ils ne resplendissent de tout l'éclat de la parure et de la beauté ».

Quand une malheureuse fille apparaît aux fenêtres des hôtels borgnes de la vieille rue Descartes, qui donnent sur la cour de l'École, le premier qui l'aperçoit pousse un cri sur l'air des *Lampions* : « Un châmeau ! Un châmeau ! » Aussitôt tous les élèves se rassemblent et reprennent en chœur : « Un châmeau ! un châmeau ! » jusqu'à ce que la pâle figure, aux grands yeux noirs ou noircis, aux cheveux plaqués, ait disparu.

On entonne alors la chanson du *Chameau*, dont nous donnons la musique à la page 93.

A l'École, pendant la leçon de danse, les élèves font alternativement le cavalier et la danseuse ; la danseuse met son pantalon dans ses bottes, ce qui la distingue suffisamment, et répond au nom gracieux de *chameau*.

Aux beaux jours du romantisme, quand le vent de la poésie soufflait partout, le *chameau* de la rue Descartes

s'appelait *lavandière* et le polytechnicien, nourri de Musset, parodiait ainsi la romance de l'*Andalouse* :

Avez-vous vu près de l'École,
Une laveuse au teint bruni ?
Cette fille, dont je raffole,
Vaut cent fois mieux, sur ma parole,
Que la plus charmante houri !

Je ne me battrais pas pour elle,
Je n'ai jamais fait de chansons,
Mais combien j'ai fait sentinelle,
Pour la voir, près de sa *cuvelle*,
Quand elle lave ses chiffons !

Ah ! trop heureux si seul au monde,
De Clara j'étais possesseur !
Mais son beau corps, sa cuisse ronde,
Sa chevelure qui l'inonde
Sont au dernier enchérisseur !

Vrai Dieu ! malgré ces peccadilles,
Quand on la voit du *Pavillon*,
Il n'est aucun ami des filles
Qui ne songe à rompre les grilles
Pour chiffonner son cotillon !

C'est qu'elle est si folle de joie
Quand elle chante en son taudis,
Ou que, lavant un bas de soie,
Elle fait, sous son flanc qui ploie,
Craquer son corset un peu gris !

Allons, amis, en embuscade :
Allons, la belle nous attend !
Et, qu'au récit de l'algarade,
Puissent crever, d'un ris maussade,
Et capitaine et lieutenant (1).

Les *taupins* qui se sont fait remarquer au collège par des relations faciles avec les jeunes personnes de la rive gauche, sont signalés pour la *cote chameau*. S'ils sont admis plus tard, on leur ordonne de respecter l'*uniforme glorieux* qu'ils ont l'honneur de porter.

Cherche-Midi. — Prison militaire située rue du Cherche-Midi ; autrefois la maison d'arrêt militaire était place

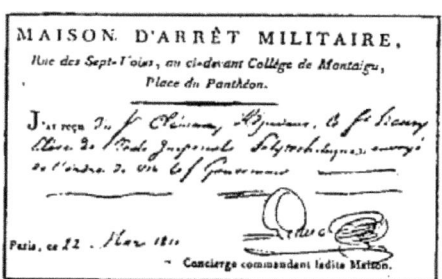

du Panthéon, ainsi que le montre ce récépissé d'écrou. C'est là que sont envoyés les élèves qui ont commis une faute grave d'insubordination. La punition est infligée par

(1) *La Lavandière*. Imitation romantico-burlesque de l'*Andalouse*. Paroles de M. Eugène Dus-et-Sec, musique de M. Monpou (janvier 1835).

le ministre, sur le rapport du général ; elle suit d'ordinaire un *chahut* général. Il n'est pas rare qu'elle soit la cause d'un soulèvement des promotions quand l'autorité a désigné individuellement les coupables au lieu de les tirer au sort. L'esprit de l'École a toujours protesté, en effet, contre la prétention manifestée plus d'une fois par l'autorité de vouloir choisir les victimes, soit parmi les *majors*, soit parmi les élèves le plus fréquemment punis ; il veut qu'on ne discute jamais la peine, souvent hors de proportion avec la faute commise, mais que le sort désigne seul les victimes.

A l'élève envoyé au Cherche-Midi comme victime expiatoire, les promotions assurent une vie matérielle aussi confortable que possible ; le restaurant Foyot sert au prisonnier des repas au menu recherché ; ses camarades le visitent souvent, et la captivité est pour lui le plus souvent un repos réparateur.

Après la prison du Cherche-Midi, il n'y a plus d'autre punition que l'expulsion de l'École et l'envoi dans un régiment, comme soldat de deuxième classe.

Chiade. — Dans les collèges, le mot *chiade* s'emploie comme synonyme de *presse*, *bousculade*. A l'École, il n'a plus qu'un sens figuré. La *chiade* est le travail d'arrache-pied, en vue des succès de concours. Le *temps de chiade*, c'est la période de préparation des examens de fin d'année, à la suite desquels le directeur des études dresse les tableaux du classement des *conscrits* passant en seconde année et celui de sortie des *anciens*. Pendant ce temps, tous les cours, tous les exercices sont suspendus ; la journée entière est consacrée à la préparation des examens. Tous les élèves se livrent à un surmenage insensé, les *bottiers* pour conserver leur rang, les *majors de queue* pour obtenir la moyenne minima obligée et éviter la *sécheresse*. Une véritable fièvre intellectuelle allume les esprits ; les retardataires surtout donnent un coup de collier formidable. Du matin au soir, les têtes sont plongées dans les feuilles de cours qu'on ne quitte plus. Monté sur les tables, étendu à plat ventre sur le plancher, accroupi sur les marches d'escalier, à cheval sur l'appui des fenêtres, ou perché sur quelque meuble, chacun cherche, dans les poses les plus étonnantes, l'endroit le plus favorable pour s'absorber à son

aise. Après huit jours de labeur accablant, on passe un examen, et après celui-là un autre, puis un troisième, puis un quatrième, sans trêve ni repos pendant près de deux mois. Il est vrai qu'après chaque examen, on est libre le reste de la journée jusqu'au soir; c'est une sortie exceptionnelle, on l'a bien gagnée. Et quand le dernier examen est passé, un immense soupir de soulagement s'échappe de toutes les poitrines exténuées; vainqueurs et vaincus dans cette lutte écrasante, hypnotisante, s'enfuient vers la famille, haletants, épuisés, assoiffés de liberté et de repos, sans même attendre le résultat final.

De *chiade* on a fait le mot *chiader*, travailler avec ardeur; synonyme du mot *potasser* qu'on emploie surtout en *taupin*. *Chiader la botte*, c'est faire tous ses efforts pour obtenir une des carrières civiles.

Quelquefois on substitue à *chiader* le verbe *pomper*. On dira *pomper la méca*, c'est-à-dire travailler la mécanique avec ardeur; ce mot est surtout en honneur à Saint-Cyr, il ne s'est introduit que très timidement à l'École.

On peut en dire autant du mot *sublimer*, qu'on employait autrefois et qui indiquait plus particulièrement le travail du soir et surtout le travail interdit pendant la nuit au casernement.

Choco. — Abréviation de *chocolat*. C'est la nourriture favorite des polytechniciens. En salle on fait cuire le *choco* sur les becs de gaz. A l'infirmerie, on le reçoit tout préparé le matin à sept heures et son apparition est saluée par les cris de *Choco! choco!* car il est excellent.

Cirer. — Sorte de brimade, dont l'habitude vient des collèges, consistant à traîner un conscrit sur le plancher couvert de craie pilée, en le frottant vigoureusement. On

cire surtout les *crotaux* récalcitrants qui n'obéissent pas aux ordres de leurs camarades de salle.

Claque. — Abréviation de chapeau à claque. C'est le chapeau des élèves, le bicorne, ou, comme on l'appelle encore, la *frégate* (Voy. ce mot). Le dernier dimanche qui précède la sortie définitive, c'est une joie d'opérer le *développement du claque*, c'est-à-dire de le transformer en une surface plane.

Cloü. — Ne pas oublier de prononcer ce mot en accentuant le tréma ; c'est un synonyme de *calembour*.

Cocon. — *Camarade de promotion*. Les élèves se sont-ils comparés à des larves de vers à soie qui vont bientôt, au sortir de l'École, effectuer leur dernière métamorphose ? Non, le mot *cocon* est vraisemblablement formé des deux mots *co-conscrits* et désigne ceux qui sont *conscrits* en même temps.

Chaque année, après la sortie de l'École, tous les *cocons* ont un dîner de promotion. Le président de la République invite ses *cocons* à prendre le thé à l'Élysée le soir du dîner de sa promotion.

A l'École, toute allocution d'un élève à ses camarades de

promotion débute invariablement par ces mots : « *Chers cocons !* »

De *cocon* on a fait le mot *coconner*, qui veut dire aller causer familièrement, en camarade avec quelqu'un. On cite des professeurs, des capitaines, des généraux même qui aiment à *coconner* avec les élèves.

On dit volontiers à l'École un *cocon nombreux* pour désigner un grand nombre de cocons. Un *cocon affiché* est celui qui a obtenu 19 ou 20 en interrogation ; la note est affichée le jour même de l'examen. Les notes inférieures ne sont connues des élèves qu'à des époques régulières et assez espacées, sauf les notes de 0 à 4 qui entraînent une punition.

Code X. — Prononcez *Cod'X*. — Recueil des règlements établis par les élèves et qui, sous une forme plaisante, ont pour objet de maintenir intactes les traditions et la vieille réputation de l'École. En voici les principaux articles :

« Tu as été appelé, *conscrit*, à porter l'habit de l'École ; c'est un honneur qui t'impose des devoirs. Partout et toujours respecte l'uniforme, et d'abord apprends à le connaître. Vois-tu l'*ancien* ! A sa démarche noble et fière, à ce chic qui le caractérise, tu ne peux manquer de le reconnaître. Son chapeau laisse à découvert la partie gauche du front, etc... (Voy. *Ancien*).

» Pour le moment, conscrit, tu dois obéir aux décisions votées par notre promotion ; plus tard tu seras admis à nos délibérations ; mais qu'elles viennent de nous seuls ou des deux promotions réunies, toute résolution votée est obligatoire, quelles qu'en puissent être les conséquences. La crainte des punitions ne doit faire hésiter personne lorsqu'il s'agit de l'honneur de l'École. Ainsi quelque réclamation que tu aies à faire à l'autorité, charges-en ton *serpent* ; il ne peut s'y refuser, le règlement de l'École l'y autorise ; d'ailleurs, ce serait un honneur pour lui de s'exposer pour sa salle.

» Souviens-toi encore que, dans toute affaire grave, la peine doit retomber sur tous plutôt que sur un seul. Si pourtant un individu doit se dévouer, l'esprit de l'École veut qu'il soit choisi par le sort, non seulement parmi ceux qui ont commis l'acte que l'on veut punir, mais encore parmi ceux qui l'ayant conseillé ou encouragé en sont moralement complices. Ces principes doivent être gravés dans ton cœur comme ils le sont dans le nôtre.

» Que la gêne d'une punition ne te fasse jamais oublier le respect que tu te dois. Ne t'abaisse donc jamais envers celui qui t'a puni à des supplications indignes d'un X.

» Au dehors, conscrit, que ta tenue soit toujours digne. Deux X qui se rencontrent se doivent le salut. Si l'un des deux donne le bras à une personne du sexe enchanteur qui embellit nos jours, l'autre doit saisir son chapeau entre le pouce et l'index, le soulever légèrement et saluer le plus gracieusement possible. Qu'il se tienne en garde contre l'astuce du chapelier de l'École qui lui recommande de prendre son chapeau par le milieu, et de ne pas le tenir par la corne.

» Mouche-toi sans bruit et jamais sans mouchoir.

» Ta femme et ta place dans l'omnibus appartiennent de droit à l'*ancien*.

» Le riflard est interdit; les prunes ne sont autorisés que chez la *Prosper*. Surtout, ne mets jamais les pieds chez la Moreau; elle a fait injure à l'École ainsi que le restaurant Brébant, qui est également interdit.

» N'achète ni marrons, ni œufs rouges, ni sucre d'orge; si tu es curieux de savoir combien tu pèses, va ailleurs qu'aux Champs-Élysées. Ne t'arrête pas devant Guignol. Ne tire ni à l'arbalète, ni aux macarons. Évite les montagnes russes, les chevaux de bois, les mâts de cocagne. Ne te fais jamais décrotter sur la voie publique, ni tondre sur le Pont-Neuf. Les cafés-concerts des Champs-Élysées te sont permis. Les seuls bals autorisés sont : Mabille, Château des Fleurs, Asnières et le Ranelagh. Il t'est toujours défendu d'y danser.

» Si tu vas au théâtre, choisis tes places. Le parterre n'est toléré qu'aux Français, aux Italiens, à l'Opéra-Comique et au Grand-Opéra. Apprends d'ailleurs que toutes les places de l'Odéon te sont ouvertes pour 1 fr. 50 et que tu ne dois faire queue nulle part.

» *Conscrit*, si tu rencontres un *ancien*, de l'autre côté de l'eau, passé neuf heures, tu lui dois une voiture, et il pourra, s'il le juge convenable, te payer une prune chez la *Prosper*.

» Il est interdit de porter des favoris et de fumer la pipe à l'extérieur (1859).

» Les caboulots sont interdits (1861).

» Si tes convictions religieuses te portent à servir la messe, ne le fais pas en uniforme (1865).

» Pendant le deuil d'un cocon, évite les théâtres, bals, concerts, cafés-chantants (1862).

» Si tu es malade ou en prison, ou absent pour tout autre raison, prie un cocon de travailler à tes dessins; dans tout autre cas, fais toi-même tes laïus et tes dessins (1867).

» Les jeux de hasard, tels que le baccarat, poker, etc... et tous les jeux où il peut y avoir gain ou perte d'argent sont interdits (1885).

» Ces quelques conseils doivent suffire pour éclairer ta conduite.

» Que la forme gaie sous laquelle on te les présente ne t'en fasse pas oublier le côté sérieux. »

Ce recueil vénérable des lois et des traditions de l'X ne peut être modifié en l'une quelconque de ses parties que dans des conditions toutes spéciales. Un paragraphe ne peut être retranché ou ajouté que si cette modification est approuvée par trois promotions successives.

Coeff. — Abréviation de *coefficient*. C'est le nombre qui représente l'importance attachée à chacune des épreuves de l'admission, à chacune des matières enseignées à l'École.

Pour obtenir le total des points, on multiplie chaque note obtenue par le coefficient de l'épreuve à laquelle cette note se rapporte et l'on fait le total.

Il y en a outre un coefficient spécial pour l'ensemble des examens de passage et de sortie : la moyenne des notes obtenue est multipliée par ce *coeff*.

Chaque matière a un *coeff* d'autant plus grand que son importance est plus grande. Les *coeffs* varient assez souvent selon les appréciations du conseil d'instruction.

Les *bottiers* étudient à fond les valeurs respectives des divers *coeffs*, dans le but de *chiader* d'une manière spéciale, en vue du total général, les branches qui ont un *coeff* élevé.

Coeff est également un synonyme de *cote*. Certains examinateurs, consciemment ou non, donnent un *coeff*, c'est-à-dire augmentent d'un ou deux points la note d'un élève pour des raisons diverses : le candidat a eu le prix d'honneur en *taupin* ; ou bien il s'exprime avec élégance ; ou bien il porte un nom connu, etc...

Coffin. — Petite armoire à dessus de marbre, placée devant le lit, et dans laquelle les élèves serrent leurs effets et leurs objets de toilette. C'est le général Coffinières qui en a fait adopter l'usage. Le nom de ce brillant officier est populaire à l'École non seulement à cause du meuble dont nous venons de parler, mais par ce qu'il se trouve dans l'une des chansons les plus connues :

Les lendemains de sortie, pendant la récréation, les effets doivent être brossés et serrés dans le *coffin*. On donnait également autrefois le nom de *coffin* à la table commune placée dans les salles et dans laquelle on serre les objets d'un usage général : elle s'appelle aujourd'hui la *banale*.

Colles. — Colleurs. — La vie serait supportable à l'École, si l'on supprimait les interrogations et les examens. Mais, hélas ! tous les jours, à quatre heures, on est exposé à voir son nom affiché sur la *planche aux topos*, avec l'indication du *colleur*, c'est-à-dire de l'examinateur, devant lequel, une heure après, il faudra se rendre.

Jadis on était prévenu huit jours à l'avance et on pouvait préparer la *colle* tout à son aise. Plus tard on imagina le système des *colles instantanées*, qui avait le gros inconvénient, surprenant tout le monde, d'égaliser par trop les notes des forts et des faibles. Aujourd'hui ce sont des *colles* presque instantanées, mais dont on prévoit assez exactement le retour. Pour être complètement renseignés, les élèves cherchent à deviner la loi de roulement des interrogations. Peine perdue, car il n'y en a pas !

Les *colleurs* sont nombreux, il y en a plusieurs pour chacune des sciences enseignées ; leur échelle de notes est très différente, mais tous les élèves passent successivement avec chacun d'eux. Les forts espèrent ramener un 19 ou un 20 ; les faibles se bornent à espérer une note qui n'entraîne ni le *rabiot* ni la *sécheresse* ; pour ceux-là, les *colleurs* bienveillants mettent rarement un zéro ; la plus mauvaise note est un 1 : c'est le *bâton protecteur*.

On n'en finirait pas de rappeler tous les petits travers des *colleurs*, caricaturés par les élèves, leurs sobriquets, les anecdotes qu'on raconte sur eux.

Auguste Comte, élève de la promotion de 1814, fut renvoyé de l'École à la suite d'une affaire avec un *colleur* peu aimable, qui avait l'habitude de se renverser sur sa chaise et d'étendre les jambes sur la table. Comte, qui attendait son tour de *colle*, froissé du sans-gêne du répétiteur, s'étendit à plat ventre dans le binet et fut puni; il réclama et fut soutenu par ses camarades. Un *bran* s'en suivit et Comte fut renvoyé. Le futur chef du positivisme était considéré par l'administration comme un élève indiscipliné ; ses camarades, plus clairvoyants, avaient deviné son génie : ils l'appelaient le *penseur*. Il devint successivement répétiteur, puis examinateur d'entrée ; mais son caractère autoritaire et son orgueil lui ayant aliéné l'amitié de ses collègues et de ses chefs, il se vit après vingt années, retirer successivement toutes ces fonctions. On lui reprochait, comme examinateur d'entrée, de ne pas varier suffisamment ses *colles* et, comme répétiteur, de n'interroger un élève que pendant quelques minutes. Comte déclarait d'ailleurs que, plus expérimenté que ses collègues, il se croyait capable, dans un temps moitié moindre, de mieux juger un élève. Comte n'acceptait pas le calcul des probabilités et il refusait d'interroger sur ce cours.

Catalan, aujourd'hui professeur à l'Université de Liège, avait des pieds d'une longueur démesurée. Quand on passait en *colle*, si on avait le malheur de regarder, même involontairement, du côté de ses pieds, on était sûr de piquer un 3 ou un 4.

Prouhet s'appelait *Petit Q*; Bardin, chef des travaux graphiques, *Tire-Ligne*; le préparateur du grand chimiste Regnault, *Queue-de-Rat*.

Aux *colles* générales, Sturm arrivait en habit noir, toujours essoufflé, s'épongeant le front avec son mouchoir, quelquefois avec le torchon du tableau. A peine arrivé, il ôtait son habit, relevait les manches de sa chemise jusqu'au coude, pour se mettre à l'aise. Il ne se gênait guère : il lui arriva une fois, cédant à un besoin pressant, de prendre la cuvette qui était dans le cabinet de toilette attenant au cabinet d'interrogation et, ce vase à la main, de venir corriger au tableau les formules inexactement posées par l'élève.

Malus, le savant physicien, avant de remplir les différentes fonctions de directeur des études, de commandant en second, d'examinateur de sortie, avait été simple répétiteur à l'École. Très taciturne parfois, il n'ouvrait pas la bouche, pas même pour poser sa question ; parcourant les épures de l'élève qu'il devait interroger, il se contentait d'indiquer du doigt la construction sur laquelle il désirait des explications. Les élèves redoutaient sa sévérité ; ils avaient placardé sur la porte de son cabinet un écriteau portant ces mots : *Dominus, libera nos a Malo!*

Le commandant Salicis, répétiteur du cours d'astronomie, était connu sous le nom de *Commodore* et aussi sous celui de *Salsifis*.

Théobald Fix, répétiteur d'allemand, subissait comme

le professeur *Bacha* toutes sortes de mystifications. Pendant ses interrogations on frappait à coups redoublés à la porte de son cabinet. Un soir, il interrogeait un élève dont la barbe était extraordinairement touffue et la chevelure luxuriante. Tout à coup, il lève la tête et demeure hébété, ne reconnaissant plus l'élève au tableau ; la perruque et la barbe postiche avaient subitement disparu !

Le capitaine Flye Sainte-Marie, répétiteur du cours de M. Jordan, portait des pantalons d'une coupe si particulière, qu'on appelait le pantalon : « un *flye* ».

Certain répétiteur d'analyse nasillait à tel point qu'on ne comprenait pas ses paroles. Quand on était obligé, et cela arrivait presque toujours, de lui faire répéter sa question, il se fâchait en s'écriant : « Il me semble pourtant que je parle clairement ! » A la séance des *Ombres,* on lui fait dire en nasillant d'une manière outrageante : « Dans ma famille, mon père parle du nez, ma mère parle du nez, tout le monde parle du nez ; il n'y a que moi qui ne parle pas du nez ! »

F. Leblanc, répétiteur de chimie, avait une voix traînante et aigue qu'on se plaisait à contrefaire. Annonçant un jour que le constructeur Deleuil ne pouvait, à regret, venir faire une expérience, il s'écria : « Le désespoir de M. Deleuil est au comble ! » Tous les yeux se portèrent au plafond et ne le quittèrent plus. Au bout de quelques instants, Leblanc intrigué lève aussi les yeux et cherche sans rien trouver. « Que cherchez-vous ? demande-t-il. — Le désespoir de M. Deleuil ! » répond l'auditoire.

Les *colleurs* actuels n'ont pas encore d'histoire ; à peine si l'on travestit leurs noms. Ce n'est pas que l'ancien esprit moqueur ait disparu !

Colo. — Le *colo*, c'est le colonel commandant en second. Il appartient à l'arme de l'artillerie quand le général qui commande l'École sort de l'arme du génie, et réciproquement. Il reçoit tous les matins le rapport du capitaine de service, donne dans la journée audience aux parents et aux correspondants des élèves, dirige l'instruction militaire conjointement avec le *mandant*, et supplée le général lorsqu'il s'absente.

Les élèves ont conservé la mémoire de quelques-uns des colonels.

Le colonel d'artillerie Thouvenel, pour avoir refusé de recevoir les *majors* qui venaient lui faire une réclamation, fut la cause d'une révolte et, malgré l'intervention du duc de Nemours, du licenciement de 1834. L'aventure fit l'objet d'une « grande et lamentable complainte » composée par Catalan, qui se chantait sur l'air de *Fualdès*.

> Sachez tous, bons patriotes,
> Sachez tous qu'un colonel,
> Que l'on nomme Thouvenel,
> Un jour nous mit à la porte ;
> Et surtout sachez comment
> Se fit le licenciement.

> C'était le neuf de décembre,
> Vers les dix heures du soir
> Nous sortions du réfectoir'
> Et remontions dans nos chambres
> Quand tout à coup éclata
> Un immense brouhaha !

> Les lumières sont éteintes,
> Les quinquets sont renversés ;
> Nous courons à pas pressés
> Pour faire éclater nos plaintes,
> Et surtout crier « Haro ! »
> Sur la cause de nos maux.

Or, sachez que cette cause
Était Mons de Thouvenel
Qui, d'un ton peu paternel,
Nous avait dit cette chose :
« Soyez tranquilles, sinon
» L'on va vous met' au violon ! »

Nous brisions toutes les portes,
Surtout celles des cachots,
Lorsqu'au milieu du chaos,
Arriva, sans nulle escorte,
Notre excellent général (1),
Qui ne parla pas trop mal.

Après beaucoup de paroles
Il dit : « Allez vous coucher,
» Je vais tâcher d'arranger
» Ce qui si fort vous désole. »
Ce fut ainsi qu'il parla.
Puis on nous licencia !

Moralité.

Or, cela doit vous apprendre
Qu'il n'est pas toujours très bon
De vouloir parler raison
A qui ne veut pas l'entendre.
Faites profit de ceci :
Ainsi soit-il ! J'ai fini.

Le colonel Lebœuf, qui devint maréchal de France, fut appelé à l'École par Arago qui connaissait ses qualités militaires ; il était très aimé des élèves ; sa belle figure martiale faisait leur admiration.

Le colonel Frossard, précepteur du jeune prince impérial, et qui, en cette qualité, lui fit visiter l'École et passer en revue le bataillon des élèves en 1868, avait été commandant en second en 1851. C'est lui qui introduisit la troupe dans la cour de l'École pendant la nuit du 2 Décembre, afin d'empêcher les élèves de prendre part à l'insurrection.

(1) Tholozé, le meilleur des hommes.

Dans ces dernières années, un jeune et élégant colonel d'artillerie, devenu depuis le plus brillant de nos divisionnaires, n'a pas manqué d'être chansonné à la séance des *Ombres*. C'est pour lui qu'on entonnait ce refrain :

> Alli ! allo !
> Ah ! le joli *colo !*
> Voyez comme il dégote !
> Alli ! allo !
> Ah ! le joli *colo !*
> Voyez comme il est beau !

C.-M. — Abréviation, réduite aux seules initiales, de *commissariat de marine*, l'un des services militaires qui se recrutent à l'École ; chaque année un ou deux élèves sortent dans le *C.-M.*

Commiss. — La *commiss* (abréviation du mot *commis-*

sion) est le tribunal d'*anciens* chargé de juger les *conscrits* et d'appliquer une *cote* à tous ceux que certaines particularités ou qu'une réputation de collège a désignés à son attention. La lecture de ces *cotes* se fait publiquement, le jour de la *séance des cotes*.

La *commiss* se compose de douze membres, plus quelques *bourreaux*, désignés par le vote, dès le mois de juin de l'année précédente. Elle entre en fonctions à l'arrivée de la nouvelle *promo* et se réunit, pendant les récréations, dans une vaste salle du rez-de-chaussée, très haute de plafond. Les juges, revêtus d'une immense cagoule rouge, prennent place à une table au milieu de la salle. A leurs pieds, sont accroupis les bourreaux, grands exécuteurs des hautes œuvres, la tête recouverte de l'*ossian* (Voy. ce mot), armés de haches, de chaînes, de carcans, de toutes sortes d'instruments de tortures en carton. Devant eux, au sommet d'une pyramide branlante, formée de tables entassées les unes sur les autres, la victime est étendue, tout en haut, en travers, sur un *bouret*. Les *bourreaux* ont contraint l'infortuné conscrit d'escalader la pyramide en subissant de fortes secousses, sous la direction du *grand bourral*. Ils commencent par le *flamber* en lui promenant sous le derrière une torche de papier enflammé, puis, après un formidable refrain, le silence s'étant rétabli, l'interrogatoire commence, interrogatoire baroque, basé sur des accusations comiques, plus ou moins discrètes, fait de questions cocasses, de facéties, de calembredaines. Après quoi la victime est, d'après ses réponses, son attitude, la façon dont elle a enduré les épreuves préliminaires, proposée pour telle ou telle *cote*, enfin, saisie par les bourreaux qui se la passent de main en main comme une balle et la renvoient dans la cour.

Le *conscrard* traduit devant la *commiss* signe la déclaration suivante :

« Je soussigné, ignoble *conscrard* d'une *promo* (jaune, rouge), déclare m'engager à ne rien révéler à mes *cocons* ni à aucun exotique, de ce qui va se passer pendant ma comparution devant la *commiss* de la vénérable *promo* (rouge, jaune). »

Rien n'égale la terreur que la *commiss* inspire aux

nouveaux ; ceux-ci supportent avec d'autant plus de résignation les brimades des premières semaines, qu'au moindre mouvement de révolte l'*ancien* les menace de la *commiss* !

Condor. — Nom harmonieux de la *lingère en chef*, de cette femme habile qui vous distribue un trousseau en moins de temps qu'il n'en faut pour dire *ouf !* Le procédé est sommaire : Vous tendez la main, le poing fermé ;

la *condor* enroule autour de ce poing un des trois modèles de chaussettes que possède la lingerie et, sur ce seul diagnostic, vous fournit tout votre linge de corps et de lit.

Confé-mili. — Abréviation de *conférences militaires.* Ces conférences portent sur les parties principales du service militaire. Elles sont faites par les capitaines, le dimanche matin et sont suivies d'interrogations cotées. Le général interroge quelquefois pendant la manœuvre.

Conscrit. — Le *conscrit* est l'élève de première année ; le mot vient de la conscription du premier empire.

Sous la Restauration, il déplaisait fort à l'autorité ; le baron Bouchu, gouverneur, voyait dans cette appellation une véritable brimade et la trouvait *humiliante.*

« J'espère qu'elle ne se reproduira plus à l'École, » écrivait-il au président des conseils. Elle s'est transmise jusqu'à aujourd'hui.

Le *conscrard* ne devient *conscrit* qu'après avoir subi les épreuves de l'*absorption*, du *bahutage*, suivant l'expression moderne, après avoir passé devant la *commiss*, et avoir entendu la lecture de sa *cote* sur l'estrade, le jour de la séance des *cotes.*

Jusque-là il a été basculé, absorbé, bahuté, en un mot brimé, par les anciens.

Durant cette période, le *Code X* ne lui concède aucun droit et ne lui reconnaît que des devoirs ; depuis un petit nombre d'années, l'habitude s'est introduite de ne lui accorder même pas la qualité de *conscrit*, mais seulement celle de *conscrard* et on prononce le mot d'une façon dédaigneuse qui ne manque pas de comique et d'originalité.

Tant que dure cette espèce de stage, l'*ancien* ne s'adresse jamais à lui qu'en l'appelant « *Sale conscrard !*

infâme conscrard! » Son dédain ironique s'enfle parfois en accents poétiques :

> Quand on pense que les femmes,
> Qui sont des êtres charmants,
> Ont pu porter dans leurs flancs
> Ces *conscrards*, êtres infâmes...
> C'est à dégoûter, vraiment,
> Du métier d'enfantement !

il se manifeste aussi par des chansons comme celle de *Encore un conscrard !*

qui revient à chaque instant, ou bien il s'étale dans le *topo* classique qu'on fait circuler dans les salles peu de jours après la rentrée, dont toutes les phrases débutant par la rubrique : *On a vu un conscrard*, accusent plaisamment les infâmes *conscrards* de toutes les inepties imaginables. Il y est dit par exemple :

« On a vu un conscrard s'abstenir d'aller aux *gogs*, dans la crainte d'être *bahuté*, puisque ce sont les *lieux des ans !* »

« On a vu un conscrard ne pas apprendre les leçons supplémentaires, sous prétexte que c'était du *gigon*. »

« On a vu un conscrard refuser d'aller chez Fischer, parce que c'est un *amphi danse* (d'*ans*). »

« On a vu un conscrard demander si le drapeau de l'X est une *bannière de bigor*. »

« On a vu un conscrard saluer la Vénus de Milo, sous prétexte que c'est un *antique*. »

Mais, une fois le noviciat terminé, à l'issue de la séance des cotes, le *conscrard* se transforme en *conscrit* ; il ne deviendra toutefois un conscrit complet qu'après la nomination des *caissiers* : à ce moment seulement il aura le droit de voter et de prendre part aux délibérations qui intéressent l'École.

Conseils. — Par les *conseils* de l'École, on entend les deux conseils institués par les lois et décrets réglant l'organisation de l'École, c'est-à-dire le *conseil d'instruction* et le *conseil de perfectionnement*.

Le *conseil d'instruction* a été institué dès la fondation : c'était d'abord l'unique conseil de l'École ; il se composait du directeur, des *instituteurs* et de leurs adjoints; il avait, à la fois, la direction de l'instruction et celle de l'administration; l'illustre Lagrange en fut le premier président. On avait voulu nommer Monge, le véritable fondateur de l'École, mais il refusa disant : « Je vaux mieux attelé au char que monté sur le siège. » La composition du conseil a été l'objet de longues discussions et ne fut définitivement arrêtée qu'en l'an VIII. » En 1830, sous l'inspiration d'Arago, une tentative faite pour revenir à l'organisation primitive ne dura qu'une année.

Le conseil d'instruction se compose aujourd'hui du général commandant l'École, président, du colonel commandant en second, de deux capitaines, du directeur des études et de tous les professeurs. Il a pour mission spéciale d'étudier toutes les questions qui concernent l'enseignement, les modes d'examen, les programmes; de présenter, pour tous les emplois de professeurs et de répétiteurs, une liste de candidats au choix du conseil de perfectionnement.

Le *conseil de perfectionnement* date de la loi d'organisation du 6 frimaire an VIII, qui est la vraie charte de l'École polytechnique. Il est ainsi composé : le général commandant l'École, président; le commandant en second, le directeur des études, deux délégués du département des travaux publics, deux délégués du département de la marine, un délégué des télégraphes ou des finances, trois délégués du département de la guerre, deux membres de l'Académie des sciences, deux examinateurs des élèves, trois professeurs de l'École.

Ce conseil est chargé de la haute direction de l'enseignement et de son amélioration dans l'intérêt des services publics. Il coordonne cet enseignement avec celui des Écoles d'application; il arrête les programmes des examens et ceux de l'enseignement; il règle l'emploi du temps des élèves; il dresse, après avoir pris l'avis du conseil d'instruction, la liste par ordre de mérite des candidats aux emplois de professeurs ou de répétiteurs : le ministre choisit presque toujours le premier de cette liste. Il rédigeait autrefois un rapport annuel sur la marche de l'instruction.

Constantes. — Un certain nombre de jeunes gens étrangers, envoyés en France par leurs gouvernements, pour perfectionner leur instruction, sont admis chaque année à l'École en qualité d'auditeurs externes : on les appelle des *constantes*. Ils ne participent à aucun classement, ils n'ont pas de costume spécial; n'ayant pas d'uniforme, ils n'ont naturellement pas d'épée, c'est-à-dire de *tangente* : ayant une tangente nulle, ce sont des *constantes*.

Ces jeunes gens appartiennent, pour la plupart, à des familles considérables. Quelques-uns d'entre eux, rentrés dans leur patrie après deux années de séjour à l'École, n'ont pas tardé à conquérir une grande réputation. On peut citer parmi les *constantes* célèbres :

Le général Todleben, le glorieux défenseur de Sébastopol; le Persan Mirza-Nizam, actuellement général; le prince Garachanine, ministre de Serbie; l'ingénieur Cantacuzène, directeur des chemins de fer roumains; les Russes Maximowitch et Rimski-Korsakoff; le Turc Abbas-Kan; l'Américain de Hurtado; etc.

On donne, par extension, le nom de *constante* à l'élève qui fréquente une *salle* autre que la sienne.

Le mot *constante* signifie encore *qui ne varie pas*. Un colleur *pique la constante* en donnant toujours à un même élève la même note. Certains examinateurs prétendent juger du premier coup la valeur d'un élève et, dès qu'ils l'ont *coté*, ils persistent à lui donner la même note dans tous les examens ultérieurs.

Corio. — Le savant *Coriolis*, qui était directeur des études en 1838, fit installer dans les *salles* de petites fontaines auxquelles on a donné en son honneur le nom de *corios*.

Le *corio* fournit de l'eau filtrée, médiocre comme boisson,

très bonne pour le dessin au lavis, excellente pour remplir les bombes dont on asperge les camarades, parfaite pour détremper les bottes des conscrits. Rempli de coke, le *corio* peut être employé comme fourneau de cuisine ; dans une salle, on s'en servit un jour pour rôtir un faisan qu'on avait traversé d'une lame de fleuret en guise de broche. Ce jour-là, la cloison fut en partie calcinée et le feu faillit prendre à la salle d'étude.

Le réservoir qui est placé sous le *corio* s'appelle l'*hypocorio* et le couvercle du corio porte le nom d'*hypercorio*.

Corneille (la). — Marchande de la rue du Pot-de-Fer, chez laquelle on va prendre un *mélékas* (mêlé-cassis) en revenant du manège, le matin à huit heures et le soir à quatre heures.

Corri. — Abréviation de *corridor*. C'est dans les *corris* des salles d'étude, des casernements ou des réfectoires, que se font les grands *chahuts*. Dans les *corris de caserts* défilent de fantastiques *monômes* où chacun en chemise, le claque sur la tête, l'épée nue à la main, se recouvre soigneusement la tête d'un bonnet de coton enfoncé jusqu'aux yeux, pour n'être pas reconnu par le *basoff*.

En 1871, les *corris* furent le théâtre de scènes sanglantes : les fédérés qui occupaient l'École y furent poursuivis par les troupes, d'étage en étage, jusque dans le belvédère qui surmonte le casernement et forcés de sauter dans la cour d'une hauteur de plus de cent pieds.

Le *corri* du rez-de-chaussée est fermé par de lourdes portes qui le protègent contre les courants d'air. Un original s'amusa un jour à démonter ces portes et à force de bras, on les transporta au *casert* pendant le dîner, puis de là sur le toit du Pavillon où l'administration les retrouva deux mois plus tard !

Cote. — La *cote* est la note obtenue à un examen. A l'École on cote tout travail d'après une échelle qui va de 0 à 20, la *cote* 0 signifiant absolument nul et 20 parfaitement bien.

Coter quelqu'un, c'est l'apprécier, c'est lui donner une *cote* ; parfois même c'est simplement l'observer avec attention. Il y a des examinateurs qui *cotent* très haut, d'autres très bas. A l'amphithéâtre le capitaine de service *cote* un élève dont la tenue laisse à désirer. On dit encore, dans ce dernier sens, *coter* ou *repérer*.

Quelle que soit l'intégrité d'un examinateur, mille causes, dont il ne se rend pas toujours compte, peuvent l'influencer. La note qu'il aurait dû donner au mérite réel se trouve, par suite de l'influence subie, modifiée dans certaines circonstances. Signalons la *cote galon* dont profitent les gradés ; la *cote major* donnée particulièrement aux majors des deux promotions ; la *cote binette* ou la *cote d'amour* suivant le physique du malheureux appelé au tableau ; la *cote papa*, donnée à celui dont le père, surtout s'il occupe une haute situation, est connu de l'examinateur ; la *cote capote*, attribuée à l'élève malade qui passe ses examens revêtu de la capote blanche de l'infirmerie ; etc.

L'habitude de coter par des chiffres variant de 0 à 20 est si enracinée parmi les polytechniciens qu'ils la conservent toute leur vie. Au sortir de l'École, ils ont une tendance à appliquer cette méthode, par amusement il est vrai, aux affaires de la vie ; beaucoup d'entre eux, dans le monde, *cotent* de 0 à 20 les jeunes filles à marier.

Séance des cotes. — La *commiss*, organisée en tribunal, applique les *cotes* aux *conscrits* ; la lecture de ces cotes, qui se fait publiquement, donne lieu à une cérémonie des plus burlesques et des plus amusantes. On l'appelle la *séance des cotes*. Elle clôture le temps du *bahutage* et met fin à toutes les brimades.

Au jour désigné, les deux promotions se réunissent dans l'ancien amphithéâtre de chimie. La *commiss* prend place sur un plancher volant recouvrant le bureau du professeur. Les membres, en grande tenue, claque et épée, ceints d'une grande écharpe rouge, sont assis face au public ; les *bourreaux*, armés de leurs instruments de supplice, sont derrière eux, la tête couverte de leurs cagoules rouges ; des *anciens* étrangement costumés avec des *berrys* retournés, des dominos de papier, des grosses têtes, des masques d'escrime, armés d'une queue de billard, entourent l'estrade au pied de laquelle est installé l'orchestre des élèves amateurs.

Le président ouvre la séance par un discours burlesque, nourri d'épithètes les moins aimables à l'adresse de la nouvelle promotion, résumant le travail de la *commiss* et concluant à l'exécution des *cotes*.

— Chers *cocons*, jamais, de mémoire d'X, on n'a vu des *conscrards* aussi lamentablement idiots, aussi puants de morgue et de mauvaise humeur que ceux qui viennent d'entrer à l'École. Vous allez entendre les rapports individuels que votre *commiss* a préparés. — Vous vous imaginiez, *conscrards*, qu'il suffisait de piquer une bonne note chez Le Roux, Laurent ou Vaschy, pour devenir un polytechnicien et avoir le droit de vous asseoir là où se sont assis les Arago, les Ampère, les Courbet... Vous êtes entrés tout fiers de votre petite personne ; vous avez franchi, tout rayonnants d'orgueil, le seuil de la sublime porte. Vous portez le claque et la *tangente*... Nous, vos *anciens*, plus réfléchis et plus froids, nous avons vu votre ignorance, nous avons aperçu vos défauts et vos vices et notre devoir est de vous les signaler. En entrant ici vous étiez une foule dont les éléments étaient recrutés un peu partout, sans lien, sans homogénéité ; vous ne formiez pas une *promo*. Il vous manquait cet esprit d'égalité, de solidarité, d'union qui fait la force de l'X ; nous nous sommes efforcés de vous l'inculquer : voilà le but des brimades, but sérieux que vous ne soupçonniez pas...

Après ce discours tous les *conscrits* gratifiés d'une *cote* défilent successivement sur l'estrade, amenés par un ancien qui y va lui-même de son *laïus* de circonstance ; la lecture de chaque cote est suivie d'un air de musique. Un programme autographié de la fête, illustré par le plus habile artiste de

la promotion des *anciens*, énumérant toutes les *cotes*, est mis entre les mains de tous les spectateurs. Les *cotes* varient chaque année ; mais la plupart sont reproduites tous les ans moyennant quelques faibles changements. Ce sont :

la *cote major*, la *cote bébé*, la *cote cent*, la *cote journal*, la

cote pose, la *cote naïf*, la *cote unif*, la *cote démiss*, etc.

Cotes majors. — Le *major de tête* des anciens harangue le *major de queue* des conscrits, l'exhorte à lever fièrement la tête :

— Heureux *conscrit!* le seul qui ne puisse perdre de rangs aux différents classements! Oublie ton numéro d'entrée, celui du *schicksal* est le seul qui soit intéressant. Prends en pitié les *crotaux* et les travailleurs de la *botte*, desquels tu ne saurais d'ailleurs te distinguer puisqu'on a enlevé tous les galons... Toi seul peux *dévisser* tous tes *cocons* les uns après les autres. Ils n'ont aucun avantage sur toi et tu as le même privilège qu'eux : celui de porter l'uniforme le plus envié.

Réciproquement le dernier des *anciens*, s'adressant au *major des conscrits*, lui rappelle qu'il n'y a à l'École aucune supériorité de grade; que tous les X sont des camarades.

La *cote bébé* est attribuée au plus petit des *conscrards*. Celui-ci, obligé de sucer le bout d'un biberon, est apporté sur l'estrade dans les bras d'un ancien déguisé en grosse nourrice normande.

Une fois, c'était en 1890, les deux plus petits conscrits de la promotion furent amenés sur l'estrade, et voici l'allocution qui leur fut adressée :

— Approchez, mes petits; d'une main ferme et sûre,
Vos *anciens* vont ici guider vos premiers pas.
. . . .
N'est-il pas étonnant qu'en une même année
Nous voyions devant nous deux X aussi petits!
Des atomes pareils pour porter une épée!
Mais sur quelle mesure a-t-on fait nos *conscrits* ?

Et puis toi, gros vilain, où pensais-tu donc être
Alors que chez Fouret tu répandis tes pleurs ?
On fut forcé d'ouvrir aussitôt la fenêtre
Et ta nourrice dut essuyer le malheur.

Ne redoutez-vous pas, en quittant vos nourrices
Qui vous ont si longtemps endormis et bercés,
D'être privés ici de leurs tendres services ?
Les regrettez-vous pas ? Êtes-vous bien sevrés ?

Pourrez-vous supporter la forte nourriture
Qu'un *magnan* généreux nous donne à nos repas?
L'*anhydre* n'est-il pas une viande trop dure?
Fatiguera-t-il pas vos jeunes estomacs?

N'aurez-vous pas alors peur de Croquemitaine?
Seuls, dans vos petits lits, vous pleurerez en vain;
Personne ne viendra consoler votre peine;
Pas de nourrice ici pour vous donner le sein!

[Ici on leur donne un polichinelle, un mouton et quelques menus jouets.]

Mais tant d'attention est beaucoup pour votre âge,
Prenez donc de mes mains ces enfantins jouets,
Allez vous amuser et soyez toujours sages...
Vous, nourrices, approchez ; emportez les bébés !

[Deux anciens déguisés en nourrices emportent les petits.]

La *cote cent* est appliquée à celui qui a été classé le centième, son numéro devenant l'objet d'un feu roulant de plaisanteries gauloises. Debout sur l'estrade, et tenant à la main un immense rouleau de papier qu'on l'engage à partager en frère avec ses camarades, il reçoit une apostrophe en vers, qui débute ainsi :

Conscrit, à qui le ciel réservait en naissant
D'être admis parmi nous sous le numéro cent,
Écoute et connais mieux quelle faveur insigne
Tu reçus du destin, toi qui seul, quoi qu'indigne
Dans ces murs illustrés par cent noms glorieux
Peux te croire à bon droit, fait exprès pour ces lieux.

On lui rappelle toutes les circonstances de sa vie relâchée, depuis son enfance où il commettait des dégâts dans son trousseau jusqu'aux années de *taupin* : « Tu préférais la chimie et travaillais avec ardeur les propriétés du bismuth et la loi de Prout ! En mathématiques, la loi des résidus et les lieux géométriques t'attiraient. » On lui prédit enfin une bonne *pantoufle* : celle d'ingénieur à la Compagnie Richer.

La *cote journal* s'adresse au conscrit de Carpentras ou de Brives-la-Gaillarde, dont l'admission a été célébrée par un article dithyrambique dans le journal de son pays.

— Chaque jour, *conscrit*, tu t'affichais ostensiblement entre les pilules Suisses et les pastilles Géraudel. On vantait ta science, ton esprit, ton physique séduisant, ta voix enchanteresse : les mères de famille, en lisant la liste de tes perfections, te souhaitaient comme gendre pour leur fille. Dès l'annonce de ton succès, ton village a été sens dessus dessous ; on a pavoisé les maisons ; à ton arrivée, tu fus reçu par le maire, ceint de son écharpe ; trois jeunes filles en blanc t'offrirent un bouquet... A onze heures, M. le curé dit une messe d'actions de grâce, et les excellents chantres exécutèrent un *Te Deum* composé tout exprès par le maître d'école. Tu as fait parler de toi, *conscrit*, sans avoir mérité de tels honneurs. Travaille maintenant, afin de justifier ces éloges prématurés.

La *cote pose* revient à celui qui s'est vanté de son nom ou de sa fortune. Ses paroles et ses actes lui sont reprochés dans un *laïus* sévère qui se termine invariablement par ces paroles : « Sache, *conscrit*, qu'on ne reconnaît à l'École qu'une richesse, celle du cœur ; qu'une noblesse, celle des sentiments. »

La *cote naïf* est donnée à celui dont les réponses à la *commiss* ont été enfantines ; la *cote unif* à ceux qui se sont trop pressés d'aller faire admirer leur uniforme sur le boulevard, avant même la rentrée officielle.

La *cote démiss*, assez rare, s'applique à ceux qui ont donné leur démission, à la suite d'un mauvais classement, pour se représenter l'année suivante au concours. On leur reproche leur vanité et leur folle ambition.

La *cote rogne* s'adresse aux mauvais caractères qui ont répondu en maugréant aux questions fallacieuses de la *commiss* et qui ont eu des velléités de révolte. Ceux-là sont amenés sur l'estrade dans une cage d'osier et présentés comme autant d'animaux féroces par un *ancien*, habillé en dompteur, botté, cravache en main, qui débite ce boniment :

— Mesdames et messieurs, c'est pour avoir l'honneur de vous présenter les animaux terribles, malfaisants et carnassiers de ma grrrande ménagerie. Et d'abord, le boa constrictor, appelé aussi *boa de construction*, qui mesure six pieds de la tête à la queue et sept de la queue à la tête, parce que ça va en montant ; il a refusé les *frites*, le plat le plus en honneur à l'École... En avant la musique !

Pour chaque élève marqué de la cote *rogne*, il y a un boniment du même genre.

Cote nègre. — En 1880, pour la première fois, un conscrit de race noire fut admis à l'École. On imagina naturellement une cote nouvelle.

— Ah ! c'est toi le nègre. C'est bien, *conscrard*, continue ! Je t'ai reconnu à ta face luisante, aux reflets brillants, sur laquelle se détachent deux yeux blancs comme deux *rostos* de sapin dans les ténèbres de la nuit. Si tu es nègre, nous sommes blancs ; à chacun sa couleur et qui pourrait dire quelle est la meilleure ? Si même la tienne valait moins, tu n'en aurais que plus de mérite à entrer dans la première École du monde, à ce qu'on dit. Tu peux être assuré d'avoir toutes les sympathies de tes ans.

Nous t'avons *coté* parce que l'admission d'un noir à l'X ne s'était jamais vue ; mais nous ne songeons pas à te tourner en ridicule ; nous ne voyons en toi qu'un bon camarade auquel nous sommes heureux de serrer la main.

En 1881, un second nègre entra à l'École et ce fut son ancien de même couleur qui le reçut ; il lui adressa, avec gravité, le *laïus* suivant.

— Je suis heureux que la *cote nègre*, instituée pour moi l'an dernier, se trouve maintenue cette année et j'espère qu'elle sera appliquée tous les ans. Je n'ai jamais eu qu'à me louer de mes camarades et je suis sûr que tu leur rendras, l'an prochain, le même témoignage. Tu n'oublieras pas qu'il nous appartient, à nous autres coloniaux, qui ne payons pas encore l'impôt du sang, de favoriser de tout notre pouvoir les aspirations colonisatrices de la mère patrie... Nous retournerons aux colonies et nous y travaillerons à la grandeur de la France.

La *cote gnouf* est donnée à celui qui a concouru en même temps pour l'École normale. Dans un discours qui débute, comme au grand concours, par ces mots « Jeunes élèves ! » on lui reproche son hésitation entre les deux Écoles et finalement on lui pardonne en songeant au sacrifice qu'il a fait

en abandonnant l'espoir d'obtenir les palmes académiques !
Le mot *gnouf* est une abréviation de l'épithète peu aimable
de *pignouf*, que les élèves de l'École normale s'appliquent
à eux-mêmes.

Cotise. — Abréviation de *cotisation*. Les ressources de
la caisse consistent uniquement dans les cotisations payées
par les élèves présents à l'École. La *cotise* annuelle est de
vingt-cinq francs au minimum et de trente francs au maximum. Lorsque les circonstances nécessitent une *cotise* supplémentaire, elle doit avoir été votée pour pouvoir être recueillie par les caissiers. On lit dans le *Code X* au sujet des
cotisations :

> Tout élève est tenu de verser le montant complet des cotisations.
> Tout élève que les quêtes gêneraient trop, pourra s'adresser aux caissiers pour s'en faire dispenser.
> Si des élèves quittaient l'École sans payer, on demanderait à l'administration la permission de retenir sur leur *masse* la somme arriérée.
> Un élève qui mettrait une mauvaise volonté évidente dans le payement, doit être signalé aux deux promotions après avoir été réprimandé par les *caissiers* (1849).
> Les cotisations sont, en général, recueillies par les *caissiers* au commencement du mois. Les *caissiers* préviennent de l'époque d'une quête une dizaine de jours à l'avance, afin de faciliter la rentrée des fonds. Tous les trimestres sont également chargés, sauf le premier, qui l'est nécessairement davantage à cause des frais occasionnés par le *bahutage*.
> Lorsqu'un élève a informé les *caissiers* de la trop grande gêne que lui imposeraient les quêtes, ceux-ci sont tenus sur l'honneur de garder son nom secret ; lorsqu'ils font une quête, il doivent lui remettre auparavant le montant de la cotisation, afin qu'il paraisse payer comme les autres.

Cours révolutionnaires. — Au moment où l'École
polytechnique fut créée, on voulut donner immédiatement
une marche uniforme à l'enseignement qui devait durer
trois années. Le gouvernement imagina de réunir momentanément en une division unique, les 400 élèves admis (1) et de

(1) Les examens d'entrée eurent lieu du 20 au 30 octobre 1794 : le

leur donner en quelques semaines une connaissance rapide de toutes les matières du programme d'études ; au bout de ce temps, les élèves furent examinés devant le conseil de l'École et immédiatement répartis en trois divisions.

C'est ainsi que s'ouvrirent, au palais Bourbon, les *cours révolutionnaires* qui durèrent trois mois, du 21 décembre 1794 au 21 mars 1795, et qui eurent un immense retentissement. Tous les jours, il y avait leçon d'analyse à huit heures du matin, leçon de chimie à dix heures, leçon de géométrie descriptive à midi. Le soir, à cinq heures, on donnait la leçon de dessin. La matinée du quintidi était consacrée à la physique générale. Le décadi était le seul jour de repos.

Craticuler. — *Craticuler*, c'est *copier un dessin*, en mesurant toutes ses parties. A cet effet, on le couvre de petits carrés ayant environ deux centimètres de côté ; on reproduit le quadrillage sur une feuille de papier et on n'a plus qu'à dessiner les traits qu'on voit dans chacun des petits carrés. Cette méthode, pratiquée par ceux qui n'ont pas la moindre disposition pour le dessin, n'est pas connue des collégiens, le mot qui la désigne encore moins, de sorte que, pendant quelques jours, les *anciens* peuvent s'amuser à effrayer les *conscrits* en les menaçant de les *craticuler* !

Cristalliser. — Se disait autrefois d'un élève qui, couché sur le sol, dans une sorte d'état de contemplation, garde une immobilité complète, comme une substance qu'on ferait cristalliser. Le mot ne s'emploie plus guère aujourd'hui.

Cromwell. — Nom donné au duc d'Angoulême,

nombre des élèves admis fut de 349. Un deuxième concours eut lieu à Paris et dans les départements pendant les mois de janvier et de février 1795 ; il porta le nombre des élèves à 396.

parce qu'il avait été nommé par le roi *Protecteur* de l'École polytechnique. Le duc d'Angoulême donna à l'École les preuves constantes d'un véritable intérêt; mais son extérieur était si grotesque que les élèves ne pouvaient s'empêcher de se livrer à toutes sortes de plaisanteries sur sa personne.

« A l'une des réceptions du 1er janvier, raconte Bosquet, le futur maréchal de France, qui était élève en 1829-1830, il ne sut que nous dire : « Vous vous portez bien, allons, tant » mieux ! » avec des signes de tête à se dénouer la nuque ! »

On prêtait au duc d'Angoulême les réponses les plus ridicules. C'est lui qui aurait dit à Gay-Lussac, qu'on lui présentait après sa fameuse ascension aérostatique : « Vous avez dû avoir bien chaud si près du soleil ! » Arrivé à l'*amphi*, il aurait trouvé : « la température... ambiante ! » et promis de faire placer un « dynamomètre » pour l'évaluer. Un élève, interrogé en sa présence, ayant commencé sa démonstration en disant : « Je suppose le problème résolu, » il aurait murmuré : « Paresseux ! » Quand il prit le commandement de l'armée d'Espagne, tous les bons mots répandus sur son compte couraient les salles d'étude; on disait : « Il est parti escorté de *sapeurs*; il ferait très bien en voyage de boire du *Laffitte*, d'y ajouter *Foy* et d'être *Constant*. » Chaque fois qu'il venait visiter l'École, on ne manquait pas de crier : « Vive la Charte ! »

Crotale. — Nom donné aujourd'hui aux *chefs de salle* qui portaient jusqu'à ces dernières années le titre et les galons de sergent. Par corruption, du mot *sergent* on avait fait *serpent* (Voy. ce mot) ; et comme *crotale* est le nom scientifique du serpent à sonnettes, on l'a substitué au mot serpent. Les sergents ou *serpents* ont disparu depuis l'adoption de la nouvelle loi sur le recrutement; mais le nom de *crotale* est resté avec son pluriel, qui à l'École est *crotaux*. Les *chefs de salle* sont désignés d'après le rang de classement.

Quelques jours après la rentrée, les anciens organisent, dans la cour, la *course des crotaux*; ceux-ci sont obligés de faire le tour de la cour au pas de course, en sautant par-dessus des tables et des bancs. C'est une sorte de baptême des chefs de salle.

L'administration a conservé aux *crotaux* le titre de *chefs de salle*; c'est à eux qu'elle s'adresse quand elle a des communications générales à faire aux élèves. Dans ce cas, le capitaine ou l'adjudant de service dépêche un *tapin* qui parcourt les corridors, et ouvre la porte de chaque salle en criant : *Sall'-Binet!* ce qui signifie, par une abréviation des plus radicales : « Chef de la salle, au cabinet de service ! » A cet appel, tous les chefs de salle arrivent, sauf pourtant dans les premiers jours, car il faut bien quelque temps pour se faire à ce langage.

Un jour que les deux promotions avaient fait un épouvantable vacarme dans les salles de récréation, le colonel s'y rendit et y réunit les *crotaux* pour leur adresser une admonestation. Des couplets furent composés à cette occasion; celui-ci a été conservé :

> Le lendemain dans les salles de jeux
> Le *colo* arriva furieux,
> Devant tous les *crotaux* rangés
> Pour les faire évacuer.

Mais l'*ancien* n'bougeant pas,
Il le prit par le bras,
Et dit, d'un air très froid :
— Vous hésitez! je crois.
Le lendemain...

On le chante en recommençant indéfiniment en manière de *scie* rappelant celle de *l'Amoureux Colin*.

Le *crotale* est chef de table au réfectoire. Comme on suppose qu'au besoin il sacrifierait son appétit à celui de ses camarades, on l'appelle aussi *pélican* par assimilation à l'animal qui se dévore les flancs pour nourrir ses petits enfants.

Culot. — Terme de l'argot des rues, synonyme de toupet. *Avoir du culot à la planche,* c'est ne pas se troubler au tableau.

Culotté. — Synonyme de vieilli, défraîchi, *bahuté*. L'expression est empruntée à l'argot courant.

Dard. — Exprime le superlatif de la vitesse, qu'il s'agisse de courir ou de travailler : *courir comme un dard*, ou *chiader tel le dard*.

On comprend l'origine du mot : le dard des animaux venimeux est lancé avec une grande vitesse.

Dans le langage ordinaire, on emploie avec le même sens le mot *dare-dare*, qui n'a cependant ni la même orthographe, ni surtout la même origine.

Dart. — Abréviation du nom du professeur d'*archi*, M. de Dartein (Voy. *Archi*).

Le répétiteur du cours s'appelle tout naturellement le *Sous-dart*.

Ce sobriquet excite d'autant plus le rire que les élèves ont une grande affection pour le répétiteur actuel, M. Choisy, dont les productions littéraires, pleines de finesse et si justement appréciées, sont peut-être mieux connues d'eux que ses savants travaux sur l'architecture grecque et romaine.

Decharme. — Vareuse d'intérieur remplaçant le *berry*.

Elle a été adoptée en 1890, sur la proposition du colonel Decharme, commandant en second.

A la cérémonie des *Ombres*, au moment où la silhouette du colonel défile en ombre chinoise, on chante le couplet suivant :

> Cet officier rempli de charme,
> Que vous voyez splendide et beau
> Sur le tableau,
> C'est notre colonel Decharme
> Un gaillard de six pieds de haut
> Comptez plutôt.
> Cet homme vigoureux,
> Musculeux et nerveux,
> Presque aussi grand qu'Michaud (1),
> C'est le *colo*!

Avec le *decharme*, la tenue d'intérieur est complétée par un pantalon à double bande rouge, un képi à liséré rouge avec une grenade rouge ou jaune suivant la promotion, un gilet et une cravate bleue.

On appelle encore *decharme*, la planche sur laquelle l'administration fait afficher les avis officiels qu'elle veut porter à la connaissance des promotions, avis officiels qui prennent le nom de *déci*, abréviation de *décision*.

---

(1) Michaud était capitaine à l'École.

Dégueuler. — Réciter de mémoire une leçon du professeur, tout un chapitre de chimie; parler d'abondance sans s'inquiéter de comprendre ce que l'on dit. Certains colleurs prétendent coter l'intelligence de l'élève; d'autres apprécient uniquement le *dégueulage*.

Le comble de l'astuce est de *dégueuler* sa réponse, en s'exprimant avec une légère hésitation, afin de laisser croire qu'on a trouvé par réflexion la réponse à la question posée.

Démuseler. — Remettre en l'état une chose *muselée* (Voyez ce mot), c'est-à-dire, par exemple, ouvrir, allumer, etc.....

C'est encore ouvrir la bouche après qu'on s'est tu longtemps.

Dératifier. — Empêcher quelqu'un d'être *rat* (Voyez ce mot) en *démuselant* la porte derrière laquelle il est arrêté.

Désert. — On appelle *désert* l'angle de la salle d'étude, à droite ou à gauche de la porte vitrée, qui échappe aux regards du *basoff*. C'est là que se réfugie l'élève qui veut « griller une sèche », c'est-à-dire fumer tran-

quillement une cigarette sans être vu ; c'est dans le *désert* qu'on s'allonge sur un lit confectionné à l'aide des cartons à dessin, cherchant dans le sommeil l'oubli momentané des intégrales et de l'arche biaise ; c'est encore là qu'on va *piquer le bouquin*, c'est-à-dire lire le journal ou le roman nouveau, faire un *mort* ou cuisiner le chocolat du matin. Deux élèves poètes, de la promotion 1882 (J. Dreyfus et Onillon), ont chanté les charmes du *désert* sur l'air du « Casque » dans *le Cœur et la Main*.

Il existe dans chaque salle,
Dans l'coin en entrant, un *désert*.
C'est là que l'cuisinier s'installe,
Car de cuisine je lui sers.
L'gaz descend par un tube flexible
Depuis le *rosto* jusqu'au fond'ment d'un brûleur,
Et j'rends la marmite invisible
Pour les regards inquisiteurs.
    Ça va bien, ça va bien.
    Ça va bien, ça va bien.

Grâce à moi le capitaine
Qui dans le *corri* s'promène,
Ne s'apercevra de rien
    Ça va bien, ça va bien
    Ça va bien, ça va bien.

On fait des œufs à la coque
Et de la *stration* on s'moque :

Dans l'*désert* on ne craint rien,
Ça va bien, ça va bien (*bis*).

Dévisser. — Dans l'argot courant, un individu *vissé* est celui qui ne se remue pas. A l'École, le mot *dévisser*, contraire de *visser*, s'applique aux *majors* et aux *crotaux*; ceux-ci, sur l'ordre de la promotion doivent aller discuter avec l'administration les différentes questions qui l'intéressent. Un grand nombre de *topos* de vote commencent par ces mots : « Dévissera-t-on le major chez le général pour lui demander... » ?

On dit encore, dans un autre sens : « Le *major* est *dévissé*, » quand il a perdu son rang.

Dévisser un bottier, c'est devenir bottier à sa place.

Drap'. — Abréviation de drapeau. L'École polytechnique, organisée militairement par Napoléon en un bataillon de quatre compagnies, a été dotée d'un drapeau, en même temps que tous les corps de l'armée, le jour de la grande distribution des aigles au Champ de Mars. Arago, premier sergent, le reçut des mains de l'empereur lui-même. Il avait une hampe en bois peint et verni en bleu, protégée par en bas d'une armure en cuivre doré et surmontée de l'aigle impériale. Le corps était un carré formé par un losange de taffetas blanc, bordé d'une branche de laurier, peinte en or et terminée par des triangles alternatifs bleus et rouges garnis de couronnes du même feuillage. Le champ portait deux inscriptions en lettres d'or.

D'un côté on lisait :

L'EMPEREUR DES FRANÇAIS
AUX ÉLÈVES DE L'ÉCOLE POLYTECHNIQUE.

Sur l'autre côté se trouvaient ces mots :

TOUT POUR LA PATRIE
LES SCIENCES
ET LA GLOIRE.

Le *drap* parut à toutes les cérémonies solennelles de l'empire, lorsque le bataillon des élèves marchait en tête de l'armée, immédiatement après la garde impériale : le 14 août 1807, au parvis Notre-Dame ; le 26 mai 1808, aux Invalides, lors de la translation des cendres de Vauban ; le 6 juillet 1810, au convoi du maréchal Lannes ; le 10 mai 1811, au convoi du général Sénarmont ; le 1er juillet de la même année, au baptême du roi de Rome ; le 1er avril 1814, sur la route de Fontainebleau avec toute l'armée en marche pour gagner la Loire.

Dudu. — Petit nom sous lequel on désignait *Duhamel*, professeur d'analyse, qu'on appelait aussi *Archimède*, parce que le nom de ce grand géomètre revenait à chaque instant dans son discours. A la séance des *Ombres*, Dudu commence sa leçon en ces termes :

— Je vous rappellerai d'abord ce que je vous disais dans la dernière leçon, dans la précédente et dans plusieurs autres. Je vous ai apporté aujourd'hui une lettre d'Archimède qui a la plus grande importance au point de vue de l'histoire des mathématiques ; la voici :

« Mon cher ami,

» Je me porte bien. Embrassez Endymion pour moi.

» Tout à vous,

» Archimède. »

A la prochaine leçon, je vous lirai une lettre de Newton à sa femme, qui éclaircira les questions pendantes entre Fermat et Descartes...

Et l'*Ombre* s'évanouit.

Le nom de *Dudu* est attaché au souvenir du licenciement

de 1844. Duhamel étant directeur des études à l'École accepta les fonctions d'examinateur de sortie ; les élèves refusèrent d'être jugés par un examinateur qui avait déjà procédé à leur classement à d'autres titres et qui pouvait avoir des idées préconçues sur le mérite de chacun d'eux ; le général ayant voulu les contraindre à passer l'examen, les deux divisions protestèrent, puis quittèrent l'École. A la suite de cette affaire, le licenciement fut prononcé ; Arago, que les journaux avaient accusé d'avoir encouragé la protestation, répondit dans les journaux et prit la défense des élèves ; mais le maréchal Soult, ministre de la guerre, ne voulut pas céder et dix-sept exclusions furent définitivement prononcées.

Durand. — Cravate bleue, pareille à celle de la troupe, donnée par le général *Durand de Villers;* elle remplace le col militaire, cet affreux carcan noir qui, pendant des années, a étranglé des milliers de polytechniciens ; beaucoup d'entre eux, fort heureusement, savaient que la meilleure manière de le porter, pendant les études, était de le fourrer dans sa poche.

Eblé. — C'est la soucoupe dans laquelle on dépose son savon ; elle accompagne le pot à eau sur le *coffin* du *casert*. Son nom rappelle celui du général Eblé qui commanda l'École de 1854 à 1860.

Époil. — Prononcer *époâl* ; c'est une abréviation de *époilant*, synonyme du terme vulgaire d'*épatant*, qui représente le superlatif du chic.

On affirme que le mot *époilant* serait analogue au participe épilant, c'est-à-dire qu'il désignerait un chic à s'en arracher les cheveux !

Certains cours qui, de l'avis général, sont professés d'une façon remarquable, sont déclarés *époils*. On dit d'une manière courante à l'École : *Sarrau est époil*.

A la séance des *cotes*, le conscrit qui se faisait remarquer au lycée par une tenue civile par trop fashionable, est soumis à la cote *époil*.

Épure. — Dessin géométrique exécuté avec la règle et le compas.

Pour un polytechnicien, tous les corps de la nature doivent pouvoir être représentés par une *épure* qui en donne exactement les dimensions. Ce mode de représentation s'appliquerait même à la figure humaine, si l'on en croit Théodore Olivier, un répétiteur de descriptive qui se vantait de ressembler à Napoléon et qu'on chansonnait à l'École, vers 1840 :

> C'est le grand Olivier
> Qui dit sans sourciller
> Qu'il est la *projection*
> Du Grand Napoléon.
> Larifla, fla, fla, etc.

Au premier abord, rien n'est plus froid qu'une *épure*. Mais l'X y voit un corps, un être et, pour peu qu'il ait de l'imagination, ce corps s'anime et vit. Voici par exemple l'*épure* de l'intersection d'un prisme et d'une pyramide. Le vulgaire n'y voit que des traits, des lignes, des points. Un polytechnicien, quand il est poète comme Marcel Prévost, y contemple une véritable scène, presque un drame, qui lui inspire le sonnet qu'on va lire :

> Regarde bien ceci, passant — c'est une épure.
> Dans cette pyramide — ô lecteur ingénu —
> Un prisme, certain jour, fit cette découpure ;
> Depuis lors on ne sait ce qu'il est devenu.

Regarde ces contours en ligne pleine et pure,
Le point rond s'unissant au point long plus ténu ;
Vois le commun solide, ombré comme nature,
Par le raisonnement dans les airs soutenu.

Souvent ainsi, lecteur, dans l'âme d'une femme,
Un ingrat passager laisse une plaie infâme,
Puis dédaigne la fleur dont est mort le parfum.

Au fond du cœur blessé le mal pourtant demeure
Hélas ! — Et trop souvent la victime, qui pleure,
Met aux *Enfants Trouvés* le solide commun.

Les nombreuses épures auxquelles donnent lieu les cours de perspective et de stéréotomie sont corrigées par un répétiteur. Kiaes a longtemps tenu cet emploi ; il est occupé aujourd'hui par M. Javary qu'on appelle familièrement *Java*, abréviation du nom de M. Javary. *Java* est très aimé des élèves parce qu'il ne donne jamais de note assez

basse pour entraîner une punition.

État-maj'. — Abréviation du mot état-major. Autrefois on entrait directement dans le corps de l'*état-maj'* en sortant de l'École ; depuis l'année 1831, où l'on avait si malencontreusement supprimé le corps des ingénieurs géographes, deux places étaient réservées chaque année aux polytechniciens ; elles étaient prises généralement par les *rats de botte* (Voy. ce mot).

Le mot *état-maj'* ne désigne plus aujourd'hui que l'état-major de l'École, qui comprend un général commandant, un colonel, un chef d'escadron, six capitaines et huit adjudants.

Étui. — Superlatif de *bahuté*. On dit : *bahuté avec étui*. Cette expression bizarre provient de ce que, sur les prospectus des marchands, à côté du prix de l'épée *bahutée*, est indiqué un supplément de prix pour l'épée « avec étui de serge verte ».

Exam. — L'*examen*, ou, comme on dit, l'*exam*, la terreur du candidat, est aussi la bête noire du polytechnicien. Depuis le commencement de la préparation à l'École, jusqu'au moment de la sortie, la vie n'est pour lui qu'une succession d'examens.

Les fondateurs de l'École avaient eu un instant la pensée de supprimer le concours, qui *blesse le sentiment d'égalité*, en distinguant par leur mérite les élèves les uns des autres et ils avaient proposé de répartir d'une manière uniforme, sur tout le territoire, le nombre des candidats à admettre ; cette opinion n'ayant pas prévalu, ils se décidèrent à choisir les mieux préparés « afin que la République pût jouir plus tôt de l'exercice de leurs talents ».

Après les épreuves solennelles de l'*exam* d'entrée ou d'admission, c'est l'*exam de passage* vers la fin du mois de février, entre les deux périodes semestrielles d'instruction ; puis les *exam* de fin d'année, qui durent près de deux mois y compris le *temps de chiade* préparatoire pour chacun d'eux ; nous ne parlons pas des *colles* ou examens de tous les jours. Et la même série d'épreuves recommence pendant la seconde année d'études, terminée enfin par les *exam de sortie*, qui ont lieu devant des examinateurs spéciaux, inconnus jusque-là des élèves, et dont la mission est d'arrêter la liste définitive du classement de sortie.

Les *exam de sortie* se passent en grand uniforme, chaque élève étant seul en présence de l'examinateur. L'élève qui attend son tour se promène devant la salle, de long en large ; il *oscille*, comme l'on dit.

Au moment d'entrer, il dépose son épée et son claque, puis se livre au *fauve* (Voy. ce mot). Après l'*exam*, ses camarades ne manquent pas de lui demander comment il a passé et les questions qu'on lui a posées, afin de deviner quelles sont les parties du cours sur lesquelles l'examinateur paraît insister de préférence.

Le jour de l'entrée à l'École, il y a aussi l'*exam* médical du docteur, sorte de revision qui n'est, pour la plupart du temps, qu'une simple formalité. Dans la salle du conseil, ornée des portraits des fondateurs, aux fenêtres tendues de grands rideaux blancs qui cachent la vue du jardin du général, derrière une ligne de paravents, découpant un rectangle dans la salle, le médecin-major mesure le tour de poitrine, inspecte, ausculte, fait passer tous les conscrits sous la toise ; mais tout le monde est admis, même les malingres, à la condition toutefois que ces derniers sortiront dans la *botte*.

Le jour de la sortie, il y a encore un nouvel *exam* du major, d'un caractère tout intime, après lequel les élèves sont autorisés à se rendre dans leurs familles.

Excr. — Abréviation du mot *exercice*.

L'exercice militaire à l'École, comprend : l'exercice de l'épée, l'exercice du canon (Voy. *Arti*), l'exercice du revolver, l'exercice du fusil. Cette dernière partie de l'instruction militaire est donnée aux élèves par des sergents de la ligne, qui s'acquittent généralement de leurs fonctions avec le plus grand tact; elle a lieu dans la cour, pendant la récréation, sous la direction des capitaines.

Quelques séances suffisent pour apprendre à manier l'épée. Au bout d'une vingtaine de séances, on connaît à fond l'école du soldat et l'école de compagnie. Autrefois on n'attachait aucune importance à cette instruction, on ne la prenait pas au sérieux ; à la fin de l'année, c'était tout au plus si l'on avait appris à s'aligner convenablement et l'on n'y parvenait,  la plupart du temps, qu'en se guidant sur les pavés de la cour. Quand on allait à la salle d'armes prendre les fusils, tout le monde se mettait à pleurnicher le même air :

> Et si je pleure, c'est que je suis soldat ;
> Mon Amélie, adieu ne pleure pas.

et la réponse d'Amélie :

> Prends ce mouchoir, il pourra te servir,
> Car si jamais tu deviens factionnaire,
> Et si un pleur vient mouiller ta paupière,
> Souviens-toi bien du mouchoir d'Amélie !!!

Et on recommençait indéfiniment, en manière de scie, pour manifester son peu d'enthousiasme.

D'autres fois on entonnait à pleine voix la complainte du fusil :

> Sous des *génés* trop sévères
> Le *pipo* gémit, et il
> Verse des larmes amères
> En maniant son fusil.
> On dit que son fourniment
> Lui déplaît affreusement !
>
> Quand on est né militaire,
> Obéir à des *basoff*
> La chose parfois peut plaire
> Pourvu qu'on soit philosoph...
> Mais quand on est né civil
> On n'aime pas le fusil.

Il n'en est plus de même aujourd'hui : les élèves ont compris l'importance de l'instruction militaire. Depuis la guerre de 1870, elle a d'ailleurs été complétée par des exercices de tir à la cible, au polygone de Vincennes, un peu plus tard par une manœuvre au plateau de Gravelle, où, après un simulacre de combat, on donnait sur l'herbe, dans le site le plus pittoresque, un déjeuner froid assez apprécié.

Tout récemment on a supprimé cette petite guerre et on l'a remplacée par des promenades militaires aux bastions des fronts sud-est de Paris, qui préparent à la revue du 14 juillet et par quelques exercices de dessin d'après nature.

Au moment de partir pour les exercices de tir, il est de mode d'entonner en chœur cette chanson, composée un jour que, l'École devant aller à Vincennes, la manœuvre fut brusquement décommandée :

> Vers not' belle institution,
> C'était comme une invasion
> De gentilles Parisiennes !
> Une vraie mobilisation !
> Pourquoi donc (*bis*) ?
>
> Les Parisiennes en savaient long,
> Elles savaient que nous allions
> Tirer six coups à Vincennes !
> Ell's venaient nous regarder
> Défiler (*bis*).
>
> Aux sonneries de nos clairons
> La joie brillait sur leurs fronts ;

Hélas ! leur attente fut vaine,
Ell's attendirent jusqu'au soir
Sans nous voir (*bis*) !

Quelques conscrits de taille disproportionnée, n'ayant pu trouver d'uniformes tout faits, restent pendant quelques jours après leur entrée à l'École habillés en *fumistes*. Comme ils sont dispensés de manœuvre, des

anciens réunissent ces *phénomènes*, les arment d'une queue de billard, en guise de fusil, et leur font exécuter les mêmes exercices que leurs camarades. La gaucherie du conscrit, son accoutrement, les apostrophes énergiques de l'instructeur improvisé, les moqueries des anciens, ajoutent encore au comique de la scène. C'est l'*exer des fumistes*.

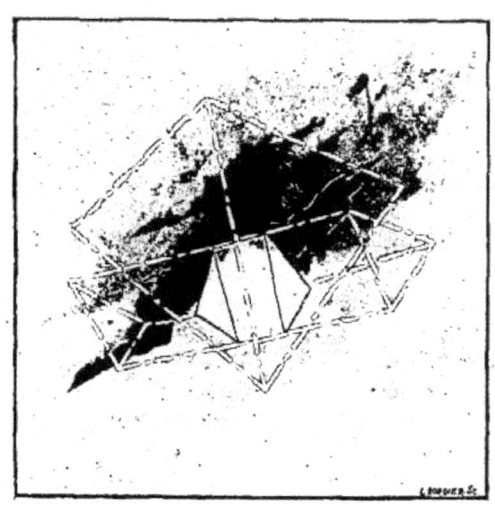

Fagots. — Nom donné aux élèves de l'École forestière. Chaque année, le lundi de Pâques, les X reçoivent les *fagots*, alors à Paris, dans un restaurant du boulevard. En février, les X sont reçus à Nancy. Les deux Écoles fraternisent ainsi deux fois par an.

Fauve. — Nom donné aux examinateurs de sortie à cause de leur *férocité*.

Chacun des examinateurs a son caractère spécial qu'il faut connaître, ses manies qu'il ne faut pas contrarier. L'un cote d'après la tête, l'autre d'après le rang, un troisième, sans doute fatigué par l'âge, exige qu'on s'en tienne exclusivement au texte des feuilles du cours.

Parmi les *fauves* les plus réputés, on cite le *Moutardus*

ferox, le *Roucherus niger* et le *Moutierus dessicans*. Le plus terrible, le *Moutardus ferox* a des éclats de colère légendaires :

— Monsieur, c'est idiot ! c'est absurde ! démontrez-moi bien vite que c'est absurde... Monsieur, votre prédécesseur avait atteint les derniers confins de la bêtise ; pour votre usage personnel, vous les avez reculés !

Une des questions favorites qu'on prête au *fauve Moutardus* est la suivante : « Quelle est, monsieur, la probabilité pour que M. B... bafouille dans sa prochaine leçon ? » Et comme l'élève hésite :

— Elle est 1, monsieur; c'est une certitude. J'ai dit à votre prédécesseur qu'il était le plus idiot de sa promotion ; je lui fais mes excuses, je ne vous avais pas encore examiné.

Le *Moutierus dessicans* aime les calembours. Il interroge dans le *binet* n° 16 et régulièrement chaque matin, en entrant avec le candidat, la même scène se reproduit : « Entrez, monsieur », dit le *fauve* et il se précipite en même temps de telle sorte que tous deux sont pris dans l'encadrement de la porte. L'élève s'efface, l'autre en fait autant. On recommence jusqu'à ce que le fauve s'écrie en riant d'un gros rire saccadé : « Vous ne voyez pas que ce *binet 16* est *13 et 3* (très étroit) !! » Le *fauve* est facétieux même dans ses questions :

— Heu! heu! monsieur, qu'est-ce que c'est que la lumière naturelle? — La lumière naturelle est formée de faisceaux incohérents... — Heu! heu! vous savez ça ; mais alors vous allez me dire pourquoi au dernier bal des incohérents on avait oublié d'allumer le gaz? — ?? — Mais, monsieur, heu! heu ! c'est parce que le bal des incohérents, c'est le bal de la lumière naturelle ! !

Quand on lui demande la note de l'examen, il répond invariablement :

— Vous ne connaissez donc pas la dernière ordonnance de M. Lozé? Heu ! heu ! M. Lozé a muselé les chiens et M. Mercadier a muselé les *fauves* ; donc je ne puis rien vous dire, heu ! heu !

Le célèbre géomètre Legendre était l'un des *fauves* des premières promotions. Arago raconte qu'en entrant dans son cabinet pour passer son examen, il avait vu son prédécesseur, complètement évanoui, emporté par deux garçons de salle et voici le dialogue qui s'engagea entre lui et le terrible examinateur :

« La méthode que vous suivez ne vous a pas été donnée par votre professeur. Où l'avez-vous prise?... — Dans un de vos *Mémoires*. — Pourquoi l'avez-vous choisie? Était-ce pour me séduire? — Non, rien n'a été plus loin de ma pensée. Je ne l'ai adoptée que parce qu'elle m'a paru préférable. — Si vous ne parvenez pas à m'expliquer les raisons de votre préférence, je vous déclare que vous serez mal noté, du moins pour le caractère! »

Legendre, malgré son caractère bourru, était généreux ; il avait fondé des bourses en faveur des élèves de l'École et obtenu de sa femme de les continuer après sa mort.

L'examinateur Barruel, *fauve* du même temps, interrogeait sur la physique deux élèves à la fois et, si l'on en croit encore Arago, leur donnait à l'un et à l'autre la note moyenne !

Babin, autrement dit Babinet, était un fauve dont la tenue négligée a été légendaire. Pendant ses interrogations, il avait l'habitude de se tremper le visage dans une cuvette, puis de secouer énergiquement la tête, aussi l'appelait-on le *Caniche*. Son appartement rempli de livres, jetés sur le sol et couverts de toiles d'araignée, était aussi mal tenu que sa personne.

Chevreul, dont les cent années de vie firent plus pour sa popularité que ses beaux travaux sur les corps gras et sa gamme chromatique des couleurs, a été *fauve* durant vingt années, de 1821 à 1841.

Sur les portes des cabinets d'interrogation, les élèves manquent rarement d'écrire à la craie :

PRIÈRE

DE NE PAS AGACER

LES FAUVES.

Fifrits. — On désigne ainsi les *salsifis frits*. Ce légume paraissait autrefois fréquemment sur les tables.

Un répétiteur de géodésie, ancien officier de marine des plus distingués et bien connu à Paris, M. Salicis, savait qu'on aimait à dénaturer son nom et qu'on l'appelait *Salsifis* et par conséquent *Fifrit*. Homme excellent, il était le premier à en rire.

Flamber. — Une distraction qui a toujours eu du succès dans les salles d'étude consiste à attacher dans le dos d'un piocheur, au bouton de sa tunique, un paquet de vieux papiers auquel on met le feu ; on se contente quelquefois de placer du papier enflammé sous le *houret*. La victime, absorbée dans son travail, ne s'aperçoit de la plaisanterie qu'au moment où les flammes l'entourent. Elle n'a d'autre ressource que celle d'aller s'aplatir le dos contre le mur ou de s'étendre sur le parquet et sans se plaindre, car autrement on augmenterait son supplice en lui versant l'eau du *corio* sur la tête.

Flottard. — Élève qui choisit la marine. C'est Clermont-Tonnerre qui, pendant son ministère, sous la Restauration, ouvrit la carrière de la marine aux polytechniciens. Quelques places leur sont réservées tous les ans. Le plus illustre des antiques *flottards* est l'amiral Courbet.

Frégate. — Synonyme de *claque*. Nom donné au chapeau d'uniforme, au bicorne légendaire dont la forme élégante rappelle de loin celle d'un navire à voile

La *frégate*, inclinée coquettement sur le côté, la corne en avant, doit, suivant le *Code X* « partager mathématiquement le sourcil droit en moyenne et extrême raison ».

La courbe gracieuse de la frégate n'est pas due au caprice d'un artiste habile; c'est une courbe géométrique transcendentale, qu'on peut construire par points et dont on peut déterminer les tangentes et les points d'inflexion. La courbe de la *frégate* peut être représentée par l'équation

$$y = Ae^{-kx^2} - a$$

les trois constantes A, K, a, étant déterminées par les dimensions du claque. La hauteur est égale à $A-a$; la longueur de la tête est

$$\frac{2}{\sqrt{2K}}$$

valeur qu'on obtient en cherchant l'abscisse du point d'inflexion ; la distance des deux extrémités des cornes est donnée par la valeur logarithmique :

$$D = 2\sqrt{\frac{LA-La}{K}}$$

On peut encore, pour obtenir la courbe du claque, se servir de l'équation

$$y = e^{\frac{x^2}{x-1}}$$

que l'examinateur Picquet fait construire aux candidats à l'École.

La manière de porter la *frégate* a été, pour la première fois, enseignée en 1824 par Beaupré, ancien danseur de l'Opéra, qui donnait à l'École des leçons de danse et de maintien (Voy. *Amphi-danse*). Assisté d'un autre danseur, qu'on appelait *Pied de Chameau*, il faisait avec une gravité comique un véritable cours sur le port de l'épée et du chapeau et montrait comment on doit marcher, se pencher, se tenir dans le monde.

Pied de Chameau, remplissait, disaient les élèves, le rôle de l'un des pieds d'un chameau dans l'opéra de Méhul, *la Caravane du Caire*, d'où son nom.

Des principes de Beaupré le *Code X* a retenu cet article :

« Deux X qui se rencontrent se doivent le salut. Si l'un des deux donne le bras à une personne de ce sexe enchanteur qui embellit nos jours, l'autre doit saisir sa *frégate* entre le pouce et l'index, la soulever légèrement, et saluer le plus gracieusement possible. »

La *frégate* a une jugulaire utilisée deux fois par an : lors de l'inspection générale et à la revue du 14 juillet.

Frémy. — Nom donné au *pot à moutarde*. Éminent professeur de chimie, particulièrement aimé et estimé des élèves, M. Frémy n'avait qu'un regret dans sa vie, disait-il, celui de n'être pas sorti de l'École. Un habile dessinateur

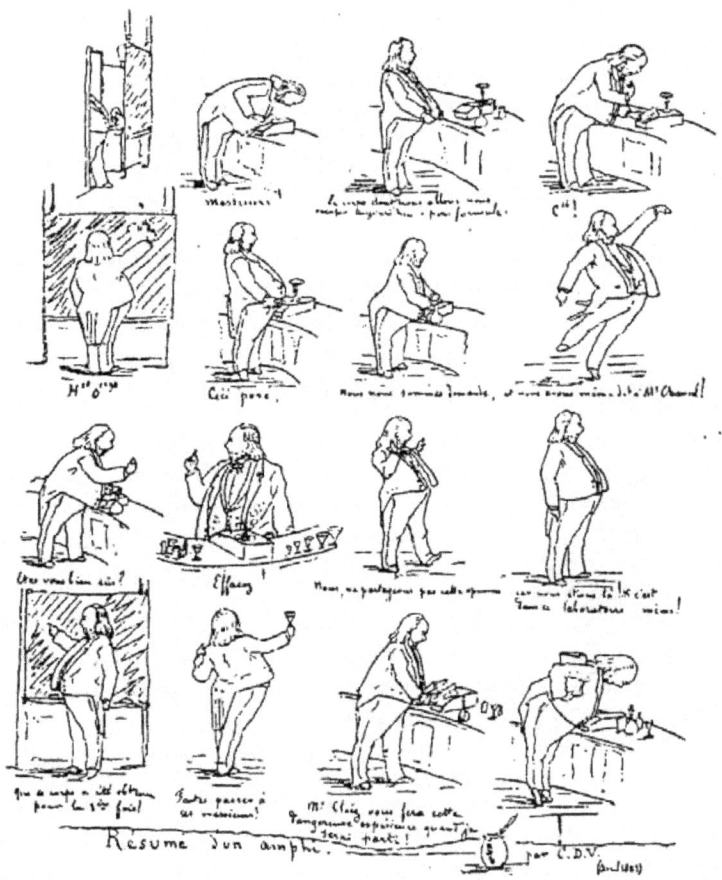

d'une promotion récente l'a fidèlement représenté dans ses diverses attitudes à l'amphithéâtre. Par l'inclinaison qu'il donnait à sa tête, par l'agitation de ses longs cheveux flottants, il rappelait l'attitude de Thénard et celle du grand Dumas, tous les deux si solennels. Tous ses anciens élèves des *promos jaunes* le reconnaîtront dans ces quelques phrases qu'on lui fait prononcer à la séance des *Ombres :*

— Avant de commencer l'étude d'un corps d'une importance si capitale et qui vous sera demandé si fréquemment dans vos examens, permettez-moi d'insister sur un point qu'on n'a pu aborder dans vos premières études de chimie élémentaire.
Le caoutchouc en tubes conduit les liquides avec la plus grande facilité. Je ne voulais d'abord pas croire à un résultat aussi inespéré, mais cette propriété du caoutchouc en tubes a reçu récemment une remarquable application dans l'inondation du *casert* 14 par le *casert* si supérieur des anciens...

Frites. — *Pommes de terre;* l'accompagnement obligé du bœuf *anhydre*. On les apporte au réfectoire dans d'immenses bassines de zinc, et un garçon de cuisine en fait la répartition entre les tables. Il faut bien croire que les *frites* de l'École méritent la réputation dont elles jouissent, car quelques minutes à peine après la distribution, le contenu des plats a disparu et de toutes parts un cri s'élève : *Un gigon! un gigon!* (Voy. ce mot), et il faut que les cuisiniers, sans perdre de temps, apportent de nouvelles bassines. Les *antiques* qu'une circonstance amène plus tard à goûter les frites de l'École, ne comprennent plus rien à ce régal de leur jeunesse. Que dire alors du supplice de ces pauvres conscrits, contraints, à l'heure des brimades, de manger des *frites* dans le képi graisseux d'un ancien !

Les jours de *frites,* vers une heure, on attache un *phécy* à l'extrémité d'une longue corde et, de la fenêtre des salles, on le fait descendre par le soupirail de la cuisine. Moyennant quelques sous le cuisinier le remplit de pommes de terre.

Fruit sec. — Élève qui n'a pas satisfait aux examens de sortie et qui, par conséquent, n'a pas le droit de porter le titre d'*antique*.

Un élève des plus paresseux, répondit un jour à ses camarades qui lui demandaient ses intentions s'il n'était pas classé : « Je ferai, comme mon père, le commerce des *fruits secs* »; il était de Tours et ce fut en effet son lot; on l'appela *fruit sec* et le mot est resté.

Pour être *fruit sec* il faut avoir une moyenne générale inférieure à 9, ou deux notes inférieures à 4 à deux examens de sortie; le conseil usant toujours d'une grande bienveillance toutes les fois que des circonstances atténuantes peuvent être invoquées, l'on peut dire que l'infortuné n'a que trop mérité son sort.

Les *fruits secs* sont maintenant assez rares; autrefois on était plus sévère, il y en avait tous les ans.

En 1831, les études ayant été troublées par l'agitation politique et par le long congé accordé l'année précédente après la révolution, l'autorité décida que, cette année-là, il n'y aurait pas de fruits secs. La satisfaction des élèves se manifesta par une réjouissance destinée à perpétuer le souvenir d'un événement si heureux. On organisa un bal burlesque où furent exhibés les costumes les plus excentriques. La cérémonie fut renouvelée tous les ans, jusqu'en 1848; on l'appelait le *bal des fruits secs*. Elle avait lieu vers le mois de février, au moment des examens semestriels. Supprimée en 1848, elle fut remise en honneur en 1861 sous le nom de *fête du Point gamma* (Voy. ce mot).

En 1840 quatre élèves furent déclarés *fruits secs* à la suite des examens de première année; mais le frère de l'un d'eux ayant été tué en Afrique, aux côtés du duc d'Orléans, tous les quatre obtinrent la faveur de se rendre à Metz en qualité de *petits chapeaux* (Voy. ce mot). Deux de leurs camarades de promotion, qui n'eurent pas l'inspiration de se faire *sécher* en temps opportun, mais seulement aux examens de sortie, perdirent tout à fait leur carrière. L'un de ceux-là, s'étant engagé, ne put jamais dépasser la grade de caporal grosse-caisse !

Aujourd'hui que les élèves contractent un engagement de trois années, l'élève *séché* peut faire sa troisième année comme *marchi* dans un régiment d'artillerie.

Fumiste. — Dans l'argot parisien le mot *fumiste* désigne une sorte de farceur, de mauvais plaisant ; une *fumisterie* est une mauvaise plaisanterie.

A l'École le mot *fumiste* désigne un civil, un bourgeois, probablement à cause de son chapeau noir en forme de tuyau de poêle, et peut-être aussi parce que les fenêtres du pavillon donnant partout sur des toitures, on n'aperçoit jamais que des fumistes. Les jours de sortie, quand on a envie de commettre quelque fredaine, on va se mettre en *fumiste, se fumister* comme on dit, c'est-à-dire revêtir une tenue bourgeoise déposée à cette intention dans l'arrière-boutique de la *Prosper* ou dans une salle du *Soufflet*. Par extension, on donne également au vêtement civil le nom de *fumiste*.

Galvains. — On appelait autrefois *galvains* les élèves qui sortaient dans le service des télégraphes. Le mot venait évidemment de *Galvani*. Aujourd'hui, le service des télégraphes ayant été adjoint à celui des postes, ne se recrute pas exclusivement à l'École ; des civils et aussi quelques *pantouflards* (Voy. ce mot), sont admis à l'École de télégraphie après avoir subi un examen spécial.

Gebhart. — Le *gebhart* est un gobelet dans lequel on verse à chaque élève, à onze heures et demie, une ration de vin de un quart de litre ; ce vin accompagné d'un morceau de pain lui permet d'attendre le déjeuner qui n'a lieu qu'à deux heures. Cette innovation, appréciée des estomacs à jeun depuis huit heures du matin, est due au général Gebhart, qui vient de quitter l'École (1894). Elle a aussi l'avantage de faciliter la préparation de bols de vin chaud sur les becs de gaz de la salle d'étude.

On discuta longtemps pour savoir si le gobelet en question porterait le nom de Gebhart ou celui de Freycinet, alors ministre de la guerre; à la suite d'un vote le nom de Gebhart sortit victorieux.

Géné. — Abréviation du mot *général*. Le commandant

de l'École est un général de brigade, sortant de l'arme de l'artillerie ou de celle du génie.

Il a le haut commandement ; l'état-major, le directeur des études, l'administrateur, tout le personnel est sous ses ordres. Il préside les conseils d'instruction et de perfectionnement. Tous les jours il reçoit le rapport du colonel et du capitaine de service. Les élèves le voient rarement, seulement les jours de revue ou dans les circonstances graves ; les *majors* seuls vont le trouver pour lui adresser les demandes intéressant les promotions.

A la séance des *Ombres*, c'est le *géné* qui défile le premier. — A tout seigneur tout honneur. — On lui fait chanter quelque chanson de circonstance, adaptée à un air connu ; celle-ci, par exemple :

> Perdu dans le *chahut* immense,
> Infortuné *géné*,
> J'n'irais pas loin,
> Si la divine Providence
> N'avait allégé mon fardeau
> Par le *colo*...

qui n'est qu'une parodie de la chanson du *Chameau*.

Parmi les généraux qui ont commandé l'École, beaucoup y sont restés célèbres :

Le général Lacuée, comte de Cessac, eut le titre de gouverneur pendant toute la durée de l'empire. Son nom fut donné à la rue qui aboutissait au pont d'Austerlitz, l'année où ce pont fut construit par Lamandé, le premier élève de l'École qui ait obtenu le grade d'ingénieur en chef.

Le baron Bouchu, caractère ouvert, aimable et bon, malgré sa brusquerie, fut très sympathique à la jeunesse. Il commanda l'École pendant les premières années de la Restauration, au moment où l'autorité, par ses vexations, ses tracasseries, par l'exagération des devoirs religieux obligatoires, devenait, selon l'expression d'un membre du conseil, « inquisitoriale et tyrannique ».

Nous n'en voulons pour preuve que ces couplets qui furent composés en 1824 par d'anciens élèves de la promotion 1812.

> . . . .
> Combien notre École est changée !
> Ses beaux jours se sont éclipsés !
> . . . .
>
> Jugez quel changement de style
> Entre jadis et le présent !
> On observe jeûne et vigile
> Et le carême entièrement.
>
> Jadis, quoique l'on voulût faire,
> On s'adressait à l'officier ;

> Aujourd'hui, c'est une autre affaire,
> Il faut consulter l'aumônier.
>
> Dans le costume, plus de guêtre ;
> Du tambour on proscrit le son ;
> Et bientôt, au schako peut-être
> Succédera le capuchon.
>
> . . . .

C'est à cette époque que le général Pailhou, sous-gouverneur, se montrait à la chapelle en costume de cour, car il devait ensuite, en sa qualité de gentilhomme de la chambre, aller entendre la messe du roi. La culotte courte, les bas de soie, la petite épée horizontale lui donnaient d'ailleurs un aspect comique qui amusait beaucoup les élèves, et comme il avait donné l'ordre malencontreux, un jour qu'un vent universel de pudibonderie avait soufflé, de ne laisser aucun modèle de dessin ni de la bosse entièrement nu, on entonnait, aussitôt son départ, sur l'air de *Cadet-Roussel*, la chanson composée pour la circonstance, dont voici un couplet :

> Depuis, le nombril d'Apollon
> Fut recouvert d'un blanc torchon ;
> Vénus, auteur de nos malices,
> Porte un mouchoir entre les cuisses.
> Ah! oui! ah! oui, vraiment!
> Le Général est bon enfant!

Les deux promotions assistaient à la messe et aux vêpres, et, bien qu'on y entendît l'excellente musique de Choron, exécutée par les chœurs de l'Opéra, l'attitude des élèves n'y était pas toujours très édifiante. Les archives mentionnent qu'on se levait et qu'on s'agenouillait en faisant toujours le plus grand tapage, qu'on affectait de tousser, de cracher, de se moucher avec bruit pendant le sermon, qu'on chantait avec les chantres des psaumes légèrement travestis.

Le général Tholozé, qui sut se faire aimer, a dirigé l'École avec habileté pendant les dix premières années si troublées du règne de Louis-Philippe. Il avait la réputation d'un habile joueur de billard. C'est lui qui exécutait les coups extraordinaires imaginés et expliqués par *Coriolis*, le savant directeur des études, dans sa *Théorie du jeu de billard*.

Le général Vaillant, qui devint plus tard maréchal de France et ministre de la maison de l'empereur, commanda l'École une année, et y laissa le souvenir d'un chef habile et prudent, en même temps que d'un caractère aimable et bienveillant. « Nous nous arrangeâmes très bien avec lui, disent les élèves de cette promotion ; c'était le bon temps ! »

Le général Boilleau avait moins de tact et plus de faiblesse ; ne se sentant pas appuyé par le gouvernement, il laissait tout faire : on l'appelait *Maman*.

Le général Rostolan, le seul commandant de l'École qui soit sorti de l'arme de l'infanterie, a laissé le souvenir d'une sévérité terrible. Il punissait impitoyablement de deux jours de salle de police tout élève qui, le lendemain d'une sortie, se présentait à la consultation du médecin-major ; il ne parlait que de prison et d'expulsion.

Il faut encore citer parmi les *génés* :

Le général Poncelet, l'illustre mécanicien, à la fois membre de l'Institut, commandant de l'École et représentant du peuple en 1848 ;

Le général Favé, aide de camp de l'empereur, qui avait collaboré à son *Histoire de l'artillerie* ; son nom est donné aux descentes de lit des *caserts* ;

Le général Riffault, ancien directeur des études, qui commanda l'École pendant la guerre de 1870, et qui la transporta à Tours lors de l'insurrection de la Commune en 1871 ;

Le général Galimard, qui a supprimé la cérémonie du *point* γ ;

Le général Borius, devenu chef de la maison militaire du Président de la République.

Aujourd'hui l'École est commandée par le général André (1).

G. M. — Abréviation radicale de *génie maritime*. On dit indifféremment: *ingénieur du G.M.*, ou *ingénieur des constructions navales*. C'est une des carrières de la *petite botte*. Dupuy de Lôme, le créateur du navire cuirassé, le père de la navigation aérienne, fut le plus remarquable des ingénieurs du *G. M.*

En 1803, l'École fut transformée en un vaste atelier du *G. M.* Bonaparte avait eu la pensée d'opérer une descente en Angleterre : une flotte s'organisait à Boulogne. Les élèves demandèrent et obtinrent la permission de construire et d'armer une péniche de trente hommes qui reçut le nom de *Polytechnique* (Voy. ce mot).

« Cette expérience, dans laquelle les élèves avaient déployé beaucoup de zèle et d'intelligence, inspira au gouvernement la pensée de se servir d'eux pour surveiller la construction des bâtiments plats sur les chantiers de la marine. Chaque jour les élèves se rendaient aux chantiers de 11 heures du matin à 6 heures du soir, après avoir le matin étudié à l'amphi-

---

(1) Depuis 1804, les gouverneurs de l'École ont été les généraux : Lacuée (1804); Dejean (1814); Bouchu (1816); Bourdesoulle (1822); Arago (nov. et déc. 1830); Bertrand (1831); de Tholosé (1831); Doguereau (1839); Vaillant (1839); Boilleau (1840); Rostolan (1844); Aupick (1847); Poncelet (1848); Bonet (1850); Bizot (1852); Boutault (1854); Eblé (1854); Coffinières (1860); Favé (1866); Riffault (1870); Durand de Villers (1873); Salanson (1876); Pourrat (1878); Gallimard (1880); Coste (1883); Pellé (1884); Barbe (1886); Henry (1889); Borius (1890); Gebhart (1892); André (1894). — Arago a été seul gouverneur civil.

théâtre le dessin et le tracé des gabarits. » En un mois, ces apprentis devinrent en état de diriger les constructions et plusieurs d'entre eux, envoyés à Boulogne, furent immédiatement nommés directeurs des travaux.

Géo. — Abréviation de *géodésie*. La géodésie, quoique faisant partie du cours d'astronomie tel qu'Arago l'avait créé, fut d'abord très succinctement traitée par Arago lui-même, par Savary qui était surtout astronome, et par Chasles, qui n'était ni astronome ni géodésien. M. Faye, le colonel Hossard et le colonel Laussédat lui ont donné l'importance qu'elle méritait.

Géométral. — Nom emprunté à la perspective et qui désigne le plancher d'une salle. *Piquer le géométral*, c'est s'étendre à terre pour *cristalliser* ou pour lire un roman. A certains *amphis* (Voy. $z = h$), les élèves s'étendent sur le *géométral*, à l'abri des regards du capitaine de service, et se livrent aux douceurs du whist ou de la manille.

Gigon. — *Gigon* était un élève de la promotion 1853 qui avait la manie de faire partout plus de travail qu'on ne lui en demandait; de donner, dans ses épures, des solutions qu'on n'exigeait pas; d'ajouter à ses dessins plus de croquis qu'il ne fallait; de réclamer en toutes circonstances plus qu'il n'était alloué à ses camarades, et en particulier des rations supplémentaires de nourriture. Cette manie a rendu son nom légendaire; il est devenu synonyme de *supplément*.

Le mot *gigon* revient à tout instant dans le langage de l'École. On demande au réfectoire un *gigon de frites*; on demande au directeur des études quelques jours de *gigon* pour remettre ses épures. Un examinateur demande du *gigon* quand il ne se limite pas dans ses interrogations aux questions traitées par le professeur.

Du mot *gigon*, on a fait le verbe *gigonner*, faire un

supplément de besogne, et l'adjectif *gigonnaire* ou supplémentaire. Ainsi quelquefois l'on *gigonne* dans l'intention de faire du zèle. Le *gigon* de lait, qu'on peut obtenir au réfectoire, est monté en salle et sert à faire le *choco* (chocolat). On peut être reçu à l'École sur une liste *gigonnaire*, etc.

Gog. — Abréviation du mot *goguenot*, lieux d'aisances. On les a désignés longtemps par un autre vocable plus poétique, les *longchamps* (Voy. ce mot), qui n'est plus guère connu des promotions nouvelles. A présent on est revenu au vieux terme des lycées et des collèges.

C'est aux *gogs*, nous l'avons dit, que se tient l'*amphi*-

gog. L'agent qui les nettoie est le *pitaine Gog* qui jouit à l'École d'une telle célébrité qu'on le chansonne à la séance des *Ombres*.

On a baptisé aussi, et par calembour, du nom de *gogs* ces problèmes qu'on donne souvent comme sujets de composition à l'admission et qu'on appelle des lieux... géométriques.

Gournard. — Abréviation du nom d'un savant officier de marine qui fut longtemps professeur de géométrie descriptive à l'École, puis examinateur de sortie. On l'avait surnommé aussi le *Bafouilleur*, parce que l'asthme dont il souffrit toute sa vie ne lui permettait pas de s'exprimer bien clairement. Le cours de *Gournard* était suivi avec le plus vif intérêt et son *Traité de géométrie descriptive* est considéré comme un chef-d'œuvre.

Graphiquer. — Exécuter un dessin graphique avec la règle et le compas. Le *graphique* a une très grande importance à l'École; l'élève qui *graphique* bien a un avantage considérable sur ses camarades.

Un professeur spécial est chargé des travaux graphiques : Bardin, Tronquoy, ont rempli ces fonctions. Elles sont aujourd'hui partagées entre les camarades Javary (épures) et Pillet (dessins de machines). Le nom de ce dernier, par une sorte d'assonance, a été défiguré en celui de *Pied*, de sorte que son adjoint a été naturellement appelé *Sous-Pied*, et comme le nom de cet adjoint est Digeon, on l'appelle encore *Badigeon* parce qu'il apprend à passer des teintes de *lavis* sur certains *graphiques*.

A la cérémonie des *Ombres*, Pillet apprend en ces termes à tracer un engrenage :

— Voici la circonférence primitive au crayon rouge, l'axe au crayon vert... enfin au crayon jaune je trace la circonférence du bout des dents... Maintenant je chanfreine mes dents... j'ai deux sortes de dents : mes dents pleines et mes dents creuses... Entre chacune d'elles je marque le pas... J'ai fini de vous montrer les dents.

Grimal. — Pour *Grimaux*, nom d'un professeur de

chimie, particulièrement aimé des élèves et qui a eu l'honneur d'introduire à l'École l'enseignement de la théorie atomique. Ses attitudes, ses moindres gestes pendant le cours qu'il professe avec une passion communicative, ont été habilement saisis par un élève.

Gymn. — Abréviation de *gymnastique*. Quoi qu'on lui dise de l'équilibre de dépense entre les facultés intellectuelles et les forces physiques, le polytechnicien n'a pas d'entrain pour la *gymn*. C'est toujours sans le moindre enthousiasme qu'il passe le pantalon et la veste de toile obligatoires;

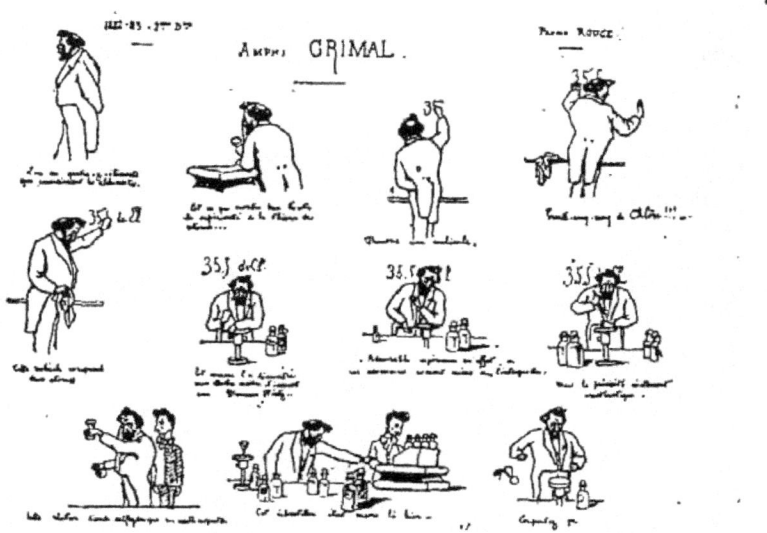

les exercices d'assouplissement, le trapèze, les barres

parallèles, le portique ne trouvent qu'un bien petit nombre de fanatiques. A peine si l'on prend plaisir à grimper aux mansardes et à se laisser glisser dans le sac de sauvetage employé par les pompiers dans les incendies. Il faut dire que la vieille cour de gymnastique, où l'espace a disparu devant les constructions successives, où manquent les arbres, l'air, la lumière, ne respire que la tristesse.

Jadis cette cour était plantée d'arbres et avait une physionomie plus souriante : on l'appelait la cour des Acacias.

Pendant longtemps le professeur de *gymn* fut un civil, M. Laisné; puis ce fut un lieutenant de pompiers auquel on donna le nom de *La Pompe*; aujourd'hui les exercices de *gymn* sont dirigés par les officiers de l'École.

On désigne encore la gymnastique par le nom de *pète-sec*.

Holl. — Ancien mot qui désignait, par abréviation, le café Hollandais du Palais-Royal, où avait lieu, chaque année, la cérémonie de l'absorption, et où les polytechniciens se réunissaient les jours de sortie. Le *Holl* est abandonné depuis longtemps pour le *Soufflet*.

Hure. — Le mot *hure* s'emploie avec un sans-gêne parfait comme synonyme de « tête ». On dit très bien à son voisin : « Fais-toi faire ta *hure* » pour « Fais-toi photographier. »

Lorsqu'on est mécontent de quelqu'un, on demande à grands cris *Sa tête!* ou bien *Sa hure!* platoniquement s'entend. Quand le menu est insuffisant, ou bien quand un plat est mal préparé, les cris de : *La hure au magnan!* remplissent les corridors du réfectoire.

Hurer devient aussi synonyme de conspuer, avec un peu plus de fureur pourtant ; *hure* est l'action de *hurer* quelqu'un. Dans ce sens on distingue à l'Ecole deux espèces de *hures*. La *hure verticale* ou ordinaire, se pratique en faisant

un *monôme* et en criant de toutes ses forces : « La *hure* à tel ou tel ! » elle n'est pas sans danger car le *basoff* qui vous aperçoit ne manque jamais de vous consigner pour deux ou quatre jours. La *hure horizontale* a plus de gravité : elle consiste à se coucher sur le sol de la cour, en grand nombre, tous immobiles, la face contre terre, sous les fenêtres du cabinet de service, en se disposant de manière à dessiner les lettres du mot *hure* ou le nom de la personne *hurée*. C'est une manière silencieuse de manifester son mécontentement.

On le manifesta, dit-on (?), de cette façon au général Boulanger, ministre de la guerre, lorsqu'il vint visiter l'École qu'il travaillait à faire supprimer; une chanson fut composée pour la circonstance sur l'air de *Titi carabi*; en voici les couplets.

De mon ministère
Sortant l'autre jour,
J'vois, couchés par terre,
Des X tout autour.
C'était bien joli,
  Titi carabi,
Mais c'était bateau,
  Toto carabo !

Ils criaient : « La *hure* !
Hure à Boulanger ! »
Et moi, d'une voix dure
J'leur dis sans broncher :
« Mes p'tits impolis,
  Titi carabi,
Fait's-moi donc *museau*,
  Toto carabo ! »

Alors ils grognèrent,
Et ce fut bien pis ;
Les *bus* (1) s'arrêtèrent,
Les passants aussi.
Alors je leur dis :
  « Titi carabi,
Cessez vot' bateau,
  Toto carabo ! »

Un simple *pitaine*
S'en vint à passer ;
Je m'dis : Quelle veine !
C'est l'*pitain'* Rollier !

« Venez par ici,
  Titi carabi,
Simili-colo (2),
  Toto carabo ! »

« Faut les mettre en cage,
M'dit-il, sans tarder ;
J'cours chercher Lepage (3),
Ça va l'amuser.
— Va donc, mon chéri,
  Titi carabi,
Et r'viens aussitôt,
  Toto carabo ! »

Mais v'là qu'en monôme
Tous les X s'en vont ;
Je m'dis : « Mon bonhomme,
Ne fais pas l'c.....on !
De moi j'vois qu'on rit,
  Titi carabi,
J'appell' des *sergots*,
  Toto carabo ! »

L'un d'eux r'tir' sa chique,
Et m'dit : « Mon *géné*,
Les Polytechnique
Pour nous c'est sacré ! »
J'leur promets un louis,
  Titi carabi,
Ils me tourn'nt le dos,
  Toto carabo !

(1) Omnibus.
(2) Le *pitaine* Rollier remplaçait en ce moment le colonel de l'École, en permission.
(3) Adjudant redouté pour sa sévérité.

En tournant la tête,
Je vois, sacredié !
V'nir comme à la fête
Lepage et Rollier.
J'leur dis : « Mes amis,
　　Titi carabi,
Il n'est vraiment *qu'tôt*,
　　Toto carabo ! »

Sitôt deux élèves
Sont pris au hasard
Alors d'un' voix brève,
Je dis sans retard :
« Vite au *Cherch'Midi*,
　　Titi carabi,
Emm'nez les oiseaux,
　　Toto carabo ! »

L'*géné* Barbe arrive
Et dit : « C'est bien peu ! »
Je sens qu'ça ravive
Ma haine contre eux.
Tant pis ! j'licenci'
　　Titi carabi,
Tous ces sal's *pipos*,
　　Toto carabo !

J'suis content d'l'affaire,
Foi de général ;
Voilà l'X par terre,
A m' gênait pas mal.
Du coup c'est fini,
　　Titi carabi,
Et viv'nt les *casos* !
　　Toto carabo !

La complainte finie, on entonna les chansons classiques :

allusion manifeste à la personne *hurée*.

Inekto. — Singulière abréviation de l'expression : *Il n'est que tôt;* les élèves l'emploient à tout propos. Lorsqu'un garde-consigne a quelque peu tardé à ouvrir une grille, *Inekto!* est le cri poussé par tous ceux qui attendent. A la fin d'une leçon, quand le professeur salue en se retirant, toute la promotion quitte les bancs en murmurant *Inekto!* Dans mille circonstances, ce simple vocable permet à l'X peu bavard de formuler rapidement sa pensée. *Inekto* et *probâble* paraissent former en ce moment le fonds de la langue polytechnicienne. Il faut encore ajouter *fixe* qu'on prononce parfois *foïxe* et qui est synonyme de *préparé, prêt.* Au camarade qui est appelé en colle on demande : « Es-tu *fixe* ? »

Infi. — Abréviation d'*infirmerie*. Elle est installée à gauche de l'entrée, au fond d'une petite cour basse, étroite et sombre. Les salles occupent les divers étages d'un vieux bâtiment humide et tombant en ruine qui donnent sur le square Monge. Un médecin-major, choisi toujours parmi les docteurs de l'armée les plus réputés, est spécialement attaché à l'infirmerie, c'est le *major*.

Les soins sont donnés par des religieuses de Saint-Joseph, saintes femmes qui arrivent à connaître les coutumes, les traditions des élèves, à parler leur langage et dont le dévouement est absolu. La sœur *Poral* (abréviation de *caporal*) a la haute direction et la surveillance ; la sœur *Perpet* (abréviation de *Perpétue*) est placée sous ses ordres.

Les malades portent de longues robes de flanelle blanche qui les font ressembler à des dominicains. Les visiteurs qui viennent s'adresser au garde-consigne peuvent apercevoir les convalescents, assis sur les bancs de la cour, lisant, fumant leur pipe et quelquefois jouant aux cartes malgré toutes les défenses.

Il est rare qu'on ait à soigner à l'*infi* quelque affection grave, car l'École, située au sommet de la montagne Sainte-Geneviève, est parfaitement saine ; l'hygiène et la nourriture laissent peu à désirer. Les malades que l'on y voit le plus habituellement sont ceux qui ne sont pas soignés par les sœurs, mais par un infirmier appelé autrefois *Siam*, d'où le nom de *bataillon de Siam* donné à ce petit groupe.

Il occupe la salle N° 3, pour laquelle il a été composé une chanson toute spéciale, dont voici seulement la musique :

J'vais au numéro trois

Des générations ont connu Laramée, garçon de salle attaché à l'infirmerie, qui ne pouvait traverser la cour sans être assailli par les cris de : « V'la Laramée qui passe! »
Il aimait à raconter ses gloires et ses malheurs. Ancien voltigeur de la garde, l'empereur lui avait adressé la parole : « Oui, m'sieu, un jour que j'étais sur son passage, l'empereur m'a dit : « Ote-toi d'là, imbécile! » Toujours il se plaignait du général qu'il s'obstinait à appeler le *principal* : « J'lui ai dit qu'ça ne pouvait pas durer comme ça et qu'il fallait que l'un de nous deux quitte l'École! »
Brave Laramée!

Deux médecins donnent leurs soins aux élèves, un médecin principal ou médecin-major assisté d'un aide-major; malgré tout leur zèle et leur dévouement ils n'échappent pas à leur malignité. Dans ces dernières années, l'aide ou *petit major* avait une taille bien plus élevée que son chef, le *grand major;* de là ces couplets que l'on chantait à la séance des *Ombres*, sur l'air *Célestin c'est Floridor, et Floridor c'est Célestin* :

   Dans l'infirm'rie le grand major;
   Pour le pavillon le petit.

Grave et sérieux, c'est l'grand major ;
Aimable et gai c'est l'petit.

. . . .

Quand on veut s'balader dehors
Et couper à l'*exer mili*,
On va trouver le grand major
Ou bien on va chez le petit.
L'p'tit envoie chez l'dentiste et s'tord
L'grand donne son *topo* et sourit.
« C'est une carotte ! » dit l'grand major
« Tirez au col ! » dit le petit.
Mais l'p'tit major c'est l'grand major
Et l'grand major c'est le petit.

Somm' tout' de s'plaindre on aurait tort
Et d'dire qu'nous sommes mal lotis
En c'qui concerne les deux majors
Et les soins à l'infirmerie.
Mais une chose dont personne ne sort
Et qui renverse tous les esprits,
Qui semble êtr' comme un mauvais sort,
Qui épat'toujours les conscrits,
C'est qu'l'petit major est l'grand major
Et qu'l'grand major c'est l'petit.

Nous donnons avec la musique une seconde chanson du *Petit et* du *Grand Major* :

Jodot. — *Jodot* était un petit vieillard charmant qui fut, pendant de longues années, professeur de dessin lavis. Tout en causant dans les salles avec une aménité parfaite, il enseignait les secrets des teintes plates et des teintes fondues. Son nom est resté synonyme de *lavis*, et on en a fait le verbe *jodoter* pour signifier *laver un dessin*.

Bien vite le mot eut un immense succès et se prit dans des acceptions plus étendues ; on ne tarda pas à l'employer couramment pour dire *mouiller*, — *asperger avec de l'eau*. Et le succès s'est accusé de plus en plus. On *jodote* un conscrit avec une *bombe* hydraulique, ou bien en lui versant le contenu du *corio* sur la tête. *Se jodoter*, c'est faire sa toilette. Quand il pleut on dit « qu'il *jodote* ». Ainsi le poète a pu dire :

Un jour que j'étais dans la rue
Avec mes habits les plus beaux
Il vint à crever une nue
Qui me mouilla jusques aux os.

Non jamais, jamais de ma vie
Je n'avais vu pareil *jodot;*
Et comme j'étais sans parapluie,
Il m'eût plus plu qu'il plût plus tôt.

Jordan. — On désigne par ce mot le *verre d'eau sucrée* du professeur à l'amphithéâtre. Quelques professeurs et en particulier M. Jordan, ont l'habitude de le remplir et de le vider à plusieurs reprises pendant la leçon. M. Jordan, membre de l'Académie des sciences et professeur d'analyse, aborde dans son cours les questions de mathématiques transcendantes les plus ardues. Il fait au tableau une effrayante consommation de lettres et d'exposants ; on ne manque pas de le faire remarquer le jour de la séance des *Ombres* et quand sa silhouette paraît, voici la leçon qu'on lui met dans la bouche :

— Nous avons vu dans la dernière leçon que j'avais beaucoup intégré. Reprenons plus clairement. Voyons !... Considérons deux chemins particuliers quelconques... représentés par les fonctions... comment les appellerons-nous ? Il y en a plusieurs de ces fonctions, il y en a une infinité. Nous connaissons leurs intégrales $g_1\ q$; $g_2\ q$.. d'abord combien ai-je de q ?... Si vous voulez, nous allons changer de variable... Posons Flyc, je veux dire φ, égal à zéro. On voit tout de suite que ma constante est nulle... Alors il ne reste plus qu'à différentier... et ensuite nous intégrerons... Vous le voyez, c'est le moyen d'analyse le plus puissant...

Et tout l'amphithéâtre éclate en applaudissements, car M. Jordan est un sympathique. Ses camarades, ses collègues reconnaissent qu'il est aussi savant que modeste et qu'il a consacré sa vie à la science de la manière la plus désintéressée. A l'École, pendant qu'il était élève, il s'occupait surtout de littérature et de grec; ces travaux *gigonnaires* ne nuisirent pas d'ailleurs à son classement puisqu'il sortit *second major*.

K. — Lettre de l'alphabet dont on fait un usage courant en algèbre. Elle représente, en général, un nombre élevé et indéterminé ; aussi dit-on à l'École : « Le *basoff* a distribué ce matin k consignes, » ou bien encore « J'ai k (ou $2k$) visites à faire ». La lettre k se prête à mille combinaisons facétieuses avec les lettres des divers alphabets qu'on utilise. Que de sourires dans les classes de *taupe*, quand le professeurs trace la ligne kc (cassée), la droite $k\wp$ (carreau) ; ou bien quand il prend la différentielle $dk\pi t$ (décapitée) !

K. C. — *Casser* un *conscrard*, c'est l'exempter d'un *monôme*, d'une brimade, pour une raison quelconque. Dans ce cas, les membres de la *commiss* lui marquent sur le dos, à la craie, les deux lettres k. c.

Labo. — Abréviation de *laboratoire*.

Les *labos* qui servent aux manipulations de chimie ont été construits après 1830, par le général Tholozé, sur l'emplacement du vieux collège de Boncourt. Chacun d'eux est affecté à une escouade de dix ou douze élèves, groupés deux à deux par fourneau, pour s'exercer aux manipulations chimiques sous l'œil des répétiteurs (1).

(1) A la fondation de l'École, les *labos* furent pourvus révolutionnairement.
La commission spéciale du commerce reçut l'ordre de fournir 6000 livres de cuivre, 2000 d'étain. Trois jours après, elle dut expédier des magasins du Havre 20 milliers d'huile de spermacéti, 210 limes, 300 livres de fer à martinet. L'agence nationale des poudres envoya deux barils de potasse, 500 livres de salpêtre; celle des armes fournit des voies de bois par centaines, des limes, du

Les professeurs de chimie ont chacun leur *labo*, d'où sont sorties les plus remarquables découvertes. Tous ces professeurs : les Berthollet, Chaptal, Pelletier, Vauquelin, Guyton, Fourcroy, Gay-Lussac, Thénard, Pelouze, Regnault, Frémy, ont conquis la célébrité.

Gay-Lussac faillit deux fois trouver la mort dans son *labo*. La première fois il fut blessé en préparant du potas-

sium : il resta aveugle durant un mois et conserva toute sa vie les yeux rouges et faibles. Une seconde fois il fut grièvement blessé à la main en étudiant les hydrogènes carbonés provenant de la distillation des huiles. Il travaillait en sabots et, chaque fois qu'il obtenait un résultat nouveau,

charbon, du fer forgé. Nos armées, qui s'avançaient à l'étranger, furent invitées à expédier 100 livres d'alun tiré de la Belgique, 200 livres de mercure du Palatinat. On fit chercher des chaudières en fer dans les magasins de la rue Saint-Dominique, des ustensiles en cuivre dans l'église Saint-Séverin, qui servait de magasin national.

il trahissait sa joie en dansant comme un enfant dans son laboratoire. Gay-Lussac était d'un naturel et d'une simplicité admirables ; il avait des mots charmants. C'est lui qui disait : « L'homme qui a imaginé de tremper un petit bout de bois dans du soufre fondu pour en faire une allumette est l'un des plus grands bienfaiteurs de l'humanité. »

Le baron Thénard était plus solennel ; c'est lui qui, s'adressant au duc d'Angoulême, venu assister à son cours, prononça la phrase célèbre : « Monseigneur, ces deux corps vont avoir l'honneur de se combiner devant vous ! » Thénard fut nommé baron par Charles X, à la suite d'une visite durant laquelle le roi avait lui-même gravé son nom sur une plaque de verre au moyen de l'acide fluorhydrique.

Regnault, le grand physicien, professait la chimie, mais d'un ton si monotone qu'il endormait son auditoire. C'est à lui qu'on prête la phrase souvent citée : « Mes nombres sont si précis que je ré-

ponds de la quatrième et de la cinquième décimales...,
seule la première m'inspire quelques doutes. »

Les professeurs actuels sont MM. Grimaux et Gal, dont
les *amphis* sont reproduits avec humour par les élèves ; ce
qu'on ne peut fixer avec le crayon c'est l'accent méridional
de M. Gal qu'on imite à merveille à la scène des *Ombres* :
« Zeci n'est pas une explosion, z'est deux *atommes* qui se
combinent... zeci posé, traçons l'*hexagonne* de la benzine... »

On conserve aussi le souvenir des anciens garçons de laboratoire, serviteurs dévoués, mais types souvent cocasses
qui, après avoir essuyé le tableau ou nettoyé le *labo* pendant de longues années, ont l'illusion de se croire chimistes
à la *Grande École*.

Laïus. — *Composition française* et, par extension, *discours* ou *allocution*. Le mot est très fréquemment employé
à l'École ; il en a même franchi les murs. Tous les candidats
savent que le *laïus* est une des épreuves de l'examen écrit
pour l'admission.

Le professeur de littérature donne tous les mois un
sujet de *laïus* à traiter. Dans la salle, le silence s'établit aussitôt qu'un camarade, ayant quelque communication à faire, veut *piquer un laïus*. On en a fait
le verbe *laïusser* et le substantif *laïusseur*. Il est rare
qu'une promotion ne possède pas deux ou trois cocons
laïusseurs, toujours prêts à prendre la parole. La *cote
laïus* est appliquée au conscrit qui, à l'admission, a obtenu
la note la plus élevée pour sa composition française.

Cette locution vient de la fidélité rare avec laquelle le
professeur de littérature Arnault revenait sur Œdipe et
sur les malheurs de *Laïus*, roi de Thèbes. « Allons bon ! »
se disait-on, aussitôt que la leçon commençait, roulant toujours sur les tragédies grecques, « voilà le *laïus* qui recommence ! » Et le mot est resté.

Arnault (de l'Académie française) occupa la chaire de littérature à l'École de 1830 à 1834. Il avait remplacé Aimé Martin, qui lui-même avait succédé à Andrieux, le premier professeur de ce cours, institué en 1806. Paul Dubois, Rosew Saint-Hilaire, Ernest Havet, Louis de Loménie et Perrens occupèrent successivement la même chaire.

L'institution d'un cours de littérature n'eut pas lieu sans difficulté ; l'empereur n'en voulait pas. Le conseil de perfectionnement fut obligé d'invoquer des raisons de discipline : « Cette étude, dit-il, influera sur les mœurs et le caractère. Par l'éducation littéraire, le commandement acquiert plus de noblesse, l'obéissance est plus prompte. » Napoléon céda et Andrieux fut nommé.

A la séance des *Ombres* le professeur de *laïus* explique en ces termes le génie naissant de Pascal :

— Pascal, encore jeune, vit dans la campagne un troupeau de moutons. Son père, voulant éprouver son génie, lui demanda d'évaluer instantanément le nombre des moutons. Le jeune homme réfléchit et au bout de très peu de temps répondit QU'IL Y AVAIT TROIS MOUTONS!!! Et le berger consulté affirma qu'il y en avait trois en effet. C'est ainsi, messieurs, que préludait celui qui devait un jour devenir le père des omnibus!

Louis de Loménie, fit le premier un véritable cours d'histoire littéraire sous la forme d'une causerie entremêlée de citations gaies et d'anecdotes piquantes, choisies de manière à intéresser et à amuser l'auditoire.

Au cours de littérature vint s'adjoindre, en 1861, un cours d'histoire. Ce cours a été professé une année par M. Victor Duruy et pendant plus de vingt ans par M. Jules Zeller. Tout récemment les deux cours de littérature et d'histoire ont été fusionnés, et l'unique chaire est occupée aujourd'hui par M. George Duruy.

Lapins. — Ce sont les *maîtres de dessin* placés sous la direction du professeur. Le mot vient d'un affreux calembour ; le professeur aurait dit un jour, en montrant un tableau, œuvre de l'un des maîtres adjoints : « C'est mon adjoint qui *l'a peint !* »

Leblanc (la). — Nom de l'ancienne propriétaire du *mannezingue* situé tout en haut de la rue de la Montagne-Sainte-Geneviève, juste en face l'entrée des élèves. Depuis, toutes les propriétaires qui se sont succédé ont porté le nom de la *Merle Blanc*. La boutique est occupée aujourd'hui par un marchand de fromages.

Lèche. — *Flatterie;* mot emprunté à l'argot courant. *Piquer une lèche* à quelqu'un, c'est le flatter.

Le *lécheur*, ou *léchard* « vit aux dépens de celui qui l'écoute ».

Lehoter. — Détourner habilement la question posée par un examinateur et y substituer une autre question que l'on connaît. Il fut un temps où la chose se faisait assez aisément avec un certain *colleur* du nom de *Lehot*, qui dormait toujours pendant la *colle*. Aujourd'hui le mot est à peu près inconnu ; on n'en essaye pas moins de *lehoter* quand on se voit pris au dépourvu. Certains élèves sont habiles à traiter une question qu'ils connaissent au lieu de résoudre le problème qu'on leur a posé. Il en est qui se vantent de glisser à volonté dans leur examen tel théorème désigné à l'avance.

On cite Bary, répétiteur de physique, à qui, par des détours ingénieux, tous les élèves parvenaient à expliquer la construction du thermomètre centigrade, quelle que fût la question posée.

Une autre variété de *lehotage* consiste à commencer sa composition française, soit par un mot, soit même par une phrase prise au hasard dans une grammaire allemande.

Limite. — On dit d'un candidat à l'École qu'il est *limite* quand il est arrivé à la limite d'âge exigée pour l'admission, c'est-à-dire à vingt ans.

Depuis quelques années cette limite d'âge a été reculée jusqu'à vingt et un ans ; c'est là ce qu'on entend par une *surlimite*. Les candidats militaires, par abréviation *candidats mili*, c'est-à-dire ceux qui se sont engagés avant l'admission, profitent d'une *surlimite* spéciale ; ils peuvent se présenter jusqu'à vingt-cinq ans, mais ils ne sortent que dans les carrières militaires.

Longchamps (les). — Expression consacrée à l'École, pendant de longues années, pour désigner les *water-closets*; elle est tombée en désuétude. On s'en allait aux *longchamps* griller une cigarette et *tailler une petite bavette* avec les camarades quand on était fatigué de la longueur de l'étude. Cette promenade faisait penser aux rendez-vous mondains qui se donnaient alors à Longchamp, au bois de Boulogne — de là l'expression. — On faisait

encore aux *longchamps* des *courses de rouge* pour tuer le temps, ce qui rappelait les courses célèbres de Longchamp et justifiait une fois de plus le nom du *buen retiro*. Le mot était adopté par tout le monde ; le professeur d'architecture l'employait lui-même ; et quand il donnait des instructions sur la manière de distribuer les pièces d'un appartement, il n'oubliait jamais les *longchamps*. Les promotions d'aujourd'hui se servent du mot *gog*, bien moins discret.

On raconte qu'un soir, à un bal des Tuileries, le mot

longchamps fit fortune. Des invitations avaient été, comme d'habitude, adressées à l'École; un élève sorti précipitamment de la salle de bal ayant demandé les *longchamps* à l'huissier préposé à l'appel des voitures, celui-ci cria d'une voix de stentor : « La voiture de M. des Longchamps ! »

Magnan. — C'est l'agent de l'administration, sorte de dépensier de collège qui est chargé de la nourriture. Pourquoi l'appelle-t-on *magnan*? N'est-ce pas dans une magnanerie qu'on élève les vers à soie? Le *magnan* est donc à juste titre celui qui nourrit les *cocons*. L'explication est peut-être fantaisiste, mais elle est plus amusante que celle qui fait remonter l'origine du mot au nom d'un certain Lemeignan, autrefois cuisinier de la maison.

C'est le *magnan* qui préside à l'achat des vivres. C'est lui que l'on acclame quand le menu est satisfaisant; c'est lui qu'on charge d'imprécations quand le ragoût n'a que des os. Oh! alors, quatre cents voix demandent sa *tête*, voire même sa *hure* !

Quand le *magnan* daigne consulter les élèves, qu'il leur

demande par exemple s'ils préfèrent le gigot froid au gigot chaud, la chose étant grave, il faut faire appel au suffrage universel. Vite un *topo* est lancé; chacun émet son avis et le plus souvent c'est le gigot froid qui l'emporte.

Un vieux *topo* conservé dans les archives des *caissiers* apostrophiait ainsi le *magnan* :

> Jusques à quand' verrons-nous donc les tubercules printaniers joncher les rues de Paris depuis la Madeleine jusqu'à la cité Doré (en passant par la rue Mouffetard) et éviter dans leur parcours la Grande École? En d'autres termes, monsieur Lemeignan, quand les *frites* feront-elles place aux pommes de terre sautées dans le beurre?

Le *topo* rédigé par l'élève Kerviler, que ses nombreux travaux archéologiques et littéraire ne devaient pas tarder à faire connaître, fut approuvé par les deux promotions. Devant pareille sommation le *magnan* fut obliger de donner des pommes de terre nouvelles. Ce fut une révolution!

Les archives conservent beaucoup d'autres topos adressés au *magnan* et portant des annotations fantaisistes; les uns réclament du gigot froid, d'autres du homard ou des ananas; sur l'un d'eux un élève, tout à son travail, se plaint de ne pas encore avoir les feuilles d'architecture!

Le menu que confectionne le *magnan* ne brille pas par la variété. Chaque jour de la semaine voit revenir les mêmes plats, si bien que quelques-uns d'entre eux portent le nom du professeur qui fait son cours ce jour là (Voy. *Zeller*). En dehors de l'*anhydre*, des *frites*, dont il a été parlé, il convient de signaler le *gigal harical*, c'est-à-dire le *gigot* et les *haricots blancs* qui reviennent un peu plus souvent qu'à leur tour.

Voici un menu détaché de la *planche aux topos*.

MENU DU 7 FÉVRIER 1893.

DÉJEUNER.

Pommes au four et beurre ou lait sucré.
Café noir.

DINER.

Potage gras.
Bœuf sauce rémoulade.
Pommes frites.
Crème au chocolat.

SOUPER.

Lapin sauté.
Choux de Bruxelles.

Les élèves seraient certes plus habiles à confectionner un menu plus original. Ils s'amusent quelquefois à en dresser qui aient un caractère polytechnicien. Voici celui que proposait le camarade d'Ocagne :

GRAND BANQUET POLYTECHNICIEN.

Les convives sont assis sur des bancs... d'optique, autour de tables... de logarithmes recouvertes de nappes... d'hyperboloïdes et richement décorées de bouquets de fleurs... de soufre. Les tables sont dressées sous des arbres... de Diane ou de Saturne, ou encore sous des tentes... adiabatiques.

Sur la table, couteaux... de balance et fourchettes... de suspension.

MENU.

POTAGES.

Bouillon... de culture.

HORS D'ŒUVRE.

Beurre... d'antimoine.
Radis... au mètre.

POISSONS VARIÉS.

Théorèmes de Poisson à la moutarde de Digeon.

Raie à la Frauenhofer ou aux mûres.
Limaçons de Pascal.
Sole... de four à réverbère.
Saumon... de plomb.
Queue de morue à l'antique.

ROTIS. — SALADES.

Filet... de vis aux petits poids... atomiques.
L'oie... de Kepler.
Empanon délardé aux épinards.
Racines multiples.

LÉGUMES.

Lentilles... biconvexes.
Petits pois... tenseurs.
Artichauds... Brahé.

DESSERTS.

Bombe calorimétrique.
Petits fours... électriques.
Gâteaux de résine à la crème de tartre.
Poires... de caoutchouc.

LIQUEURS DE LIBAVIUS, DES HOLLANDAIS.

Eau régale (la meilleur des eaux de table).

Major. — Comme dans *la Vie parisienne*, il y a à l'École plusieurs espèces de majors : le *major de tête*, qui est classé avec le numéro un ; et le *major de queue*, qui est classé le dernier.

Le major de tête avait, jusqu'à ces dernières années, le grade de sergent-major et il en portait les galons. Le major de queue ne portait rien. Aujourd'hui ils sont égaux sous ce rapport.

Le major de queue n'a de rôle à remplir que le jour de la séance des *cotes* ; mais le major de tête est l'intermédiaire obligé entre ses camarades et l'autorité : toutes les fois que la promotion le désire, il est tenu de se *dévisser*, c'est-à-dire de se rendre auprès du général et de faire triompher la volonté de ses *cocons*, fût-elle même contraire à la sienne.

A sa sortie de l'École, le major choisit généralement les mines ; il lui est fait don par l'Académie des sciences du prix annuel fondé par Laplace et consistant en un exemplaire de ses œuvres.

Chaque promotion a un premier et un second major. Peu de jours après la rentrée, les quatre majors, anciens et nouveaux, font connaissance en dansant la polichinelle, au centre d'un cercle formé par tous les élèves. C'est la *danse des majors*; elle est accompagnée par le refrain bien connu:

>   Pan! qu'est-ce qu'est là?
>   C'est l'Polichinel' vampire!

qui est répété indéfiniment.

La promotion de 1870 a eu exceptionnellement trois *majors*. Les examens d'admission étaient terminés à Paris au moment de la déclaration de guerre à la Prusse; ils avaient pu être continués sans interruption en province, sauf à Strasbourg et le 12 septembre le *Journal officiel* publiait la liste d'admission; mais les candidats de Strasbourg ne furent examinés qu'après la paix. Six furent admis; l'un d'eux, ayant été classé le second sur la liste générale, reçut les galons de major, ce qui porta à trois le nombre des majors.

Malo. — Ce mot désigne aujourd'hui le « veau aux carottes ».

On donne encore le nom de *malo* au garde-crotte fixé aux bottes; cette innovation introduite en 1892 par le général Gebhart ayant été annoncée aux promotions par le capitaine *Malo*.

Mandant. — Abréviation de *commandant*; mot nouveau comme la fonction elle-même. C'est en 1890 qu'un décret a ajouté à l'état-major de l'École un chef d'escadron chargé de diriger l'instruction militaire des élèves. La fonction n'était nullement prévue par les lois et décrets qui ont fixé l'organisation de l'École, mais :

> Un *off*, un d'plus, c'est pas une affaire ;
> Un bastion d'plus, c'est pas une affaire ;
> Faut rendre aux X l'esprit militaire.
> Marcher au pas pour défiler ! Pour défiler marcher au pas !
> Un chef d'bataillon, un commandant, il n'y a que ça.
> Un *mandant* et l'bastion, je n'connais rien d'mieux que ça !

Telle est l'opinion des élèves sur cette innovation.

Manips. — Abréviation de *manipulations*.

Les *manips* de chimie ont pour objet d'exercer les élèves à faire certaines préparations et les analyses chimiques les plus usuelles.

Vêtus de la longue blouse de toile, ils passent deux heures devant un fourneau, au milieu des cornues, des flacons, des chalumeaux, des queues de rat.

Quand on leur donne un alliage ou un sel, ils ont encore assez vite fait d'en déterminer les éléments ; mais s'il s'agit d'une analyse quantitative, pour trouver exactement les proportions, ils considèrent qu'il y a plus de chance d'avoir une solution approchée en employant une formule empirique dans laquelle on fait entrer la date de la promotion, le numéro du fourneau, au besoin la date de la naissance du *Père Chlorure*, le garçon en chef des laboratoires.

Le premier qui porta le nom de *Père Chlorure* fut Gaultier de Claubry, le conservateur des collections, dont les ongles longs et noirs faisaient dire qu'il les gardait intacts par amour des corps simples.

Les préparations à faire sont généralement faciles. Une vieille chanson de 1810 donnait le moyen d'obtenir presque tous les produits chimiques. En voici un couplet qu'on chantait sur l'air de *Calpigi* :

> Pour obtenir de l'hydrogène
> Prenez un tube en porcelaine,
> Mettez-y du fer et de l'eau,
> Chauffez le tout dans un fourneau.
> L'eau, par le fer décomposée,
> Est par là même analysée ;
> L'oxygène s'unit au fer,
> L'hydrogène s'en va-t'en l'air !

Le grand chimiste Regnault, très malin, n'ignorait pas comment les élèves obtenaient de curieuses réactions. Il

parvenait à vous faire avouer, après la séance des manipulations, que vous aviez vidé tous les produits chimiques dans la cuve à eau, en les agitant consciencieusement pour leur faciliter les moyens de se combiner.

A une certaine époque, on exerçait aussi les élèves à des manipulations de physique ; on leur apprenait à faire un baromètre, un thermomètre ; à effectuer certaines mesures.

Obelliane, l'habile préparateur, surnommé *Trompe-Nature* à cause de sa laideur, montrait le maniement des appareils; des agents exercés, l'un, plein de timidité, qu'on appelait *Mérite-Modeste*, un autre, opérateur adroit, qui portait le nom de *Sans-Prép...*, aidaient les élèves de leurs conseils.

Ces *manips* de physique ont été supprimées; on se contente aujourd'hui de montrer de très près aux élèves, divisés en petits groupes, les principales expériences du cours de physique.

Méca. — Abréviation de *mécanique*.

La mécanique est peut-être la science dont l'objet est le

plus important à l'école. L'illustre Lagrange a été le premier professeur de mécanique rationnelle; après lui, cet enseignement a été réuni à celui de l'analyse jusqu'en 1851; mais il y avait un cours de mécanique appliquée, appelé cours de machines, ébauché par Hachette, Lanz et Bétancourt, et développé à partir de 1829, par Arago, qui eut pour successeurs Savary et Chasles. Le cours de mécanique, rétabli en 1851, fut confié à Delaunay et à Bélanger, auquel succéda Bour, mécanicien de grand mérite, mort très jeune, et qui fut remplacé par Bresse, décédé il y a quelques années ; ce cours est aujourd'hui professé par MM. Resal et Sarrau. La science et le mérite de ces deux professeurs, tous deux membres de l'Académie des sciences, auteurs de remarquables travaux qui font le plus grand honneur à l'École, n'empêchent pas qu'ils soient présentés comme les autres d'une façon comique à la séance des *Ombres*. Les élèves, réunissant malicieusement quelques phrases prononcées par leur professeur, lui font tenir le discours suivant :

— Monsieur le capitaine, vous pouvez vous retirer ; pas besoin de militaires ici... Messieurs, j'ai deux fils... ils ont tous les deux mal tourné... ingénieurs des ponts... Substituons la valeur de K dans la relation fondamentale... tiens, c'est singulier... ces deux choses ne se détruisent pas... je ne peux pas lire sur mes feuilles... Ah ! voilà, il faut changer le dix-neuvième signe. Je substitue maintenant... vous suivez bien... tiens, tout se détruit maintenant. J'avais pourtant trouvé... voyons... je ne vois pas. Faut-il vous le refaire ? Non, n'est-ce pas ? C'est très facile.

Mégo. — Abréviation de *mégohm*, unité électrique ; terme employé depuis plusieurs années pour signifier électricité et même par extension toute la physique. C'est ainsi qu'on dit : « Nous allons à l'*amphi* de *mégo* ».

MM. Cornu et Potier sont aujourd'hui les deux professeur de *mégo*.

Avant eux, la physique a été enseignée à l'École par d'illustres savants. Si l'on en croit Arago, il faudrait faire une exception pour Hassenfratz. On lit, en effet, dans ses *Souvenirs* : « Les élèves, s'étant aperçus de l'insuffisance d'Hassenfratz, firent une démonstration des dimensions de l'arc-en-ciel remplie d'erreurs de calcul qui se compensaient les unes les autres, de telle manière que le résultat final était vrai. Le professeur, qui n'avait que ce résultat pour juger de la bonté de la réponse, ne manquait pas de s'écrier, quand il le voyait apparaître au tableau : « Bien, bien, parfaitement bien ! » ce qui excitait des éclats de rire sur tous les bancs de l'amphithéâtre. Arago rapporte encore ce dialogue entre le même Hassenfratz et un élève à la *planche* :

« Monsieur, vous avez vu la lune. — Jamais, monsieur ! — Comment, vous dites que vous n'avez jamais vu la lune? — Je ne puis que répéter ma réponse; jamais, monsieur. » Hors de lui, Hassenfratz s'adresse à l'inspecteur Lebrun : « Monsieur, voilà M. Leboullenger qui prétend n'avoir jamais vu la lune ! » — « Que voulez-vous que j'y fasse? » répond l'inspecteur. Alors l'élève, calme et sérieux au milieu de la gaieté de l'amphithéâtre : « Monsieur, je vous tromperais si je vous disais que je n'en ai jamais entendu parler, mais je ne l'ai jamais vue. — Monsieur, retournez à votre place. »

On peut citer une autre exception, celle d'un chef d'escadron d'artillerie qui fut nommé professeur de physique en 1844; les élèves le jugeant insuffisant firent un tel bruit à son cours qu'il dut se retirer au bout de trois mois.

Lamé, Fresnel, Bravais, de Sénarmont, Wertheim, Verdet, Jamin, ont professé avec le plus grand éclat.

Lamé avait, par malheur, un débit qui endormait régulièrement l'auditoire. Un jour, s'adressant au capitaine de service il lui dit : « Je crois qu'ils dorment tous ! » « Sauf quatre ou cinq, » répondit le capitaine; alors Lamé laissa tomber sur la table un large plateau de bois ; sur tous les bancs, les auditeurs se levèrent en sursaut et lui se mit à rire de tout son cœur. L'illustre mathématicien était le meilleur des hommes. Invariablement, quand il entrait à l'*amphi*, il trouvait écrite, sur le tableau noir, cette phrase à double entente : « La métaphysique (*Lamé ta physique*) m'ennuie »; et il l'effaçait avec bonhomie.

Verdet, myope, opérateur inhabile, faisait un admirable cours dans lequel malheureusement les phrases succédaient aux phrases, sans interruption, comme récitées, tandis que sa myopie lui faisait renverser de la main les appareils placés sur la table. Un rire inextinguible s'emparait des élèves quand, présentant un morceau de spath d'Islande, il disait : « Mes expériences se font avec de *gros spaths* ».

Jamin s'annonçait presque toujours par un coup de tam-tam formidable, et, à la fin de son cours, il disparaissait au milieu des flammes de bengale. Ses attitudes cherchées, ses gestes solennels étaient tournés en ridicule à la séance des *Ombres*. Quand sa silhouette paraissait, suivie de celle du préparateur, M. Boudréaux, on lui faisait jouer cette petite scène :

JAMIN. — Prenons un phonographe, dans lequel nous lançons des ondes sonores. M. Boudréaux va avoir l'obligeance de préparer l'expérience.

M. BOUDRÉAUX. — *A, é, i, o, u.*

Maître Corbeau, sur un arbre perché.

[Le phonographe répète ces mots et ajoute :]
— Monsieur Jamin est le plus grand physicien des temps modernes.

JAMIN, *à part*. — C'est moi qui ai mis ça avant la leçon. (*Haut.*) Ainsi, messieurs, comme Biot, Arago, Fresnel et moi l'avons montré, les rayons vibratoires se propagent en ligne droite. Je pourrais continuer, mais le reste se trouve dans le deuxième volume de mes œuvres, celui que j'ai dédié à M. Lebrun-Lepreux, mon beau-père.

M. Cornu était célèbre dans sa promotion par ses talents de littérateur et de musicien ; c'est à lui que l'on doit la

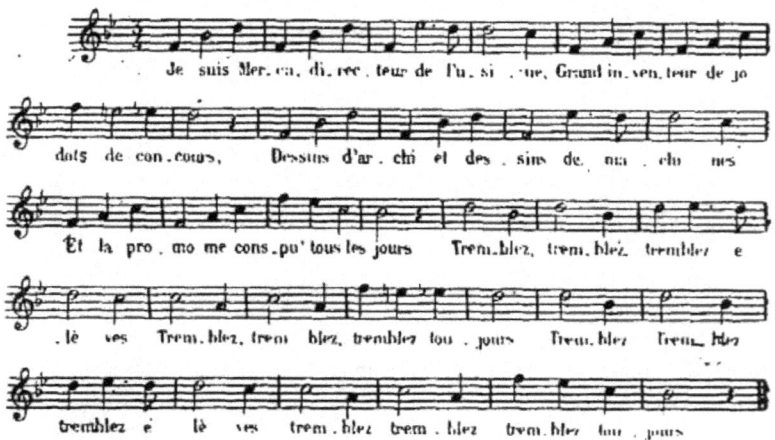

fameuse ouverture du *Point* γ. Admis de bonne heure à l'Académie des sciences dont il fut le plus jeune des membres, il professe à l'École la physique avec une élégance et une limpidité admirables. M. Potier, physicien de premier ordre (Voy. gravure, p. 199), fait un cours plus savant et plus difficile.

Merca. — Abréviation du nom de M. Mercadier, le directeur des études, universellement connu par l'invention de l'appareil qui permet d'expédier huit dépêches à la fois. A la séance des *Ombres*, on lui fait chanter des couplets malicieux dont voici quelques échantillons :

Je suis Mer.ca, di.rec.teur de l'u.si.que, Grand in.ven.teur de jo
dats de con.cours, Dessins d'ar.chi et des.sins de ma.chi.nes
Et la pro.mo me cons.pu' tous les jours Trem.blez, trem.blez, tremblez e
lè ves Trem.blez, trem blez, tremblez tou.jours Trem.blez Trem blez
tremblez e lè ves trem.blez trem.blez trem.blez tou.jours

M. Mercadier, savant électricien, a fait installer dans les salles de dessin, les réfectoires et les cabinets d'interrogation, des lampes à incandescence, qu'on appelle des *merca* (Voy. p. 201).

Le directeur de l'École polytechnique de Zurich étant venu visiter l'École à plusieurs reprises, les élèves ignorant son nom, le surnommèrent *Mercazu* : c'est le « Mercadier de Zurich ».

Monôme. — Le monôme est une transformation de la danse antique, appelée la *grue*, qui figure sur le bouclier

d'Achille et dans laquelle, à l'imitation de ces oiseaux volant l'un derrière l'autre en longues files, les danseurs se tenaient par la main et décrivaient, guidés par le conducteur du chœur, des circonvolutions gracieuses.

Quand les compositions écrites pour l'admission à l'École sont terminées, les *taupins*, candidats des lycées et des écoles préparatoires, se réunissent sur la place du Panthéon. Ils s'organisent en longue file indienne, chacun venant appuyer ses mains sur les épaules du camarade qui le précède, et partent processionnellement sous la conduite du *premier taupin de France*, le premier de ceux qui ont échoué l'année précédente. Ce gigantesque mille pattes, va, vient, serpente, frappant le sol en cadence, lançant dans les airs des chansons du caractère le plus profane ; il ne rappelle que de bien loin, dans ses tours et ses détours, le jeu auquel les Grecs se plaisaient à donner une forme orchestrique. Il se dirige d'abord vers la cour du Collège de France où doivent commencer, quelques jours après, les examens oraux; il décrit toutes les circonvolutions de la courbe qui a fait le sujet de la composition de mathématiques; puis il descend le boulevard, au milieu de la foule ahurie, interceptant la circulation, suit les quais jusqu'au terre-plein du Pont-Neuf et après une ronde échevelée autour de la statue de Henri IV, se rend chez la « mère Moreau », le fameux débit de prunes et de chinois. Depuis quelques années, un vieux *taupin*, à la tête du *monôme*, porte le buste qui a été donné comme sujet de compositions de *singe*; on modifie un peu le vieil itinéraire en se rendant sur le pont Saint-Michel d'où le buste est précipité dans la Seine. Un *Artilleur* formidable salue la chute du plâtre !

Xanroff, le gai poète du quartier Latin, a chanté le *Monôme* :

> Qui gên' la circulation,
> Bouscul' la population,
> S'fait fich' au bloc comme un seul homme ?
> C'est le monôme !

> Qui va de l'autre côté d'l'eau
> Prendre un' prun' chez la mèr' Moreau,
> S'évanouit comme un fantôme ?
> C'est le monôme !

> Le lend'main qui qu'a mal aux ch'veux,
> Qui s'plaint d'avoir la tête en feux,
> Et pendant l'cours pique un p'tit somme ?
>   C'est le monôme !

A l'École, le *monôme* est également en honneur. Son origine date de l'année 1836. On avait pris l'habitude, à l'heure de la petite récréation du soir, de passer successi-

vement dans toutes les salles, ramassant les camarades en une longue farandole qui s'allongeait au fur et à mesure, puis on descendait dans la cour en chantant la scie des *Petits poissons* :

> · Les petits poissons, dans l'eau,
>   Nagent, nagent, nagent
>   Nagent, nagent ;
>   Les petits poissons, dans l'eau,
>   Nagent (*bis*) comme il faut.
>   Les petits, les gros,
>   Nagent comme il faut ;
>   Les gros, les petits,
>   Nagent bien aussi...

Quand on veut faire une manifestation, quand il y a du bruit et du tapage, au commencement ou à la fin de certains exercices, à des jours désignés et traditionnels, vite un monôme s'organise. Le *monôme des fumistes* conduit par un conscrit non encore habillé ; le *monôme des tangentes*, le jour où l'on exerce pour la première fois les élèves à se servir de l'épée : chacun pose la main droite sur l'épaule du camarade qui le précède et tient de la main gauche l'épée

du camarade qui le suit ; le *monôme des manips* où chacun a revêtu la longue blouse de toile pour la première manipulation de chimie ; le *monôme de la gymn*, où l'on arbore pour la première fois le costume de gymnasiarque ; le *monôme de l'acide benzoïque* le jour où l'on prépare cet acide : les élèves ont la tête coiffée du cône en carton dont on se sert dans cette manipulation ; le *monôme de l'or mussif* dans lequel chacun parait les habits couverts d'ornements, trèfles, galons, brandebourgs, épaulettes, dessinés avec cette poudre jaunâtre qu'on emporte du laboratoire aussitôt qu'on l'a préparée ; le *monôme de la botte*, maintenant disparu, le jour où les sergents des conscrits paraissaient pour la première fois avec leurs galons d'or.

Toujours l'immense colonne va se balançant et zigzaguant à travers la cour, dessinant des courbes compliquées, accompagnée sur ses flancs par l'escorte débraillée de tous les indépendants; son pas se règle sur le rythme d'un refrain, tantôt alerte, tantôt monotone : celui de l'*Artilleur*, celui des *Filles de la Rochelle*, le chant de *Madeleine* :

> Madeleine s'en va-t-à Rome,
> Tonronton, tonrontaine !
> Pour obtenir son pardon,
> Tonrontaine, tonronton !

la chanson du *Bel Alcindor* :

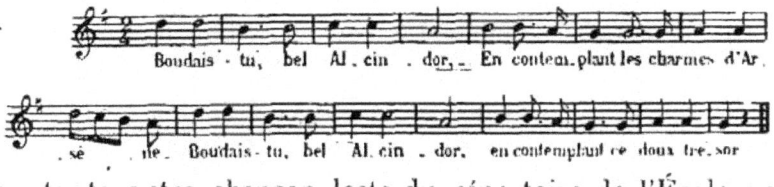

ou toute autre chanson leste du répertoire de l'École ou enfin l'éternel *Pompier* au rythme dur et heurté qui vite brise les voix.

Monôme. — Binôme. — Trinôme. — Ces mots qu'emploie l'algèbre pour désigner une expression d'un, de deux ou bien de trois termes, désignent respectivement, à l'École d'application, l'élève qui vit seul, les deux camarades, parfois les trois, qui partagent la même chambre pendant les deux années d'études.

Binômer, c'est vivre à deux en commun.

Mon Oncle. — Nom donné au *sergent-major gardien de la porte d'entrée*. Un colonel commandant en second l'École avait l'habitude, en s'adressant aux élèves, de leur dire « Mes enfants », et ceux-ci, tout naturellement, l'avaient surnommé « Papa »; or, le sergent-major ressemblait d'une manière frappante au colonel; tout naturellement aussi on l'appelait *Mon Oncle* et le nom est resté à ses successeurs.

Le dessin qui représente *Mon Oncle* est emprunté à l'*Histoire de l'École* publiée par l'un de nous dans le *Journal de la Jeunesse*.

Muet. — A une certaine époque, tout examinateur de sortie était assisté d'un adjoint, avec lequel il s'entendait pour fixer la note méritée par l'élève. On avait cru trouver dans ce système une garantie d'impartialité et de plus grande justice ; vers l'année 1870 on y renonça. L'examinateur adjoint, qui n'avait pas le droit de poser de questions, était appelé le *muet*.

Museau ! — Sorte d'interjection signifiant *chut ! silence !* qu'on lance à celui qui bavarde trop haut dans la salle d'étude, à l'*amphi*, ou même à celui qui parle à tort et à travers. C'est une forme abrégée de l'expression peu parlementaire : « Tais-ton bec ! » ou « Ferme ton museau ! »

Museler. — Démuseler. — *Museler*, c'est fermer la bouche ; c'est donc une manière aimable d'obliger un camarade à garder le silence. On lui dit par exemple : « *Musèle-toi*, mon cher, tu viens de perdre une belle occasion de te taire ! » A l'inverse, *démuseler* c'est retrouver la parole après qu'on est longtemps resté muselé. Avec le même sans-gêne, on demande : « Qu'as-tu ? tu ne *démusèles* pas ? » Au tableau, on est parfois si complètement *collé* que rien ne peut vous *démuseler*.

Museler une porte, c'est la fermer; *museler un rosto*, c'est l'éteindre; *museler un casert*, c'est le barricader de manière à empêcher une invasion des anciens.

Museler est encore synonyme de *fermer*, *cacher*. On *musèle* un bouquin en l'enfermant avec soin.

Navarre. — Navarre, le vieux collège fondé par la reine Jeanne, où les fils des grandes familles étaient élevés depuis le temps de Louis XII, fut affecté à l'École polytechnique par un décret du 9 germinal an XIII (30 mars 1805). Quand le gouverneur, le général Lacuée, vint en prendre possession, les bâtiments, sauf la chapelle, tombaient en ruine ; l'entrée principale, située rue de la Montagne, celle qui fut conservée pour l'entrée des élèves jusqu'en 1811, était vermoulue ; le bâtiment de l'infirmerie était lézardé ; le pavillon des bacheliers, commencé en 1738 sur l'emplacement du vieux cloître, avait été abandonné sans être couvert. Une commission du conseil de l'École avait eu un instant la pensée de choisir le château de Saint-Germain, puis celui de Vincennes. Enfin, après avoir balancé dans Paris entre la Sorbonne, l'ancien couvent de Sainte-Marie de la rue Saint-Jacques, celui des Minimes, l'hôtel de Biron, l'ancienne maison des Jacobins de la rue Saint-Dominique; elle se décida pour le collège de Navarre. On trouve trace de ces hésitations dans la curieuse lettre que nous reproduisons et qui fut adressée par Napoléon au général Lacuée.

> Je voudrais enfin, m'occuper de l'organisation de l'École Polytechnique. Vous m'avez présenté plusieurs projets séparés, je désire que vous me remettiez un projet qui offre l'ensemble de l'administration. Il convient de distinguer en deux titres séparés ce qui regarde 1° le logement des Élèves, 2° leurs pensions. Mon intention n'est pas que la dépense soit payée par deux Ministères différens. L'École sera considérée comme École Spéciale de mathématiques et payée par l'Intérieur: La Guerre a bien assez de ses dépenses. Vous vous rappellerez que mon désir est que cet établissement coûte peu. Il est dangereux pour les personnes qui n'ont pas de fortune, de leur donner des connaissances en mathématiques trop étendues. Quant aux sujets ayant de grandes dispositions et peu de fortune, il sera facile de les placer, au moyen de vingt ou trente bourses qui seront créées à cet effet; mais les pensions des autres élèves doivent être payées par les parens. Une dépense de cinq cent mille francs ne peut pas être maintenue. Il est bien entendu que ces dispositions ne s'appliqueront point aux jeunes gens qui sont à présent à l'École. L'organisation en Bataillons et le Conseil d'administration peuvent être établis à l'instar de l'École de Fontainebleau. L'École spéciale de mathématiques ou École Polytechnique est destinée à réunir deux ou trois cents élèves. Les Ponts et Chaussées, les Ingénieurs-géographes, les Ingénieurs de la marine, l'Artillerie et le Génie ne peuvent recevoir deux cents jeunes gens par an; il faut donc qu'une partie de ces Élèves puisse entrer dans l'armée. Mais comment y entreront-ils, avec quel grade? Cela doit aussi être réglé. Je regrette de voir un aussi grand nombre de jeunes gens de cet âge réunis à Paris; je sens les inconvéniens qu'il y aurait à les éloigner trop; mais si on pouvait les placer à deux ou trois lieues, il en résulterait un grand avantage. J'ai peine à croire qu'il n'y ait pas, à cette distance, aux environs de Paris, des Séminaires ou d'autres bâtimens propres à ce service. Ne pourrait-on pas, par exemple, placer l'École au Château de St Germain? Son éloignement ne serait pas assez grand pour que quelques bons professeurs ne pussent pas s'y rendre. Si cependant il faut absolument laisser l'École à Paris, de tous les quartiers, celui que je préfère, c'est le quartier Latin; et celui pour lequel j'ai le plus de répugnance, c'est le quartier où il est actuellement.

Aussitôt que l'emplacement fut choisi, le général Lacuée fit mettre tous les locaux en état de recevoir les élèves; il fit réparer toutes les constructions, achever le pavillon central et percer la rue de l'École Polytechnique. La chapelle,

qui servait tout d'abord de bibliothèque, fut démolie plus tard, en 1842; le pavillon prolongé ne fut achevé qu'à ce moment. Un grand bâtiment de forme gothique, aux longues fenêtres ogivales, avait été adossé au cloître; son rez-de-chaussée servit de chapelle sous la Restauration, et son premier étage de salle de dessin et de bibliothèque; il tombait en ruines, en 1875, quand on l'a démoli. Le corps de logis destiné aux maîtres et aux écoliers de théologie sur la rue de la Montagne servit d'abord de lingerie et disparut, en 1836, pour faire place aux constructions actuelles de l'entrée principale (Voir l'*Histoire de l'École polytechnique*, de G. Pinet).

L'École polytechnique prit possession des bâtiments du collège de Navarre le 16 brumaire an XIV (11 novembre 1805).

Nègre. — Corruption du mot *nec*, qui lui-même est une abréviation de *nec plus ultra*. En parlant d'un objet remarquable, on dit : « C'est le *nègre!* » Le mot s'emploie au féminin. On dit : « J'ai la pipe *négresse* », c'est-à-dire la plus belle pipe et non, comme on pourrait le croire, la pipe la mieux culottée.

Observ. — Abréviation du mot *observation*. Le capitaine punit rarement, mais il fait des *observ*. Le *basoff*, lui, inflige une *consigne* et ne fait pas d'*observ*.

Le *topo d'observ* (Voy. *Topo*) est celui qui précède le vote et sur lequel chacun inscrit ses observations.

Ombres. — Tous les ans, vers le mois de février, a lieu la fête traditionnelle qui porte le nom de *séance des Ombres*, dans laquelle les silhouettes des officiers, des professeurs et de tout le personnel, tracées par les plus habiles crayons de la promotion, défilent en ombres chinoises devant tous les élèves réunis à l'amphithéâtre, pendant qu'on met dans la bouche des personnages des discours comiques pleins de verve et d'esprit gaulois. L'origine en remonte, nous l'avons dit, à l'année 1818, où les mystifications de l'*absorption* se terminèrent par une représentation grotesque des autorités de l'École. Les *caissiers* conservent pour cette fête un trésor de charges accumulées par les promotions précédentes. Chaque promotion a longtemps étudié ses types, saisi tous les tics, tous les travers, rassemblé les remarques les plus bizarres, emmagasiné les idées drôles, les rapprochements burlesques, les réflexions cocasses, tout ce qui peut faire la ressemblance grimaçante et la caricature comique.

La cérémonie a lieu dans le grand amphithéâtre de physique, dont les murs sont couverts d'inscriptions en l'honneur des savants célèbres qui sont sortis de l'École. Les *anciens* et les *conscrits* s'entassent sur les gradins et dans les tribunes. L'autorité, les professeurs et l'administration assistent le plus souvent à la séance et

prennent part à la gaieté générale. La salle est plongée dans l'obscurité. Dans l'encadrement qu'occupe habituellement le tableau noir, remonté pour la circonstance sur ses contrepoids, un grand drap blanc est tendu, sur lequel un foyer électrique puissant, emprunté au cabinet de physique, projette son cône lumineux. Les ombres caricaturales, très habilement articulées, défilent successivement, présentées par un artiste, qui les fait mouvoir à l'aide d'invisibles ficelles motrices et qui débite les boniments.

Tout le personnel de l'École y passe. C'est d'abord le *géné*, puis le *colo*, puis les *pitaines*, puis le directeur des études, l'administration et ses employés, les médecins, les sœurs de l'infirmerie, tous les agents; puis les professeurs, les répétiteurs, les examinateurs. Chaque petite *ombre* chante son couplet, dit son mot

pour rire, gesticule et s'éclipse ; c'est un défilé de charges qui dure trois heures. De temps en temps, pendant un entr'acte, la lumière électrique inonde subitement l'amphithéâtre et l'orchestre des élèves, placé au centre attaque un air d'opéra ou bien un vieux refrain de l'École que l'assistance accompagne en chœur. Puis le défilé recommence.

Omelette. — Au milieu du *casert*, semblable à une immense poêle, tous les meubles ont été renversés ; les lits enchevêtrés les uns dans les autres. Les matelas, draps, couvertures, jetés pêle-mêle, tous les ustensiles de toilette, les cuvettes, *pourrats, hypo-pourrats*, brisés en mille pièces, les sacs à linge, les boîtes à claque, les bottes, les uniformes en fouillis inextricable, forment une *omelette* d'un genre tout particulier, sur laquelle toute l'eau de la fontaine a été répandue : telle est l'aimable farce que les anciens se plaisent à faire aux conscrits à l'époque du *bahutage* dans la première semaine de leur arrivée.

Ophthalmo. — Du mot grec qui signifie œil, on a tiré, par un féroce calembour, le terme *ophthalmo* appelé à remplacer l'expression parisienne : « à l'œil », c'est-à-dire sans payer. « Avec les fournisseurs de *Bleau*, on s'arrange aisément *ophthalmo !* »

Ossian. — *Bonnet de coton;* ce nom poétique rappelle celui d'un ancien directeur des études, Ossian Bonnet.

L'*ossian* sert ordinairement à essuyer les rasoirs ; mais son utilité principale est de servir de cagoule à ceux qui se déguisent et de masque excellent à ceux qui le soir veulent faire du tapage dans les corridors du *casert*. Percé de deux trous à la hauteur des yeux et d'un autre pour la bouche, enfoncé jusqu'au cou, l'*Ossian* rend absolument méconnaissable.

P+Q. — Expression algébrique qu'on introduit dans le langage courant et qui signifie *un grand nombre*. Exemple : « J'ai déjà attrapé P+Q consignes ». On dit encore, pour exprimer la pluralité : m, n, ou p, ou encore : $2k+1$ et $P+\lambda Q$.

Paillot. — Très vieux mot signifiant *lit* et qui est remplacé aujourd'hui par le mot *pieu*.

Se pailloter voulait dire « se mettre au lit » ; le mot venait probablement de la petite paillasse que l'on met sur le lit des enfants.

Pantoufle. — **Pantouflards**. — La *botte* désignant les carrières civiles, il était tout naturel que la *pantoufle* caractérisât le renoncement à toute carrière de l'État, c'est-à-dire la démission. Donner sa démission *pantoufler*, c'est entrer dans la *pantoufle*; l'élève démissionnaire est un *pantouflard*.

Cette appellation était en usage depuis

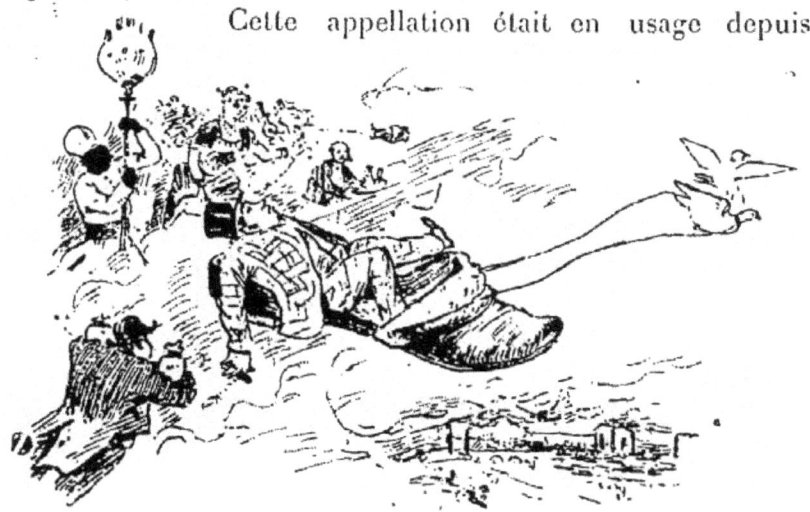

longtemps dans la langue courante.

Les Jeunes France de 1830 traitaient volontiers de *philistin* ou de *pantouflard* le bourgeois qui passait sa vie les pieds dans des pantoufles.

Théophile Gautier eut un jour, avec l'École, un démêlé comique, à la suite duquel il fut traité de *pantouflard*.

C'était au moment de l'inauguration du fronton du Panthéon ; critiquant le bas-relief où David a représenté d'un côté un élève de l'École normale, de l'autre un élève de l'École polytechnique, il s'était moqué de « ces deux embryons d'immortalité ». Les promotions lui dépêchèrent deux anciens qui le trouvèrent en pantoufles, en robe de chambre et coiffé d'une calotte grecque et qui s'en revinrent dire à leurs camarades : « Il n'y a rien à faire avec ce *pantouflard !* »

Le *Charivari* prétendit que Gautier était fort peu rassuré et n'osait plus sortir de chez lui.

Chaque année, quinze ou vingt élèves donnent leur démission après le classement de sortie, se contentant du titre d'ancien élève de l'École qui constitue pour eux comme une sorte de grade universitaire. A l'École d'application de Fontainebleau quelques nouvelles démissions sont encore envoyées au ministre.

Il semble que le nombre des *pantouflards* grossisse tous les ans.

Passe. — Abréviation de *passe-partout*. C'est une clef qui permet de pénétrer dans toutes les parties de l'École et dont les anciens se servent plus particulièrement pour *bahuter les caserts* des conscrits. Les *caissiers* vendent des *passe* au prix de trois francs. L'administration ne manque pas de faire changer fréquemment les serrures ; mais le lendemain même de la transformation, les *passe* des nouvelles serrures circulent dans les promotions. Depuis un an, l'administration a pris le parti de laisser toutes les portes ouvertes, ce qui a jeté le plus grand trouble dans le commerce des *passe*.

Pavillon. — Le grand bâtiment central occupé par les élèves, fermant du sud au nord la cour de récréation avec ses trois étages surmontés de hautes mansardes, porte le nom de *Pavillon des élèves*. C'est l'ancien bâtiment des *bacheliers* du vieux collège de Navarre. Bâti en 1738, au moment de la démolition du cloître de la reine Jeanne, achevé seulement en 1809, il a été prolongé en 1830 de l'autre côté de la vieille chapelle. L'aile nord, ainsi que le belvédère qui en surmonte l'extrémité, a été élevée en 1842, après la démolition de la *chapelle*.

Le gouvernement de la Restauration, ayant licencié puis réorganisé l'École en 1816, y introduisit les exercices religieux journaliers et l'obligation d'assister dans la chapelle aux offices des dimanches et fêtes. On prit alors pour servir de chapelle la salle du rez-de-chaussée, dite *salle des Actes*, du bâtiment plus tard transformé en bibliothèque, puis démoli en 1875.

Les salles d'étude occupent les deux étages ; elles s'ouvrent sur un grand corridor longitudinal et ont leurs fenêtres sur la cour de récréation et sur celle des laboratoires. A l'entresol, les petites salles basses, servant de *binets de colles*, donnent sur un corridor éclairé seulement à ses deux extrémités, véritable boyau propice aux *chahuts* monstres. Au centre, dessiné sur la façade par un fronton triangulaire se trouvent un perron élevé de quelques marches, le cabinet de service des *pitaines* et des *basoffs*, le cabinet des *lapins* et l'escalier de service. La façade, sans ornement, régulière mais banale, vraie façade de caserne, montre au milieu du fronton le cadran de l'horloge, le *berzélius*, et au-dessus de chaque fenêtre le numéro de la salle, détaché en chiffres noirs, pour faciliter la surveillance. Les casernements occupent le deuxième et le troisième étage ; les deux amphithéâtres particuliers à chaque promotion, qui étaient placés à chacune des ailes, ont disparu en 1871, et les salles de collections du rez-de-chaussée ont été transportées ailleurs la même année.

On donne le nom d'*annexe* à un bâtiment de construction récente, adossé au pavillon et rendu nécessaire par l'augmentation du nombre des élèves. Il est situé entre la cour de la *gymn* et la cour de la *biblo* ; il contient un *réfec*, un *amphi* et des *caserts*. On dit couramment « aller à l'*amphi annexe* » et « passer une *colle* à l'*annexe* ».

C'était à l'origine un bâtiment provisoire ; il dure depuis vingt ans !

Peaufin. — Contraction des mots *peau fine*. On désigne par ce mot le *conscrit imberbe*, de figure pouponne, qui sera naturellement désigné pour la *cote bébé*.

Pères sensibles. — Quand le Comité de salut public fonda l'École centrale des travaux publics, il pensa que les élèves ne devaient être ni casernés ni placés dans un pensionnat commun, mais internés séparément ou en très petit nombre, « chez de bons citoyens qui, par leurs

ÉCOLE CENTRALE
des
TRAVAUX PUBLICS.

ÉGALITÉ.

LIBERTÉ.

JE soussigné *Michel Tahier limonadier* résidant dans la Section *de* *Mont rouge rue Paul* N.° *1177.* m'oblige de recevoir chez moi *deux* Élèves de l'École centrale des Travaux publics, aux conditions suivantes ;

SAVOIR :

1.° De fournir, à raison d'un ou deux Élèves, une chambre meublée simplement et proprement.

2.° De fournir la nourriture à ma table, aux heures fixées pour les repas, et qui seront déterminés d'après la distribution du temps réglé pour l'instruction.

3.° Outre la nourriture et le logement, je m'oblige encore d'avoir pour lesdits Élèves les mêmes soins et la même surveillance que de bons pères exercent envers leurs enfans ; en conséquence, de leur donner tous les conseils qui peuvent avoir rapport à l'entretien de leurs effets, à la propreté et à la salubrité ; de veiller à leur conduite, et de tenir la main à ce qu'ils soient rentrés aux heures indiquées : d'observer les sociétés qu'ils fréquenteront, et de leur donner des avis et des instructions paternels, comme s'ils étoient mes propres enfans ; enfin, de rendre un compte fréquent à la Direction de l'Ecole, de ce que j'aurai remarqué sur la conduite, le civisme et le caractère moral desdits Élèves.

Le tout moyennant la somme de soixante-quinze livres par mois, ou neuf cents livres par an, qui me sera payée à l'expiration de chaque mois, sur les ordonnances de la Commission des Travaux publics.

Dans le cas de maladie, les dépenses extraordinaires qui en résulteront, seront payées à part.

Fait à Paris, le   du mois de   l'an 3.° de la République Française, une et indivisible.

approuvés l'écriture cy-dessus Tahier

exemples domestiques, les formeraient aux vertus républicaines ». En conséquence, la commission des travaux publics invita les comités civils des six sections les plus voisines du palais Bourbon, à nommer chacune quatre commissaires, chargés de visiter les citoyens qui s'engageraient à recevoir des élèves en pension. Puis elle informa les candidats, par leur lettre d'admission, qu'ils trouveraient à Paris des pères de famille « *sensibles* et bons patriotes », lesquels les recevraient en pension moyennant neuf cents livres, prix de la nourriture et du logement. Ces pères de famille, qu'on appela les *pères sensibles*, répondirent aux propositions de la commission des travaux publics par un empressement patriotique dont on ne trouverait d'exemple à aucune autre époque et chez aucune nation (1).

En recevant un pensionnaire, chaque *père sensible* signait la déclaration dont le fac-similé se trouve page 223.

Père Conseil. — Le *père Conseil*, ancien bottier de l'École, a torturé un nombre considérable de promotions. Long, maigre, avec les lunettes sur le front, il s'efforçait de vous persuader que la botte qu'il vous essayait allait à merveille et ce dialogue invariable s'engageait entre l'élève et lui :

Conseil. — Trop grandes ! mais, monsieur, vous ne savez donc pas ce que c'est que des bottes ! c'est-à-dire qu'elles vont très bien. Oui, monsieur, vous viendrez me dire : « C'est ça, père Conseil, faites moi-z'en encore des comme ça ! »
L'élève. — Mais je vous assure qu'elles sont trop étroites du coudé-pied.
Conseil. — Trop étroites ! mais le cuir élargit toujours ; ça s'élargira.
L'élève. — Vous voyez bien qu'elles sont trop larges du talon.
Conseil. — Trop larges !... mais le cuir rétrécit toujours ; ça se rétrécira.

Perspec. — Abréviation de *perspective*. La perspective est enseignée par le professeur de géométrie descriptive. Monge, Leroy, Hachette, Arago, de La Gournerie, Mannheim ont successivement professé ce cours.

(1) Pinet, *Histoire de l'École polytechnique*.

Monge, toujours au milieu de ses élèves, s'associant à leurs efforts, applaudissant à leurs succès, était véritablement adoré. Tous cherchaient à lui exprimer leur reconnaissance et leur admiration. L'un d'eux, raconte Barnabé Brisson, se chargea un jour de dessiner en secret une sphère en y disposant les teintes d'un lavis selon les courbes obtenues par le calcul, et quand l'image fut achevée, il la plaça sous les yeux de Monge. Il est difficile de se faire une idée du bonheur qu'il éprouva ; vingt ans après il ne pouvait en parler sans émotion (1).

Nous avons déjà eu l'occasion de parler de Leroy, surnommé *Beuveau* et de La Gournerie que l'on appelait *Gournard*.

Le colonel Mannheim, élève de Chasles et de Poncelet, occupe la chaire de géométrie depuis trente ans. Toutes les promotions ont gardé le souvenir de ses leçons, professées d'une façon remarquable, à la suite desquelles on dessine la *niche*, la *voûte d'arêtes*, l'*arche biaise*. On

---

(1) Monge fut le véritable fondateur de l'École ; ce fut lui qui dirigea les *cours révolutionnaires*, restant toujours au milieu des élèves, les excitant au travail, devenant l'ami de chacun. Dans toutes les crises graves que traversa l'École à ses débuts, Monge intervint et la sauva. Lorsque les élèves, mal payés, à un moment même privés totalement de leur solde, étaient menacés de mourir de faim, il leur distribua son traitement. Quand Monge mourut, dépossédé par la Restauration de ses places, de ses titres, même de son titre de membre de l'Institut, les élèves sollicitèrent en vain la permission d'accompagner leur bienfaiteur ; mais le lendemain, jour de sortie, ils se rendirent en corps au cimetière du Père-Lachaise et déposèrent des couronnes sur sa tombe. Le 20 juillet de chaque année, l'École devrait envoyer une députation visiter sa sépulture.

luï fait tenir le discours suivant à la séance des *Ombres* :

— Messieurs, le plan vertical devenu transparent permet d'apercevoir avec une lunette d'approche, une succession infinie de vass' qui pissent et au delà du point de fuite une vass' qui piss' infiniment peu. C'est moi qui ai démontré que cette vass' pissait du premier ordre contrairement à M. de La Gournerie qui prétendait qu'elle pissait du deuxième ordre, autrement dit qu'elle ne pissait pas du tout.

Petits chapeaux. — On appelle *petits chapeaux* les élèves qui, à certaines années exceptionnelles, sont envoyés sur leur demande à l'École d'application de l'artillerie et du génie, après une année seulement de séjour à l'École. Ils conservent à *Bleau* l'uniforme et le chapeau de l'École polytechnique pendant une année, jusqu'à ce qu'ils soient promus sous-lieutenants.

Les premières promotions de *petits chapeaux* datent de 1840 et 1841. Auparavant, des promotions irrégulières avaient bien été faites avant l'expiration des deux années d'études, en particulier sous le Directoire et dans les dernières années de l'Empire, mais les élèves appartenant à ces promotions anticipées avaient été promus lieutenants en second ou sous-lieutenants.

Dans les salons de la ville de Metz, les danseuses remarquèrent l'élégance du chapeau de ces polytechniciens, à côté du formidable *blokhaus* des artilleurs et de l'immense *frégate* des sapeurs ; ce furent elles qui baptisèrent les nouveaux venus du nom de *petits chapeaux*.

Sur les démarches actives du général de Boblaye, commandant l'École de Metz, la faveur d'être *petit chapeau* fut renouvelée le 1ᵉʳ mai 1855 et le 1ᵉʳ mai 1856, à l'époque de la guerre d'Orient. Il en fut de même après la guerre de 1870 : deux promotions, celle de 1871 et celle de 1872 envoyèrent en même temps, au mois de février 1873, plusieurs *petits chapeaux* à l'École de Fontainebleau.

Depuis 1880, quatre promotions consécutives ont joui du même bénéfice en raison de l'extension des cadres de l'artillerie, comme cela s'était produit en 1840 et 1841. Ces quatre promotions ont donné ensemble *267 petits chapeaux*.

Les *petits chapeaux* sont promus sous-lieutenants le 30 septembre, un peu avant leurs camarades de la promotion régulière ; ils arrivent au régiment un an plus tôt.

A la séance des *Ombres*, l'apparition des *petits chapeaux* est saluée par ces couplets chantés sur l'air du *Pendu*, composés par le camarade de Guillebon :

Nous formons trois belles brigades,
Très fiers d'avoir lâché l'X,
Et sachez, pauvres camarades,
Qu'il n'est chez nous que des phénix.
Les moins malins ont l'assurance
Dans quinze ans d'être généraux :
Nous faisons une *poire* intense,   } bis.
Car nous sommes *petits chapeaux*.   }

En attendant, dans nos armoires
Nos claques restent enfouis ;
Nous mettons toute notre gloire
A ne circuler qu'en képi.

On nous prendrait, chagrin immense,
Pour des X et non pour des *Bleaux*.
Nous faisons une *poire* intense, } *bis.*
Car nous sommes *petits chapeaux*. }

Conscrits, un bon conseil de frère :
Soyez *petits chapeaux* en chœur ;
Vous aurez un sabre de guerre,
Des moustaches en accroche-cœurs.
Surtout des éperons immenses
Bien plus jolis que vos *malos*.
Vous ferez une *poire* intense } *bis.*
Car vous serez *petits chapeaux*. }

Phécy. — *Képi* d'intérieur. Ce mot désigne à proprement parler la calotte ou *fez* des chasseurs d'Afrique ; il ne s'emploie plus guère ; on lui préfère maintenant le mot *calot*.

Photo. — Abréviation de *photographie*, empruntée à l'argot courant (Sée, puis Franck, puis aujourd'hui Gerschel ont été les photographes attitrés de l'École). Une *photo de salle*, c'est le groupe des élèves d'une même salle ; tous les camarades en emportent une épreuve en quittant l'École et conservent avec soin ce souvenir de leur jeunesse.

Pi. — C'est le nom de la lettre grecque π, qui représente, comme chacun sait, le rapport de la circonférence à son diamètre. Nous ne voulons pas citer tous les jeux de mots, tous les calembours, auxquels se prête, pour les *taupins*, l'emploi de cette syllabe *pi*.

A l'École, tous les élèves connaissent le moyen mnémotechnique de retenir les premiers chiffres de la partie décimale du nombre π dont la valeur est 3,14159... ; on dit *un quatre* et *un cinq* font *neuf*. Le professeur Sarrau se sert à chaque instant, dans son cours de *méca*, des lettres π et τ (tau) et les élèves répètent :

Deux *pi* sur *tau*
C'est la formule de Sarrau !

L'expression *faire deux pi* signifie décrire une circonférence et, par extension, faire le tour complet de la cour. *Faire pi*, c'est faire une moitié de tour. *Faire pi sur deux*, c'est profiter du sommeil d'un camarade pour le redresser verticalement sur son lit.

Piger. — Prendre en flagrant délit, terme du jargon des collèges, encore employé quelquefois à l'École. Ceux qui jouent aux cartes veillent à ne pas se faire *piger* par le *basoff*.

Piger zéro, c'est obtenir la note *zéro* à un examen; autrement dit *piquer zéro*. Cette expression signifie encore « ne rien comprendre à une explication ». En sortant de l'*amphi* Résal, nombre d'élèves disent : « J'ai *pigé zéro* ».

Piocher. — C'est le terme ordinaire de l'argot des collèges ; il signifie « travailler avec ardeur ». Le travailleur obstiné est un *piocheur*. A l'École on ne l'emploie guère ; pourtant l'expression *temps de pioche* est encore usitée pour désigner la période de travail préparatoire aux examens de février, l'expression *temps de chiade* étant réservée pour celle qui précède les examens de fin d'année. Il y a cette différence entre les deux expressions, *temps de pioche* et *temps de chiade*, que la première n'évoque nullement l'idée d'un concours ; la seconde est plus énergique, elle se réfère à un travail plus fatigant, plus absorbant ; c'est pourquoi on dit la *pâle chiade*, celle qui use les forces et pâlit le visage.

Pipo. — Abréviation fantaisiste de *polytechnicien*. Le mot est usité surtout dans les lycées ; il est très répandu dans le quartier de l'École ; mais les élèves ne l'emploient guère entre eux : ils lui trouvent comme un petit air moqueur. Tel aspirant artilleur qui, aujourd'hui encore, aime à caresser la Muse, n'a pourtant pas craint de le glisser dans l'une de ses chansons, celle de la *Boulangère :*

La Boulangère a de grands yeux,
Les plus jolis yeux de la terre.
Pour attirer les amoureux
La Boulangère a de grands yeux.
Elle a le buste merveilleux,
La démarche vive et légère,
La taille svelte et de grands yeux
Les plus jolis yeux de la terre.

La Boulangère habite auprès
Tout auprès de Polytechnique ;
Elle ne l'a pas fait exprès
Mais pourtant elle habite auprès.
Les beaux *pipos* sont toujours prêts
A regarder dans sa boutique.
La Boulangère habite auprès
Tout auprès de Polytechnique.

A l'École il n'est qu'une voix
Pour célébrer sa gentillesse.
— Qu'elle est mignonne !.— Je te crois !
A l'École il n'est qu'une voix...
Bien des *pipos*, s'ils étaient rois,
Ne voudraient pas d'autre maîtresse.
A l'École il n'est qu'une voix
Pour célébrer sa gentillesse.

Pour trouver place dans son cœur
Il faut posséder l'uniforme ;
Il faut marcher d'un air vainqueur
Pour trouver place dans son cœur.
Mais les civils lui font horreur :
L'un est bête et l'autre est difforme ;
Pour trouver place dans son cœur
Il faut posséder l'uniforme !

Les polytechniciens charmés
L'adorent tous sans le lui dire ;
Ses regards laissent désarmés
Les polytechniciens charmés.
Les discours les plus enflammés
Sont remplacés par un sourire.
Les polytechniciens charmés
L'adorent tous sans le lui dire.

Car la fillette a de grands yeux
Les plus jolis yeux de la terre,
Pour attirer les amoureux,
La Boulangère a de grands yeux.
Elle a le buste merveilleux,
La démarche vive et légère,
La taille svelte et de grands yeux
Les plus jolis yeux de la terre.

Le mot *pipo* est également employé dans les familles. Il n'est pas rare d'entendre un père tout orgueilleux [des succès de son jeune fils, bambin de dix ans, s'écrier : « Il vient d'être le premier de sa classe en arithmétique... il ira à l'École *pipo !* »

Pipopipette. — Dans les salles, pendant les longues heures de l'étude du soir, il faut bien se livrer à quelque jeu de combinaison. En cherchant à compliquer le vieux jeu de la marelle ou de la pettie, tous deux renouvelés des Grecs, les polytechniciens ont imaginé un jeu nouveau, assez original. Sur un papier quadrillé, on trace à l'encre un carré renfermant trente-six ou quarante-neuf ou soixante-quatre cases, dont les côtés sont indiqués au crayon. Chaque joueur, à tour de rôle, trace à l'encre un côté quelconque de l'un des carrés intérieurs; celui qui parvient par un dernier trait à *fermer* un carré marque un point à son avoir et continue à jouer. Le gagnant est celui qui a fermé le plus grand nombre de carrés.

Édouard Lucas, le très regretté professeur de Saint-Louis, a cité ce jeu nouveau, qu'il a appelé la *pipopipette* en l'honneur de l'École, dans ses *Récréations mathématiques*.

Pique-boyaux. — Nom donné aux prévôts de la salle d'armes. L'enseignement de l'escrime, autrefois facultatif, est devenu obligatoire. Des séances régulières sont consacrées à l'escrime et, à époques fixes, des assauts ont lieu devant l'état-major de l'École. Parmi les professeurs civils qui autrefois enseignaient l'escrime, parmi les plus fines lames, il faut une mention spéciale pour Lozès, qui fut un des meilleurs maîtres et pour son prévôt.

Piquer. — Mot emprunté à l'argot ordinaire. Un *pique-assiette* est le parasite toujours en quête d'une invitation; la jeune fille qui rougit *pique un soleil* ou encore *pique un* fard; le solliciteur, qui attend dans une antichambre le bon plaisir d'un grand personnage, *pique le tabouret.* A l'École, ce même mot est employé dans mille circonstances : *piquer l'étrangère,* c'est rêvasser à l'heure du travail et, par extension, n'être pas à la conversation ; *piquer un chien,* c'est dormir ; *piquer une sèche,* c'est avoir en *colle* une très mauvaise note ; *piquer le bouquin,* c'est lire un roman, etc. On dit aussi *piquer une course* (pour courir), *piquer la lèche* (flatter), *piquer un laïus* (faire un discours), etc.

Certains colleurs *piquent bas,* c'est-à-dire donnent des notes généralement faibles; d'autres, au contraire, *piquent haut. Piquer la constante,* c'est donner à un élève toujours la même note. La même expression se rapporte à la fois au *colleur* qui donne la note et à l'élève qui la reçoit : « Un tel a *piqué* 4 chez Moutier ». On cite des examinateurs qui ne piquent jamais de 20, de 19 ou même de 18. Le célèbre Gérono disait à un élève qui venait de passer en colle d'une manière remarquable : « Si Dieu le Père passait chez moi à la *planche,* je lui *piquerais* 19 ; si c'était Jésus-Christ, je *piquerais* 18 ; si c'était M. Chasles, je mettrais 17. Pour vous, monsieur, je me contenterai de vous *piquer* 16. »

Pique-chien. — Sobriquet des sergents-majors, garde-consigne préposés à la garde de tous les postes : poste d'entrée, poste du parloir, poste Nord, poste Sud, par où passent les élèves.

On les appelle ainsi parce qu'ils n'ont rien à faire et qu'ils passent leur journée à dormir c'est-à-dire à *piquer un chien*. Chaque pique-chien a la garde spéciale d'un des postes de l'école ; un pique-chien supplémentaire remplace le titulaire quand il s'absente : on l'appelle le *Voyageur*.

Beuveau *l'Orifice*, *Mon Oncle* étaient des *pique-chien*.

Pisseraide. — *Petit robinet d'eau* à forte pression placé dans le corridor des salles d'études, où l'on va chercher l'eau fraîche et potable.

Pitaine. — Abréviation du mot *capitaine*.

Il y a à l'École six capitaines : trois de l'artillerie, deux du génie et un de l'artillerie de marine, qui portent le titre d'*inspecteurs des études* ; ils sont chargés de la surveillance, de la discipline et de l'instruction militaire des élèves.

Au palais Bourbon, sous le régime de l'externat, la surveillance était exercée par le sous-directeur et trois substituts attachés chacun à l'une des divisions, car les cours duraient trois années. Quand l'École fut transformée en une institution militaire, la discipline fit l'objet principal du décret de l'an XII; le général gouverneur eut sous ses ordres un colonel commandant en second, un chef de bataillon, deux capitaines, deux lieutenants et un quartier-maître; un capitaine ou un lieutenant dut assister tous les jours aux leçons faites à l'amphithéâtre.

Les officiers de ce temps-là, appartenant à l'arme de l'infanterie et absolument étrangers à toute étude des sciences, ne parlaient aux élèves, dit Charles Dupin, « que de faction, de violon, ou d'arrêts forcés et n'agissaient sur leur intelligence que pour leur commander alternativement tête à droite, ou tête à gauche ».

Après la réorganisation de 1816, le régime militaire fut supprimé; on lui reprochait de dénaturer l'institution et de ne donner qu'un faible gage de subordination. La surveillance journalière des élèves pendant les études et au dehors incomba à six sous-inspecteurs qui durent être choisis parmi les fonctionnaires en activité dans les services alimentés par l'École.

Au lendemain de la révolution de 1830, l'École ayant été placée dans les attributions du ministre de la guerre et soumise de nouveau au régime militaire, on mit à sa tête un état-major composé d'un général commandant, d'un colonel commandant en second et de quatre capitaines qui prirent le titre d'*inspecteurs des études*. C'est le mode d'organisation qui fonctionne encore aujourd'hui.

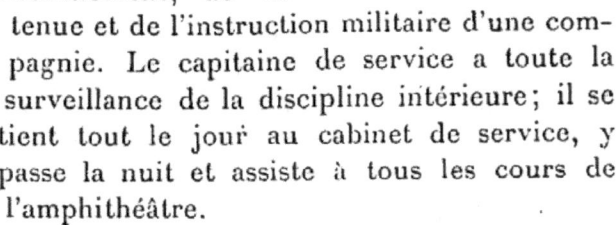

Chaque capitaine est chargé de l'habillement, de la tenue et de l'instruction militaire d'une compagnie. Le capitaine de service a toute la surveillance de la discipline intérieure; il se tient tout le jour au cabinet de service, y passe la nuit et assiste à tous les cours de l'amphithéâtre.

Jusqu'à l'année 1870, les capitaines attachés à l'École, comme tout le personnel de l'état-major, ont porté un uniforme spécial; depuis cette époque, ils revêtent l'uniforme de l'arme à laquelle ils appartiennent. On leur a retiré depuis quelques années seulement l'autorisation d'y ajouter les aiguillettes de l'état-major.

On choisit ordinairement, pour en faire des inspecteurs des études, des capitaines déjà anciens et proposés pour l'avancement; leur mission est toute de tact et de mesure, les jeunes capitaines sont généralement plus redoutés des élèves. Les officiers du génie passent pour être plus sévères que les artilleurs; mais chez presque tous la bienveillance domine et leur rôle se borne la plupart du temps à des exhortations et à des conseils.

Par extension on donne le titre de *pitaine*, suivi du mot désignant la fonction, à tout agent chargé d'une part du service de surveillance. Ainsi le *pitaine Bouquin* est l'agent qui distribue les livres à la bibliothèque ; le *pitaine Torchon* est l'agent chargé d'essuyer le tableau noir à l'amphithéâtre ; le *pitaine Gog* est préposé au nettoyage des *longchamps* ; le *pitaine Gras d'huile* est le préposé à l'entretien des lampes. Un certain *Gras d'huile*, qui s'appelait Fiat, était vers l'année 1844 toujours accueilli par l'épithète d' « Assassin ! ». On l'accusait de meurtre parce qu'il est écrit : *Fiat tua Voluntas*. Fiat n'a jamais compris ! Un autre *Gras d'huile* dont nous donnons le portrait était encore surnommé *Sans-Viande* à cause de sa maigreur.

Une analogie qui ne manque pas d'une certaine poésie a fait donner à l'agent qui vient distribuer dans les salles d'étude les feuilles autographiées des cours, le nom de *pitaine Printemps* : c'est lui qui apporte les feuilles ! Les élèves ont conservé le souvenir de Dardaillon qui, après avoir occupé différents postes à l'École devint *pitaine Printemps* et en même temps distributeur des papiers à épures ; à cause de cette dernière fonction on l'appelait encore *ds*, *ds* étant la représentation de l'élément de surface.

Chaque fois qu'on l'apercevait traversant la cour, on entonnait en chœur :

Voi - la Dardaillon qui pas - se Tout bos - su tout cro - chu tout tor - du tout mal.fi chu Son u - ni - forme est dé - cou - su On le voit pres - que nu

Planche. — La *planche* c'est le tableau noir, l'affreux tableau noir qu'on a tant de fois couvert d'x et d'y.

Être appelé à la planche, c'est être appelé à subir un examen, soit une interrogation du professeur à l'amphithéâtre, soit une colle d'un répétiteur.

Podzèbe. — Expression bizarre empruntée à l'argot du soldat ; son orthographe varie à chaque instant : on écrit indifféremment *podzèbe*, *podzèbie*, ou *peau de zèbe*. L'origine et l'étymologie de cette expression sont difficiles à trouver, le mot s'emploie dans le sens de « rien ». Ne pas comprendre une démonstration se dit « Voir *podzèbe* à la *démonstr* ». Dans l'argot de la rue « la peau » veut dire « rien ».

Point gamma. — La *fête du Point gamma* était une étrange mascarade qu'on célébrait à l'équinoxe du printemps, dans laquelle chacun cherchait à figurer avec le plus fantastique travestissement. Inaugurée pour la première fois en 1861, à l'inspiration du camarade Émile Lemoine, elle se trouva en quelque sorte la continuation du bal burlesque des *fruits secs*, disparu depuis l'année 1848. Elle a été supprimée en 1880 sur l'ordre du ministre de la guerre.

La lettre grecque γ (gamma) choisie parce qu'elle figure sensiblement les cornes du bélier, désigne l'un des deux points où l'équateur céleste coupe l'écliptique, celui qui correspond au passage du Soleil dans le signe du Bélier, vers le 21 mars, à l'équinoxe du printemps. De là, le nom de *fête du Point gamma*, donné à la fête dans laquelle on célébrait tous les ans le passage du Soleil à l'équinoxe, comme autrefois les adorateurs du feu :

> Mes chers amis, si j'ouvre le bec,
> C'est afin de chanter avec
> L'œil humide et le gosier sec
> Toute la splendeur d'un mot grec.
>
> Tradéri déra, vive l'équinoxe !
> Pour elle toujours l'amour m'enflamma,
> Et dans l'instant même il faut que je boxe
> Celui qui ne dit : — Viv' le point gamma !

Dans les premiers temps, la fête était assez simple. Elle consistait en une procession solennelle, dans la cour, de tous les élèves déguisés de la façon la plus extraordinaire ; un soleil, avec de gigantesques rayons, y paraissait porté par des sauvages de la zone torride, suivis d'Indiens, de nègres, et de masques bizarres ; la procession faisait plusieurs fois le tour de la cour. On célébrait ensuite quelques cérémonies mystérieuses et la fête se terminait par des danses folles, aux sons d'une musique infernale, dans les salles de récréation.

« Ce jour-là, dit M. Ragu (1), l'École a l'aspect d'un vaisseau qui va franchir la Ligne. Les portes sombres des salles d'études s'ouvrant sur le corridor semblent autant de sabords d'où s'envolera tout à l'heure une bordée d'éclats de rire. L'équipage travaille ferme dans l'entrepont. Le branle-bas est général. Des épures de costumes s'étalent sur les

planches, ce dernier domaine des figures de géométrie. Dans les profondeurs de l'amphithéâtre, un groupe d'élèves, musiciens, répète une dernière fois un répertoire de quadrilles et de marches triomphales. A deux heures et demie la fête commence. »

(1) M. E. Ragu, attaché depuis vingt-cinq ans à la direction des études de l'École et dessinateur des plus habiles, nous a offert pour l'*Argot de l'X*, avec la plus extrême amabilité, quelques-uns de ses plus remarquables portraits.

A la première fête, en 1861, l'orchestre exécuta l'*Ouverture du point* γ, œuvre d'un camarade qui délaissa bientôt l'harmonie pour l'étude mathématique des vibrations sonores et lumineuses et qui parvint, non à l'Opéra, mais à l'Académie des sciences. Une édition de cette ouverture célèbre, qui a paru au moment de la première audition, porte en exergue cette phrase tirée de Phèdre :

Cito rumpes arcum semper si tensum est.

Vers l'année 1875, la fête du *point gamma* commença à prendre une très grande importance. On ne se contenta plus des costumes primitifs en papier, dont la confection n'avait exigé que du goût, de l'imagination et qui produisaient le plus grand effet : on voulut des costumes véritables, faits d'étoffes bariolées, aux couleurs éclatantes, des costumes de femmes, de nourrices, de danseuses. Alors on s'adressa aux magasins de nouveautés ; le *Louvre* et le *Bon Marché* confectionnèrent les travestissements. Une année, le décorateur Belloir monta, en deux heures, une immense salle de danse dans la cour. La fabrication des guirlandes de fleurs et de feuillage, l'exécution des tableaux peints, les essayages, les répétitions, les préparatifs divers avaient fini par absorber une période de quinze jours durant laquelle tous les travaux cessaient, toutes les études étaient suspendues, toutes les têtes étaient en délire. L'autorité s'émut de la perte de temps, des lourdes dépenses que cette fête occasionnait et le ministre la supprima. On l'a remplacée par une semaine de vacances à la fin des examens généraux de février.

Police. — Rien des sergots, ni des compagnies d'assurance ; c'est la punition (abréviation de « salle de police »), qu'on inflige à l'élève qui a commis une faute grave. Celui-là est enfermé les jours de sortie, sous les mansardes, dans une chambre étroite, qui sert aussi de prison : il y peut tout à l'aise chanter, sur l'air de *Fualdès*, les couplets de la complainte :

> Dans un cachot, sombre cahute
> Où l'jour pénètre par en haut,
> On enferme tous ceux qui n'o-
> Béissent pas ou qui *chahutent* ;
> Et chaque jour un *tapin* vient
> Leur porter l'*anhydre* et l'vin.

> J'ai pour meubl's un' table boiteuse,
> Un *bouret*, un lit, un *souriau* ;
> J'ai à peine huit pieds de haut,
> Un' pauv' fenêtre malheureuse.
> Oui, c'est moi qui suis la prison
> Et je vous en d'mande pardon.

Le mot *police* désignait autrefois le *bonnet de police*, couvre-chef d'intérieur qui était orné d'un gland de couleur jaune ou rouge, suivant la promotion ; on en rabattait la coiffe pour se préserver du froid ; sa souplesse le rendait aisément *bahutable ;* on l'échangeait, à l'époque des vacances, contre un élégant bonnet de police à gland d'or.

Polytechnique (La). — C'est ainsi qu'on entend quelquefois désigner vulgairement l'École polytechnique. On sait que l'institution, fondée par un décret de la Convention, le 11 mars 1794 (21 ventôse an II), s'appela d'abord *École centrale des travaux publics*. Ce fut un an plus tard qu'une loi du 15 fructidor an III (1er septembre 1795), rendue sur la proposition de Prieur (de la Côte-d'Or), changea son nom en celui d'*École polytechnique*, changement qui annonçait toute une transformation dans le but et le rôle de l'institution.

Jules Simon raconte qu'un normalien, auteur dramatique, candidat à l'Académie française, avait entrepris à l'École normale un poème qui débutait par ces trois vers :

> Élève distingué d'une célèbre École,
> Charles est ingénieur et dans tout ce qu'il dit
> De la Polytechnique on reconnaît l'esprit.

La *Polytechnique* est aussi le titre d'une chanson qui fut composée par Héron de Villefosse en 1794.

Les premiers élèves avaient institué dès 1798 et organisé depuis, par les soins de leurs anciens camarades, Rohault et Rendu, une réunion amicale où se rencontraient de temps en temps les élèves de la fondation présents à Paris. Ce fut à la première de l'une de ces joyeuses réunions qu'on entendit la *Polytechnique*.

Les couplets ont été recueillis par Lefrançois, devenu plus tard colonel d'artillerie, et par M. de Fourcy. On les chantait sur l'air *Mes bons amis, pourriez-vous m'enseigner*.

Mes bons amis, célébrons les plaisirs
De l'École polytechnique ;
Mais écartons de nos joyeux loisirs
Son attirail scientifique.
Le z, l'x et l'y
M'inspirent grand respect ;
Mais s'il faut que mon cœur s'explique,
Franche amitié, propos joyeux,
Voilà ce que j'appris de mieux
A l'École polytechnique.

Qui le croirait ! Trois cents jeunes rivaux,
A l'École polytechnique,
Vivaient heureux, vivaient libres, égaux,
En l'an III de la République !
En vain les niveleurs,
Sur la patrie en pleurs
Traînaient leur niveau tyrannique ;
Et l'amitié, tout bonnement,
Assurait son niveau charmant
Sur l'École polytechnique.

Règne sur nous, aimable souvenir
De l'École polytechnique.
Nos premiers jeux, d'un heureux avenir
Sont pour nous le gage authentique.
Oui, ces nœuds fraternels,
Sont sacrés, éternels
Comme les lois de la physique ;
Et si jamais les passions
Veulent les rompre, amis, pensons
A l'École polytechnique.

>   Tous les objets, tous nous rappelleront
>   Notre École polytechnique :
>   Vaisseau, Canon, Fort, Carte, Mine, Pont,
>   Tout aura ce pouvoir magique.
>   Or comme il est constant
>   Que l'École est vraiment
>   Un manoir encyclopédique,
>   Pour notre honneur, prouvons soudain
>   Qu'on est expert en fait de vin
>   A l'École polytechnique.
>
>   Et toi, Le Brun (1), et toi, digne soutien
>   De l'École polytechnique,
>   Viens parmi nous, le calepin en main,
>   A table exercer ta critique !
>   Dis à chacun tout bas :
>   Quoi, *nous* ne buvons pas !
>   *Nous* méritons que l'on *nous* pique
>   Car il est dans le *règlement*
>   Qu'il faut boire pour être enfant
>   De l'École polytechnique.

Lorsque les polytechniciens de la Belgique et des Pays-Bas furent séparés de la France, en 1815, ils fondèrent la *Société Polytechnique de Belgique*, dans le but de se réunir tous les ans à Bruxelles, à l'aniversaire de la fondation de l'École ; ce jour-là, tous entonnaient *la Polytechnique*, et ce sont eux qui y ont ajouté ces nouveaux couplets :

>   Nos cœurs émus à ces vieux souvenirs
>   De l'École polytechnique,
>   Sont reportés en de lointains plaisirs.
>   Et dans un élan sympathique,
>   Retrouvant le passé,
>   Qui fut si mélangé
>   De joie et de mathématique,
>   Nous rendons hommage aux savants
>   Qui posèrent les fondements
>   De l'École polytechnique.

---

(1) Le Brun était inspecteur des études à l'École ; il était aimé et vénéré des élèves. Ce respectable chef ne disait jamais à personne : « Vous avez tort », mais seulement « Nous avons tort », se mettant ainsi de moitié dans le reproche qu'un si fidèle observateur du règlement était toujours bien loin de mériter.

Il semble encor que nous les entendions
A l'École polytechnique.
Au milieu d'eux, Monge, nous te voyons,
Toi notre centre asymptotique.
Oui, ton nom révéré,
Parmi nous prononcé,
Est une étincelle électrique
Qui ravive les sentiments
De ceux qui furent tes enfants
A l'École polytechnique.

Bien loin de nous sont envolés les ans
De l'École polytechnique,
Et de nos voix ainsi que de nos chants
A fui la verve poétique ;
Mais le cœur parmi nous
Échappe à de tels coups
Et, par un privilège unique,
Il est à tout âge, en tout temps,
Toujours jeune chez les enfants
De l'École polytechnique.

L'esprit le même au delà du trépas
Qu'à l'École polytechnique,
Nous partirons en laissant ici-bas
Tout espoir vain et chimérique ;
Nous formerons là-haut
Ou plus tard ou plus tôt
Un cercle aimant et pacifique ;
Nous nous ferons un paradis
De tous les chants réunis
De l'École polytechnique.

Ce paradis est des plus assurés
Pour l'École polytechnique ;
Le z, l'y et l'x en sont donnés
Par les lois de la mécanique.
Le frère Le Verrier
Pourra nous y guider ;
Lui qui connaît si bien les cieux
Y saura caser pour le mieux
Notre École polytechnique !

Le dernier couplet fut composé en 1846 en l'honneur de Le Verrier qui venait de découvrir la fameuse planète Neptune. Guillery, le président de la Société, invita le célèbre astronome au banquet annuel. « Nous datons de loin, lui disait-il dans sa lettre d'invitation, et dans l'excentricité de notre orbite l'admiration affectueuse et dévouée que nous inspire un frère tel que vous est en raison directe du carré du temps, et directe aussi du carré de la distance (1). »

Le Verrier répondit sur le même ton par un couplet, mais ne se rendit pas à l'invitation.

La Polytechnique, c'est encore le nom qui fut donné à

la chaloupe canonnière (2) construite par les élèves, à leurs frais, pour concourir au projet de descente en Angleterre formé par le premier consul. Construite sur la Seine vis-à-vis le palais Bourbon, la *Polytechnique* avait 25 mètres de quille et était armée de trois canons. On la mit à l'eau le 10 frimaire an XII à trois heures de l'après-midi ; un enseigne de vaisseau de la promotion 1794, Charles Moreau, en prit le commandement.

(1) Extrait des archives de la Société polytechnique de Belgique, communiqué par les soins obligeants du lieutenant de Mohr, fils d'un polytechnicien belge.
(2) G. Pinet, *Histoire de l'École polytechnique*.

La Polytechnique est enfin le nom d'une marche nationale, qui fut composée après les *trois glorieuses* journées de juillet 1830 par le capitaine du génie Liadières et qui fut mise en musique par Paër. On entendra le 19 mai 1894 une cantate, la *Polytechnique*, paroles de A. Silvestre et musique de Sarez, tous deux anciens élèves de l'École.

Le peuple a dit : Leur cœur est sans alarmes,
De Saint-Chaumont ne vous souvient-il pas?
Leurs devanciers pour moi prirent les armes,
Et je les vis, sans reculer d'un pas,
Sur leurs canons affronter le trépas (*bis*).

    Les voyez-vous, etc.

Après ce jour, la liberté s'envole,
On foule au pied l'honneur, la loyauté,
Mais chaque mur de la savante École,
Durant trente ans empreint de liberté
Disait : Sois libre; ici, tous l'ont été (*bis*).

    Les voyez-vous, etc.

Aux cris du peuple, aucun d'eux ne balance,
Chacun répond : « Amis, suivez nos pas;
« De l'esclavage, il faut sauver la France ! »
Et pour le fer dont il arme son bras,
Il a d'Euclide échangé le compas (*bis*).

    Les voyez-vous, etc.

Des jeunes chefs l'effort se multiplie,
On voit partout l'uniforme vengeur;
Conduit par lui, le peuple se rallie,
Combat, triomphe, et la triple couleur
Flotte au château conquis par sa valeur (*bis*).

    Les voyez-vous, etc.

Salut, salut, École citoyenne!
Qui défendit la patrie et les lois.
Par nous tressée, une branche de chêne
Est réservée aux vengeurs de nos droits;
C'est le seul prix digne de tes exploits (*bis*).

    Ils ont conquis la victoire et la paix
    Par un dévouement héroïque,
        Et l'École polytechnique
        Est l'école des bons Français.

Pompier. — Chant au rythme heurté, qui serait, paraît-il, un chant de sapeurs-pompiers; les paroles se réduisent à la syllabe *Pan, Pan !* indéfiniment répétée. Il est l'accompagnement obligé de l'événement le plus insignifiant.

Une nouvelle, bonne ou fâcheuse, est-elle annoncée? *Un pompier*. Un fumiste traverse la cour ? *Un pompier*.

Il existe deux *pompiers*, qui se distinguent l'un de l'autre par la musique. Le *petit pompier* est une sonnerie de cavalerie ; l'air du *grand pompier* est emprunté à l'opéra des *Puritains* :

Ces airs se chantent depuis bien longtemps à l'École ; le *Pompier* s'appelait autrefois le *Triomphe*.

Pondant. — Abréviation de *correspondant*. Les élèves dont les père, mère ou tuteur ne résident pas à proximité de Paris, doivent avoir un correspondant dûment accrédité auprès du général commandant l'École. Le *pondant* se présente au colonel le jour de l'entrée ; il reçoit une carte l'autorisant à venir voir l'élève au parloir, puis il n'a plus de rapports avec l'autorité que dans les circonstances graves.

Postards. — Les *postards* sont les élèves qui ont été préparés par l'institution des jésuites de la rue Lhomond, anciennement rue des Postes. Leur nombre va en augmentant chaque année. Ils n'étaient guère que deux ou trois vers 1860, ils sont maintenant près de vingt-cinq par promotion.

Postes. — Les *postes* étaient une sorte de brimade en honneur sous le premier empire, mais dont le caractère était plutôt celui d'une peine ; on l'infligeait, après une instruction secrète et un vote, à celui qui avait compromis au dehors le bon renom de l'École. Le condamné était traîné dans la cour par dix de ses camarades qui l'entraînaient dans une course rapide dont la vitesse, s'accroissant de minute en minute par le concours de nouveaux auxiliaires, finissait par devenir vertigineuse et laissait la victime épuisée.

L'expression *les Postes* désigne aussi l'école de la rue des Postes.

Potasser. — Synonyme de *travailler avec ardeur*, de *piocher*. Très usité dans les collèges et à Saint-Cyr dont les élèves ont adopté pour devise cette formule chimique

S + KO (soufre et potasse), ce mot ne s'emploie plus guère à l'École.

A-t-on voulu, par cette expression, comparer l'état du cerveau en travail à l'effervescence du potassium quand il s'unit à l'oxygène ? Mystère ! Ce qui est certain c'est que l'épithète de *potasseur* n'est pas toujours flatteuse ; bon nombre de polytechniciens affectent de peu travailler, afin de faire valoir surtout leur intelligence.

Poulet (coup du). — Le premier jeudi qui suit la rentrée, il est d'usage de *chiper* le poulet des conscrits. Les *ans* pénètrent dans les réfectoires avant l'heure du repas, s'emparent des poulets déjà servis sur les tables et les emportent. La chose est tellement entrée dans les mœurs que le *magnan* a soin, ce soir-là, de tenir en réserve des portions d'*anhydre* prêtes à être servies aux conscrits privés de rôti.

Pouletoscope. — Petit instrument appelé aussi *gallinoscope*, destiné à distribuer, par voie de roulement, les différents morceaux du poulet qui sera découpé au repas du soir. Il y a deux poulets par table de dix. L'instrument se compose d'un cercle mobile divisé en cinq secteurs égaux portant chacun l'indication d'une des portions (la carcasse, les deux pattes, les deux ailes) et se mouvant devant un cadran fixe sur lequel sont inscrits les noms des dix élèves de la table. L'instrument fonctionne en salle tous les jeudis soirs et avance d'une division par semaine.

Poulot. — Le jeune duc d'Orléans, fils de Louis-Philippe, suivit pendant quelque temps les cours de l'École en qualité d'auditeur externe. On l'appelait le *Grand Poulot*. Lors de la fête polytechnicienne qui fut organisée au lendemain des *trois glorieuses*, il assista au banquet offert par tous les anciens élèves à leurs jeunes camarades dans l'orangerie du Louvre, le 17 août 1830, assis en face du doyen d'âge de la première promotion, Sainte-Aulaire, de l'Académie française. Au dessert, il prit la parole en ces termes : « Je suis fier d'être le condisciple des élèves qui ont pris une part si glorieuse à la défense de nos libertés. Ils ont su, par leur patriotisme, diriger le zèle des concitoyens en même temps que, par leur amour de l'ordre, ils ont contribué à maintenir l'ordre de la capitale. Je suis fier d'être auprès d'eux l'interprète de la France et je propose ce toast : « Aux élèves de l'École polytechnique, qui ont concouru d'une manière si puissante à la défense de nos libertés nationales ! »

Pourrat. — Jadis quand on voulait procéder à sa toilette au *casert*, il fallait remplir d'eau sa cuvette au robinet du *corio*. C'est le général Pourrat, l'un des commandants les plus aimés, qui a introduit l'usage du pot à eau, appelé depuis le *pourrat*. Il ne prévoyait pas que cet ustensile de toilette serait d'un emploi précieux pour *jodoter* les camarades par les fenêtres, pour remplir d'eau les bottes des *conscrits*, ni surtout qu'il servirait d'arme dans les combats singuliers, lorsque pendant l'été deux adversaires, en costume d'Adam, munis chacun d'un *pourrat* s'avancent l'un sur l'autre à un signal convenu et s'aspergent du contenu en même temps que leurs voisins.

Le pot à eau s'appelant le *pourrat*, la cuvette placée en dessous devait forcément s'appeler l'*hypopourrat*.

Prolonge. Rallonge. — La *prolonge* est la prolongation de sortie que le général, dans certaines circonstances, accorde aux élèves le mercredi ou le dimanche soir, pour leur permettre d'aller au théâtre. Ce jour-là, l'heure de la rentrée, ordinairement fixée à dix heures, est reculée jusqu'à minuit quarante-cinq.

Il y a toujours *prolonge* les jours de fête, les jours de revue ou d'inspection, et à l'occasion de quelques cérémonies traditionnelles, par exemple le premier dimanche qui suit l'élection des *caissiers*, le jour de la réunion de la Société amicale...

La *rallonge* est la prolongation du temps de liberté par l'autorisation de sortir le dimanche matin avant huit heures, l'heure habituelle. Sur une demande spéciale, le général permet presque toujours de sortir dès six heures du matin.

Autrefois la *rallonge* avait lieu de droit le jour de Noël. L'hiver, à cette heure matinale, comme on ne savait que faire, on se rendait au Jardin des Plantes faire *dégueuler* l'ours. On jetait à Martin des morceaux de pain remplis de tabac ; le résultat attendu ne tardait pas à se produire.

La *rallonge* est encore la permission de ne rentrer, les dimanches d'été, qu'à onze heures au lieu de dix.

Les sorties libres du dimanche et du mercredi n'ont pas toujours été autorisées. Sous le premier empire on ne sortait que le dimanche. Au commencement de la Restauration, le roi s'était prononcé formellement contre les sorties libres ; il avait essayé d'introduire à l'École l'usage des promenades communes, l'après-midi du mercredi et du dimanche, comme dans les pensions ; mais en 1817 ces promenades furent supprimées, les élèves ayant refusé de s'y rendre ; le duc d'Angoulême fit substituer à la promenade du mercredi une sortie générale. Le dimanche matin on allait à la messe et la sortie n'était libre que de une heure à six heures et demie du soir.

A la rentrée de 1830 les élèves obtinrent de sortir tous les jours, mais cet abus cessa bien vite ; eux-mêmes se déclarèrent satisfaits de pouvoir disposer de la journée entière du dimanche et de la soirée du mercredi.

Promo. — Abréviation de *promotion*. A l'École polytechnique les promotions ne sont pas baptisées chaque année, comme à Saint-Cyr, d'un nom particulier ; rien ne distingue les camarades d'une promotion de ceux d'une autre promotion.

Tout polytechinicien est le *cocon*, le *conscrit*, l'*ancien* ou l'*antique* d'un autre polytechnicien ; il n'existe pas d'autre titre ou appellation distinctive.

Les promotions sont désignées toutes par la date de

l'année de l'admission. Quelques-unes, il est vrai, ont conquis un peu plus de célébrité :

Et d'abord la première promotion (1794), « joyeuse conscription » des hommes de vingt ans appelés aux hautes écoles créées par la Convention, qui produisit tant d'hommes remarquables tels que le comte de Sainte-Aulaire, Biot, le marquis de Chabrol, de Chézy, Choron, Héron de Villefosse, Liautard, Malus, Poinsot, Rohault de Fleury, Sédillot, Valkenaer ;

La promotion de l'an VI dont le directoire, à la suite de l'affaire du théâtre des Jeunes Artistes (1), ordonna une épuration générale qui se borna au renvoi de quatre élèves ;

La promotion de 1804, dont le major était Arago, qui inaugura le régime du casernement et reçut le drapeau de l'École ;

Les promotions de 1812 et 1813 qui s'illustrèrent à la défense de Paris le 30 mars 1814, à la barrière de Vincennes ;

La promotion de 1815, qui fut licenciée par le gouvernement de la Restauration ;

Les promotions de 1828 et 1829, qui prirent une part si active aux *trois glorieuses journées* de juillet 1830 et contribuèrent puissamment à la popularité de l'École ;

Les promotions de 1847 et 1848 qui essayèrent de se jeter entre les combattants, aux journées de Février, pour arrêter l'effusion du sang.

En 1870 on a donné le nom de *promotion de Paris*, au petit groupe de quinze ou seize conscrits qui vinrent se présenter à l'École aussitôt après la publication de la liste d'admission, et qui, immédiatement habillés, équipés, furent

---

(1) Quelques élèves, alors externes, couraient le soir les salles de spectacle et tournaient en ridicule les chants patriotiques. Un soir, au théâtre des Jeunes Artistes, il y eut des coups échangés entre les spectateurs et plusieurs élèves furent arrêtés. Après l'épuration qui suivit, les élèves durent porter un uniforme.

envoyés à l'instruction militaire avec les anciens élèves. Le restant de la promotion 1870, convoqué à Bordeaux, où l'École avait été rouverte le 4 janvier 1871, fut désigné par Serret lui-même, le directeur délégué, sous le nom de *promotion de Bordeaux* ; il resta dans cette ville jusqu'au 12 mars, date à laquelle tous les élèves de la promotion 1870 furent invités à se rendre à Paris.

Un signe distinctif caractérise cependant les deux promotions qui prennent place en même temps sur les bancs de l'École. C'est la couleur de la grenade du col du *berry* et du liséré du képi d'intérieur.

Pour l'une, la promotion de millésime pair, cette couleur est rouge, c'est la *promo rouge* ; — pour l'autre la couleur est jaune, c'est la *promo jaune*.

Pendant la période de l'*absorption*, du *bahutage*, la couleur de la *promo* des conscrits est, bien entendu, le prétexte des plaisanteries les plus saugrenues. *Sales jaunes !* disent les anciens, prédisant à leurs conscrits toutes sortes d'infortunes conjugales pronostiquées par la couleur du galon. *Sales rouges !* disent les jaunes, l'année suivante, cherchant à faire des allusions à des opinions politiques que personne n'a songé à manifester. C'est à l'occasion de ces luttes byzantines où les partisans du jaune ou du rouge défendent chacun leur couleur, qu'on voit essayer quelquefois le *coup du disque*. Au risque de se rompre vingt fois les os, un conscrit, gymnasiarque habile, grimpe sur le faîte de l'amphithéâtre de physique au-dessus duquel brille le disque qui sert à régler le sextant et le peint de la couleur de sa promotion. Le rouge triomphe jusqu'à ce qu'un ancien plus audacieux armé d'un pinceau jaune risque à son tour l'escalade.

D'enragés statisticiens, jaloux d'établir la supériorité de l'une des couleurs, se sont amusés à compter le nombre des hommes considérables qui ont appartenu aux promotions jaunes et aux promotions rouges. Les sommes se sont trouvées égales. L'*antique* arrivé à la plus haute situation, le président de la République, aurait pu faire pencher la balance ; mais ayant été obligé pour cause de maladie, de passer trois années à l'École, il est à la fois jaune et rouge !

Il n'y a que deux promotions présentes en même temps à l'École. A l'origine et jusqu'en 1800, il y en avait trois. A partir de cette époque ce ne fut que d'une manière exceptionnelle qu'un élève pût passer trois ans à l'École, dans le cas, par exemple, où une grave maladie l'aurait tenu longtemps éloigné de ses études.

Prosper (la). — Sur la petite place Sainte-Geneviève,

parmi les vieilles maisons, tristes, sales, aux façades obèses, au milieu des hôtels borgnes qui dessinent une circonférence autour de la fontaine, s'ouvre juste en face du portail de l'École, un *mannezingue*, en même temps débit de tabac. La *Prosper* est la femme ou la fille du mastroquet, du *troquet*, qui se tient au comptoir, pèse les cornets de tabac et distille les « perroquets » aux charbonniers d'alentour. Mère Moreau du quartier Mouffetard dont le nom change à mesure que les mastroquets se succèdent (elle s'appelait autrefois la *Leblanc*), elle reste célèbre par l'intérêt qu'elle porte à la jeunesse savante. Au premier étage de son établissement, une salle étroite et basse à laquelle conduit un escalier crasseux, enroulé en pas de vis, est réservée aux polytechniciens.

C'est là que les X viennent, la porte de l'École à peine franchie, se débarrasser du claque d'ordonnance pour coiffer le képi plus commode et plus militaire ou bien pour se débarrasser du grand manteau gênant ou de la pèlerine inutile. C'est là que les dimanches d'été, pressé de courir à Asnières ou à Bougival, celui qui ne veut pas qu'on reconnaisse son uniforme, vient revêtir la tenue bourgeoise plus propice aux discrètes équipées. C'est là que tous les mercredis et dimanches soir, au moment de la rentrée, l'élève qui tient à ne pas être en retard, mais qui veut jouir jusqu'à la dernière seconde de son temps de liberté, s'arrête et savoure une « prune à l'eau-de-vie », l'oreille tendue vers l'horloge du Pavillon, jusqu'à ce que le premier coup de dix heures donne le signal de la retraite.

Au commencement de l'année, lors des premières sorties des conscrits, la Prosper fait là des affaires d'or. On se presse, on se bouscule, on s'étouffe dans sa petite salle. Les *anciens*, et souvent les *antiques*, les élèves des ponts, des mines, les sous-lieutenants élèves, les *bleaux*, y entraînent les conscrits, pour prendre une *prune* à leurs frais. Les conscrits ont ces jours-là comme un avant-goût de l'*absorption*. L'apparition de chacun d'eux en haut de l'escalier est saluée par des trépignements. « Un conscrit ! un conscrit ! » vocifèrent les anciens sur l'air des *Lampions* et le nouveau venu est saisi, enlevé, pressé de questions baroques, harcelé de plaisanteries, tourmenté par toutes sortes de *scies* traditionnelles. Alors des rondes s'organisent et au milieu des rires, des chants, des hurlements, des cris d'animaux, des bocaux entiers de prunes disparaissent à la grande satisfaction de la *Prosper*.

Putz. — Nom donné à la marquise formant abri sur le côté nord de la cour de récréation, et dont on doit la construction au colonel d'artillerie Putz. Sous le *putz* on se promène par les temps de pluie, on s'étend à l'ombre pendant l'été : c'est là qu'on fait asseoir les conscrits quand on veut procéder à une *salade* de leurs bottes dans la cour.

Par extension on appelle *putz* un abri de quelque nature qu'il soit.

Quarantaine. — La plus sévère des pénalités infligées par les élèves à un de leurs camarades.

Elle doit être votée par les trois quarts des voix ; sa durée peut être fixée tout de suite à la majorité absolue, ou bien être indéterminée, alors la peine peut être révoquée par les trois quarts des voix.

Les communications avec les élèves en quarantaine sont interdites, à moins qu'elles n'aient rapport aux cours, aux *colles*, ou aux besoins du service.

Les élèves en quarantaine n'ont pas le droit de lancer de *topos*, ni d'écrire sur ceux qui passent ; leurs *cocons* de salle doivent faire respecter cette défense. Ils ne votent pas, ils ne peuvent faire partie du bureau de bienfaisance, ils ne participent à rien de ce qui est collectif ; ils ne payent pas les quêtes, ils sont *séchés* du bal de l'Élysée, etc. A l'extérieur on ne doit pas avoir de relations avec eux dans les théâtres, cafés, promenades, etc., mais ils ne sont pas *séchés* de salut.

Il leur est interdit d'aller chez la *Prosper* et autres lieux de réunion des élèves.

Si la quarantaine doit se prolonger aux Écoles d'application, elle comporte des dispositions analogues, notamment à Fontainebleau, où l'élève en quarantaine n'a pas de *binôme*.

Tant que la quarantaine n'est pas levée, les coupables n'assistent pas aux dîners de promotion. Un camarade qui, en violation de la quarantaine, entretiendrait des relations suivies avec le coupable serait puni lui-même de la quarantaine.

Q. de B. — Abréviation du nom de M. Quesnay de Beaurepaire, le très sympathique professeur de dessin, ancien officier d'infanterie dont le crâne, dénudé, porte une cicatrice caractéristique, suite d'une glorieuse blessure reçue en Crimée. Il est très aimé des élèves qui l'appellent encore le *pitaine Godet*.

QQ. — Abréviation du mot *quelque* et du mot *quelconque*. En prenant des notes, le polytechnicien, afin de gagner du temps, remplace toujours les mots quelque et quelconque par les lettres *qq*. Ces abréviations de l'écriture ont été étendues au langage et l'on dit couramment : « J'ai été faire *qq* visites. » Le provincial demande son chemin à un *fumiste* qq, c'est-à-dire à un pékin quelconque.

Rabiot. — Mot de l'argot vulgaire qui signifie *rogner, prendre des restes*, et par extension *avoir un gain inattendu*.

Rester quelques jours à l'École, après le départ des camarades, parce qu'aux examens de sortie on a obtenu une moyenne insuffisante, est le plus désagréable des *rabiots!*

Ceux qui *ramènent* la note 4 à un examen ont quinze jours de *rabiot*.

Rat. — Être *rat*, c'est être *en retard*. D'où vient ce mot curieux? voici. L'escalier qui débouche dans le corridor des salles d'études se ferme par une haute porte grillée. Le matin, après la troisième sonnerie du réveil, le *basoff* se tient à cette porte, son carnet à la main. Un clairon est à côté de lui, prêt à sonner et à fermer la porte. Tant que l'horloge du Pavillon n'a pas sonné six heures et demie, les enragés dormeurs qui se sont levés à la dernière minute dégringolent l'escalier à moitié vêtus ; au moment précis où l'heure sonne, le clairon donne un coup de langue et pousse la grille : les retardataires sont pris comme des *rats* dans une souricière et punis de *consigne*.

Le mercredi soir, ou le dimanche soir, ils ont peur d'être *rats* ces polytechniciens qu'on rencontre du côté du boulevard Saint-Michel, pressant le pas, courant pour gravir la rue de la Montagne-Sainte-Geneviève, quand le premier coup de dix heures frappe aux horloges du quartier ; car au dernier coup, la porte d'entrée se ferme.

Le *rat* signe son nom sur la feuille du sergent-major, et, suivant le dicton :

C'est *là qu'on signe* et alors c'est *la consigne*.

Cette signification de retard a fait étendre ensuite le mot *rat* à toute circonstance dans laquelle on n'arrive pas à temps, dans laquelle on manque son but. Ainsi, celui-là est *rat de botte* qui, ayant pioché jusqu'à la fin pour obtenir les services civils, n'a pas réussi à y être classé. Celui-là est *rat de sape* qui, ayant demandé le génie, n'a pas pu l'obtenir à cause de son numéro de classement.

On a fait également le mot *ratifier* signifiant mettre quelqu'un en retard, le faire *rat*, et *dératifier*, c'est-à-dire faire en sorte qu'il ne soit pas *rat*.

Récré. — Abréviation de *récréation*. Il y a trois récréations par jour : de huit heures à huit heures et demie, de onze heures et demie à midi et de deux à cinq heures. L'été, au moment du *temps de pioche*, une courte récréation à l'heure du frais coupe agréablement l'étude du soir et permet, avant de regagner le *casert*, de griller quelques *sèches* dans la cour.

A la récréation du matin il est de mode, aux premiers jours de la rentrée, d'envahir la salle de jeu des conscrits, de grimper sur les billards, et d'entonner en chœur toute la série des chansons de l'École en marquant la mesure à coups de talon, tandis que vingt bras armés de queues de billard frappent à coups redoublés sur la tôle du poêle, sur les panneaux vitrés de la salle, accompagnant le refrain d'un étourdissant charivari.

L'Artilleur, le *Bel Alcindor*, l'*Esprit-Saint*, *Si les femmes savaient le théorème de Rolle*, ou bien *Qu'ils sont heureux les chiens !* tout le répertoire y passe.

Le plus souvent, c'est une sorte de litanie comme celle-ci :

ou bien encore la scie non interrompue de *Notre amoureux Colin* :

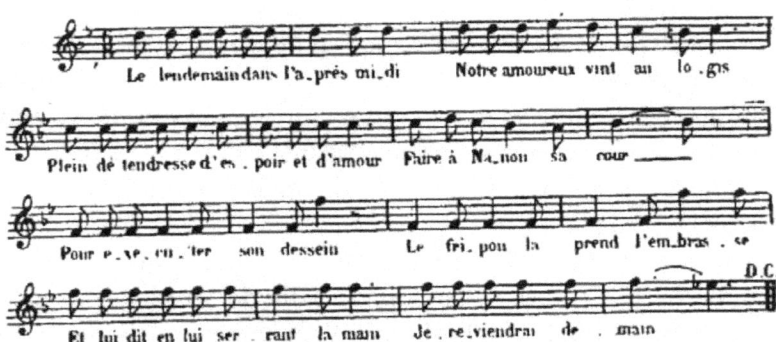

Et la chanson recommence indéfiniment.

Depuis 1889, sur l'initiative du directeur des études, M. Mercadier, on donne aux élèves une récréation de onze heures et demie à midi, pendant laquelle on distribue un morceau de pain avec, depuis 1892, un verre de vin.

Pendant la longue récréation de l'après-midi, les élèves

se rendent, à leur guise, dans la cour, dans les salles de jeu ou à la bibliothèque. Les fanatiques du billard prennent à peine le temps de manger pour arriver les premiers, car il n'y a que deux billards par promotion et le nombre des amateurs est grand. Les échecs, les dames, les dominos, sont moins recherchés; les jeux de cartes et de hasard sont interdits... théoriquement.

Les promeneurs tournent en cercle dans la cour, marchant d'un pas précipité, causant de la sortie prochaine, de la *colle* qui les attend; ils tournent toujours dans le même sens, le *sens direct* des astronomies, celui des aiguilles d'une montre et font un certain nombre de *deux pi*.

Pendant l'été, les flâneurs s'étendent en plein soleil sur le gravier, lézardent ou *cristallisent* sur les bancs de la véranda.

Les amateurs de musique s'enferment dans les *binets* soit pour étudier seuls, soit pour organiser des concerts; l'exécution en est parfois excellente, car les polytechniciens, en leur qualité de mathématiciens, adorent la musique. Les amateurs de chant, le jour de la leçon de Chevé, emplissent l'amphithéâtre et les danseurs se pressent à l'*amphi-danse* à la leçon du père Fischer.

Une partie de la récréation est d'ailleurs prise par les exercices militaires, la manœuvre d'artillerie, la gymnastique, les tirs réduits, l'équitation et l'escrime. C'est pendant ce temps, tous les jours, que le parloir est ouvert.

Ce n'est pas trop de trois heures données aux jeux, à la promenade, aux exercices ou aux distractions diverses, pour reposer l'esprit et prendre de nouvelles forces.

Récréatif (le). — Le *Récréatif* était un journal hebdomadaire, composé à l'École, qui parut du mois de janvier au mois de mai de l'année 1832. Les auteurs remettaient leurs articles au gérant responsable, qui les appliquait sur les quatre côtés d'une grande feuille in-folio et le journal était constitué; il se transmettait de salle en salle.

La première page contenait un article sur la politique ; les sujets les plus graves de la semaine, tels que l'arrestation de la duchesse de Berry, l'expédition d'Ancône, le choléra, y étaient traités d'une manière concise et autoritaire ; deux pages étaient consacrées à la littérature, à un roman historique, inspiré par la *Notre-Dame de Paris* de Hugo, ou bien à un roman sentimental, imité des premiers ouvrages de George Sand. La quatrième page recevait les nouvelles, farces, charades, etc. Il y avait presque toujours un supplément contenant des dessins ou de la musique. Penguilly l'Haridon, qui fut plus tard un peintre de talent et qui devint conservateur du musée d'artillerie, en était le principal dessinateur. Ses dessins à la plume étaient remarquables.

Réfec. — Au sous-sol du pavillon, sont de grandes salles voûtées qui s'ouvrent sur un corridor sombre courant

tout le long de la façade ouest, et qui prennent jour d'un seul côté sur la cour des laboratoires : c'est le réfectoire, le *réfec*. Depuis 1871, les promotions ayant été plus que doublées, on a joint à ces salles basses un grand *réfec* sous l'amphithéâtre de l'*annexe*. Des tables massives à dessus de marbre commun, des bancs de bois, de petites armoires pour les couverts, des casiers pour les serviettes, en composent tout l'ameublement. Sur la table à dix places point de nappe, des assiettes de porcelaine grossière, deux carafes et une bouteille énorme, un vase en métal, le *cahours*, pour recevoir les restes.

On se rend trois fois par jour au *réfec* : pour le repas du matin, à huit heures et demie ; pour le dîner, à deux heures de l'après-midi ; pour le souper, à neuf heures du soir.

Le repas du matin se compose de lait ou de fromage avec une tasse de café noir ; à deux heures, potage, viande et légumes (bœuf *anhydre* et pommes de terre *frites*), dessert ; enfin à neuf heures du soir un rôti avec le légume ou la salade. Le dimanche matin, par exception, on sert soit un beefsteak, soit une omelette, soit du pâté et l'on distribue du vin. L'administration laisse se perpétuer la légende d'après laquelle la veuve de l'illustre Laplace aurait légué une somme d'argent dont la rente assurerait la dépense d'un plat supplémentaire le dimanche ; pour tous les polytechniciens il est entendu que le dimanche on sert le beefsteak, ou la côtelette de madame Laplace.

Reiset. — Nom donné aux *gants de laine brune* semblables à ceux qu'on fait porter l'hiver aux fantassins pendant la manœuvre et, qu'à la demande du commandant Reiset, on a donné aux élèves pour l'exercice du fusil au moment du froid.

Du temps où le commandant était inspecteur des études, on lui faisait chanter à la séance des *Ombres* :

>   Je suis *Reiset*, un artilleur,
>   Un camarade,
>   J' sais piquer le *laïus* du cœur
>   Bien mieux qu' Palmade.

>   Je n' cesse d'exhorter la *promo*
>   A la sagesse,
>   Et j' n'ai jamais chipé d' *topo*
>   Venant d' la *caisse*.
>
>   Quand on me *ratifie* d' *poulot*
>   Je m' laisse faire.
>   Je rougis à l'*amphi-porno*
>   Comme une rosière.
>
>   Chez Jordan, j' prends un air navré
>   Pour qu'on *s' musèle*
>   J' fais semblant d' croire qu' c'est arrivé
>   Mais j' fais pas d' zèle.

Riffault. — *Petit carton* qu'on place sur les genoux pour prendre plus commodément des notes à l'*amphi*, et qui fut donné aux élèves par le colonel Riffault, directeur des études, devenu plus tard général et commandant de l'École. Un carton du même genre et ayant le même objet a détrôné le *riffault*; on l'appelle le *pierre*, du nom d'un capitaine du génie qui l'a imaginé. Un *riffault* est un petit *salanson* (Voy. ce mot).

Ripaton. — Synonyme de *tailleur*. Le mot vient d'un certain Ripaton, portier de la Conciergerie, qui se chargeait des raccommodages. On en a fait dériver *ripatonner* et *ripatonnage*. Le mot a beaucoup vieilli; il s'employait aussi souvent au figuré et l'on *ripatonnait* un camarade découragé par des paroles consolantes.

Rond. — C'est le second degré des pénalités qui peuvent être édictées par les élèves contre un de leurs camarades. Le *rond* est décidé par les deux tiers des voix. Quand le vote est acquis, le major des anciens demande au capitaine de service l'autorisation de réunir les deux promotions à l'amphithéâtre. Le coupable est amené; on lui reproche sa faute, puis on se sépare en silence.

Rosto. — Le général Rostolan est le seul officier général sortant de l'arme de l'infanterie, qui ait commandé l'École. Outre le souvenir d'une sévérité terrible, il a marqué son passage (1844-1848), par la pose dans la cour de récréation, entre les deux salles de billard, d'un bec de gaz destiné à allumer les pipes. Ce bec de gaz s'est appelé le *rosto* et, depuis on donne le nom de *rosto* à tous les becs de gaz imaginables.

Dans les salles d'étude on fait le chocolat du matin, le vin chaud, à la flamme du *rosto*; quand on projette quelque vacarme, le soir, dans les *caserts*, on commence par éteindre les *rostos* des corridors. L'agent chargé de l'allumage des becs s'appelle le *pitaine* ou le *colo Rosto*. Il n'est pas rare, dans les familles polytechniciennes où l'argot se conserve quelquefois, d'entendre la maîtresse de la maison dire au domestique : « Allumez les *rostos* ! »

Le *coup du rosto* est un amusement assez en faveur. Il consiste à dévisser un bec de gaz, puis à souffler fortement dans la conduite : immédiatement le gaz s'éteint dans toutes les salles voisines qui, se trouvant tout à coup dans l'obscurité, entonnent un *pompier* formidable.

Parmi les publications drôlatiques qui s'éditent à l'École, il faut signaler *le Rosto*, rédigé par les élèves avec une fantaisie abracadabrante.

Rouge (la). — *Ficelle rouge*. Au commencement du mois l'administrateur distribue une pelote de *rouge* à chaque salle. Pourquoi faire? Elle ne l'a jamais dit. Les élèves l'utilisent pour la *course des rouges*, sport d'un genre tout particulier qui se pratique le plus souvent vers la fin de l'étude du soir et qui a le privilège de réveiller les dormeurs.

Des ficelles rouges, légèrement mouillées, puis collées au plafond au moyen de boulettes de papier mâché, pendent au milieu de la salle d'étude en dessinant des courbes capricieuses. Chacun choisit sa ficelle, les paris s'engagent, et, au signal donné, un starter allume tous les bouts en même temps. Les flammes s'élancent, grimpant le long des fils, parfois vives, claires, rapides; d'autres fois, hésitantes, pleurardes, presque défaillantes. Toute la salle, le nez en l'air, tourne autour des ficelles, appréciant les chances probables, prodiguant l'éloge aux plus ardentes, accablant de reproches celles qui languissent. La course est fertile en émotions : celui-là gagne, dont la *rouge* arrive la première à brûler intégralement. (Gleize, *Chers camarades*.)

Rouspétance. — Synonyme de *petite opposition*. Font de la *rouspétance* les conscrits qui, durant la période des *brimades*, n'obéissent pas aveuglément aux ordres des anciens, qui refusent de donner leurs godets, leurs règles, leurs boutons de *berry*, etc., ou même de se laisser traduire à la séance des *cotes*. Les anciens ne plaisantent pas sur ce chapitre et se montrent parfois sévères pour les conscrits qui veulent *rouspéter*.

Salade de bottes. — Pendant la nuit, des anciens se glissent adroitement dans les *caserts* des conscrits, enlèvent toutes les bottes et les rapportent chez eux. Le matin, quelques minutes avant la diane, toutes les bottes sont jetées par les fenêtres et forment dans la cour, quelquefois sur les toits, une immense *salade*; le conscrit ahuri a bien du mal à retrouver son bien.

La *salade de bottes* se fait quelquefois pendant la récréation. Les anciens font asseoir les conscrits le long de la salle d'armes, sous la marquise, leur enlèvent leurs bottes qu'ils entassent pêle-mêle, en une montagne, au milieu de la cour. Pour peu que la *salade* soit faite quelques minutes avant la rentrée en études, on imagine l'embarras du conscrit partagé entre le désir de retrouver sa chaussure et la crainte de *piger* une *consigne*.

Salanson. — Le général du génie Salanson a laissé les meilleurs souvenirs à l'École. Il s'était efforcé de faire revivre les traditions anciennes, en réunissant souvent dans ses salons les fonctionnaires civils et militaires, dont il savait, avec infiniment de tact, faire valoir les mérites respectifs. Il fit donner aux élèves, en 1876, un grand carton pouvant remplacer la planche à dessin. Ce carton, sur lequel on doit piquer la feuille de papier, c'est le *salanson*. Il sert surtout de table d'échiquier, de damier, de jeu de marelle et de toutes sortes de jeux auxquels le donateur n'avait certainement pas songé. Pour faire le *mort* dans le *désert* ou à l'*amphi*, on le trouve certainement bien préférable à la planche à dessin ; quand on taille un *petit bac*, ce qui arrive de temps en temps, le banquier le tient sur ses genoux et l'appuie contre la muraille, les autres joueurs sont debout ; ce n'est pas très commode, mais on ne fait pas debruit, et il est aisé de reprendre vite une pose de travail, en cas d'alerte.

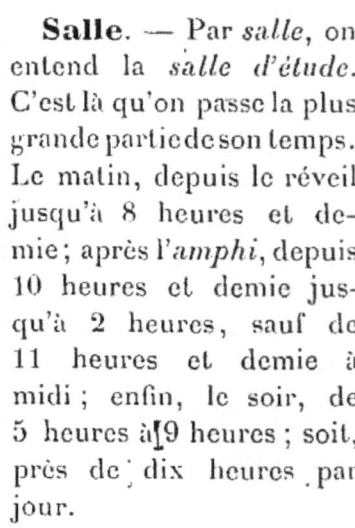

Salle. — Par *salle*, on entend la *salle d'étude*. C'est là qu'on passe la plus grande partie de son temps. Le matin, depuis le réveil jusqu'à 8 heures et demie ; après l'*amphi*, depuis 10 heures et demie jusqu'à 2 heures, sauf de 11 heures et demie à midi ; enfin, le soir, de 5 heures à 9 heures ; soit, près de dix heures par jour.

A 6 heures et demie du matin et à 5 heures du soir, au coup de baguette, il faut être debout, à sa place, en tenue régulière, prêt à répondre à l'appel du *basoff*; puis, chacun est libre de piocher. C'est ce que tout le monde fait dans les premières semaines, qui l'*amphi*, qui l'*épure*, qui la *colle* ou le *laïus*, tous visant la *botte*. Mais ce beau zèle dure peu ou, du moins, il ne saurait être continu. Il faut bien laisser prendre au cerveau surmené un peu de repos. Après le premier classement, beaucoup ont définitivement renoncé à la *botte* : alors ils s'ingénient à trouver la manière la plus agréable de tuer le temps à passer dans les salles.

Le matin, les uns procèdent à leur toilette, les autres continuent le sommeil interrompu, ou bien ils confectionnent le déjeuner, fait tantôt de chocolat, tantôt de café, sur le *rosto*.

Puis, on cause, on *pique le bouquin*, on joue aux cartes, on va flâner dans les corridors, faire un bout de causette dans les salles voisines, une balade aux *longchamps*. Parfois on taille une bavette générale, ce qui permet une courte halte dont tous les travailleurs ont besoin ; le dos tourné à la table, les mains dans les poches, on donne son avis sur le *topo* qui passe, sur les questions soumises au vote des promotions.

Le soir, c'est, pour quelques-uns, le moment des bonnes farces : le *flambage* d'un piocheur, la *course des rouges*, ou les longues parties de whist dans le *désert*. Le *basoff* qui passe dans le corridor n'y voit rien. Quel guignon, s'il entend du bruit! alors il frappe avec sa clef aux vitres de la porte, c'est une consigne à *schicksaler*, et de la prison pour les joueurs.

Les salles d'étude sont au rez-de-chaussée et au premier

étage du pavillon ; elles s'ouvrent toutes sur le couloir central par une porte à loquet, vitrée dans le haut, pour permettre la surveillance. Au-dessus des deux longues tables-bureaux adossées aux murs, chaque place est marquée par un vaste casier pour les cartons (*bussy*) sous lequel se trouve une étagère pour les livres (*hypo-bussy*), un bec de gaz articulé (*rosto*). A droite et à gauche de la porte d'entrée des encoignures plus ou moins larges et plus ou moins dissimulées forment *désert*. On a mis d'un côté le tableau noir, de l'autre la bibliothèque de la salle ; dans un angle, le *corio* ; au milieu, la *banale* ; vis-à-vis la porte d'entrée, une large fenêtre munie d'un store (*zurlin*) donnant sur la grande cour ou sur la cour de gymnastique. La salle a tantôt huit, tantôt dix places ; la meilleure, près de la fenêtre, appartient de droit au *chef de salle* ; les autres sont tirées au sort ; devant chacune se trouve un *bouret* (tabouret).

Certaines salles ont une désignation particulière : celle-ci est la *salle Major*, — cette autre est la *salle des Caissiers*.

Une salle avait jadis imaginé de faire du commerce et de vendre à prix réduits, aux *cocons* de la promotion, des denrées et du tabac ; elle a été naturellement supprimée le jour où un bureau de tabac a été installé à l'intérieur de l'École. Certaines salles sont par hasard composées d'élèves plus zélés que partout ailleurs : on les cite ; une année, on disait *vingthuiter* au lieu de *chiader*, parce que cette année-là la salle 28 ne renfermait que des aspirants bottiers.

La *salle Schicksal* assure les *cocons* qui redoutent d'être appelés à la *planche*. Moyennant une prime de dix centimes versée quelques minutes avant l'*amphi*, elle s'engage à payer à l'assuré qui serait *schicksalé* par le professeur une petite fortune montant à une dizaine de francs, fortune avec laquelle il oubliera à la sortie prochaine l'ennui qu'il a ressenti d'*être sec* devant la promotion réunie.

Telle salle a des musiciens, instrumentistes ou chanteurs ; le soir, la fatigue venue, elle donne une représentation musicale à laquelle assiste une partie de la promotion, tassée dans l'étroit réduit. Si le *hasoff* survient on se dissimule sous les tables ou bien on se cache le visage afin de ne pas être *repéré* et par suite sévèrement puni.

Certaines salles avaient jadis l'habitude de se donner un surnom pour signer les *topos* afin d'éviter la consigne dans le cas où ils tomberaient entre les mains des *hasoffs*. Notre camarade de Rochas nous signale quelques-uns des surnoms adoptés en 1857. On remarque les salles $d6\,BaO$ (des sybarites) ; φR (fière) ; $\varphi(l)$ (fidèle) ; $\chi\,100\,\beta c$ (qui s'embête assez) ; $\chi\,KO$ (qui potasse) ; *medds* (aimée des déesses) ; $d\pi R\varphi$ (des pierrots) ; $\frac{\pi}{a}$ (assoupie) ; des $8\,a\varphi d$ (des huit affidés) ; etc. La salle $\varphi(l)$, la *salle Fidèle*, a aujourd'hui une certaine célébrité : c'était celle du sergent Sadi Carnot.

Sape. — La *sape* est l'arme du génie, chargée principalement de tous les travaux de sape à la guerre ; d'où le nom de *sapeurs* donné aux officiers aussi bien qu'aux soldats.

Jusqu'à ces derniers temps la sape était en faveur à l'École, elle était demandée par tous les *rats de botte*; aujourd'hui c'est l'artillerie qui tient la corde.

Le sapeur passe pour être plus sérieux, plus tranquille, plus froid que l'artilleur et cependant tout aussi inflammable, si l'on en croit la chanson :

> Le sapeur est une forteresse
> Que l'on prend difficilement,
> Mais en matière de tendresse
> Il triomphe indéfiniment.
> Pour lui, la femme est une brèche,
> Le mari un ouvrage à corne...
> Oui, voilà le sapeur français!

Sarrau. — Cafetière au ventre fortement arrondi à laquelle on a donné, fort irrévérencieusement, le nom du très savant et très aimé professeur de mécanique (Voy. *Epoil*).

Sauveur. — Sauveur, qu'on appelait encore *Chauveur*, en imitant son accent, était l'agent chargé des salles de dessin. Trente-trois promotions l'ont connu. Il se nommait exactement Saint-Sauveur, avait été brigadier d'artillerie et était entré à l'École en 1836. Long, maigre, sans barbe, la figure contractée par des tics nerveux, il aimait à raconter aux élèves les prouesses de leurs aînés. Il leur vendait le papier, le crayon dont ils avaient besoin, ne surveillant pas son petit magasin et leur laissant le soin d'écrire eux-mêmes sur un registre les sommes dont ils étaient redevables.

Schicksal. — *Schicksal*, en allemand, signifie *sort*, *hasard*. On en a fait le verbe *schicksaler* qui veut dire *tirer au sort*. Toutes les fois que le sort seul doit décider d'une question, il faut *schicksaler*. On *schicksale* pour savoir qui sera envoyé au bal de l'Élysée, qui fera partie d'une députation; on *schicksale* pour fixer les tours d'examen.

Aux termes du *Code X*, toute consigne infligée à une salle doit être *schiksalée*, « l'esprit de l'École exigeant que celui qui se dévoue soit choisi par le sort ». A l'*amphi*, avant

de commencer la leçon, le professeur *schicksale* le nom de l'élève qui sera interrogé à la *planche*.

Par extension on a donné le nom de *schicksal* à l'urne même qui contient les boules.

Quand le professeur l'agite, l'anxiété se peint sur tous les visages ; la victime désignée descend dans l'hémicycle, pendant que les autres élèves poussent un soupir de soulagement.

Le *schicksal* à l'amphi est tellement redouté qu'à un certain moment on a organisé une sorte de société d'assurance dont le capital, constitué par des versements modiques devait servir à payer une prime, comme une sorte de compensation offerte à ses malheureuses victimes (Voy. le mot *Salle*).

Quand il faut *schicksaler* une ou plusieurs consignes, tous les noms de la salle sont inscrits sur des petits bouts de papier qu'on agite dans un képi et le *crotale* tire ; généralement celui-là *écope* qui n'y est pour rien.

En 1893 une révolte sérieuse a éclaté à l'École, précisément parce que, à la suite d'un *chahut*, le général refusait de tirer au sort le nom de ceux qui devaient être punis. Plusieurs élèves furent emprisonnés au *Cherche-Midi* ; deux d'entre eux furent pendant quelques semaines envoyés dans un régiment d'infanterie.

Sec. — Par abréviation de *fruit sec*, on dit aujourd'hui simplement *sec* et le verbe *sécher* signifie être *fruit sec*. Quelques élèves travaillent leurs examens de fin d'année juste assez pour ne pas se faire *sécher*.

Par extension, *sécher* signifie aussi *priver de quelque chose*. Ainsi les conscrits, durant la première semaine, sont chaque année *séchés* de poulet par les anciens. Le professeur d'allemand Bacharach a été toute sa vie *séché* de son verre d'eau sucrée à l'amphithéâtre. Quand on ne veut pas étudier telle partie d'un cours, quand on passe tel chapitre d'un roman sans le lire, on dit qu'on le *sèche*.

Dans un autre sens on emploie le mot *sèche* pour désigner la *cigarette* que l'on va *griller* à l'écart.

Serpent. — Nom qu'on donnait encore il y a quelques années, par corruption, au *sergent* chef de salle ; on l'appelle aujourd'hui *crotale*. Il y avait en 1855 un sergent nommé Bois ; on comprend comment le sergent Bois devint le sergent Boa, puis le *serpent Boa* ; c'est l'origine du mot *serpent*.

L'institution des sergents datait de 1804 ; elle remplaçait alors celle des chefs de brigade et des chefs d'étude qui fonctionnait depuis la fondation et qui a été conservée pendant toute la durée du régime de l'externat au palais Bourbon.

Pour maintenir la discipline à l'intérieur, les fondateurs avaient beaucoup compté sur les *chefs de brigade*, qu'ils choisissaient parmi les anciens élèves distingués par leurs talents, leur conduite, l'amour de l'ordre, et qui étaient appelés à vivre au milieu de leurs camarades pour leur aplanir les difficultés et leur donner les explications nécessaires. Cette institution sans modèle appartenait tout entière à Monge ; ce fut lui qui rechercha les premiers chefs de brigade parmi les candidats qui s'étaient déjà distingués soit à l'École de Mézières, soit à l'École des ponts et chaussées de Paris ; ce fut lui qui les prépara dans la maison Pommeuse, près du palais, par une instruction rapide marchant de concert avec les cours révolutionnaires. C'est pour eux qu'il ouvrit ce célèbre cours, où la géométrie descriptive fut enseignée pour la première fois à Paris. « C'est là, dit l'un d'eux, que nous apprîmes à connaître cet homme si bon, si attaché à la jeunesse, si dévoué à la propagation des sciences. Presque toujours au milieu de nous, il devenait l'ami de chacun, il s'associait aux efforts qu'il provoquait sans cesse et il applaudissait avec toute la vivacité de son caractère aux succès de la jeune intelligence de ses élèves. » Se multipliant ainsi pour être partout à la fois, aux travaux préparatoires de l'École, au Comité de salut public, aux cours révolutionnaires, à la maison Pommeuse, Monge peut être regardé comme le véritable fondateur de l'École polytechnique.

L'institution des chefs de brigade, réglementée de nouveau en l'an IX, ne réalisa pas toutes les espérances qu'on en attendait, tant la fonction était délicate et difficile. En l'an XI on espéra obtenir un meilleur résultat avec des *chefs d'étude* tirés des diverses écoles spéciales des services publics ; mais cette nouvelle institution fut absolument inutile et ne tarda pas à être supprimée.

En 1804, l'École ayant été organisée en un bataillon de quatre compagnies, et les compagnies partagées en escouades ayant chacune une salle d'étude, le sergent et le caporal de l'escouade furent les *chefs* de la salle. On les choisira, dit le règlement, parmi les élèves qui réuniront à l'instruction nécessaire pour aider leurs camarades dans les travaux, la fermeté et l'aptitude qu'exige le commandement. Leur grade se distinguait de la manière suivante : les caporaux avaient sur chaque manche deux galons en laine jaune ornés de deux palmettes en soie bleue; les sergents avaient un seul galon d'or avec les mêmes palmettes bleues; ils étaient seuls autorisés à porter l'épée hors de l'École.

Quand le régime militaire eut disparu avec l'empire, les chefs de salle continuèrent à porter le titre de sergent, avec les galons sur les manches comme signe distinctif de leurs fonctions; mais ils n'avaient plus aucun grade, aucune autorité réelle.

Aujourd'hui les galons ont disparu (Voy. *Crotale*), mais les mots de *serpent* et de *crotale* existent toujours et désignent les élèves qui, par leur rang de classement sont les chefs de salle, de réfectoire et de casernement.

On lit dans le *Code X* : « Quelque réclamation que tu aies à faire, charges-en ton *serpent*, il ne peut s'y refuser, le règlement de l'École l'y autorise. D'ailleurs ce serait un honneur pour lui de s'exposer pour sa *salle*. »

Singe. — Le singe imite tout ce qu'il voit faire, de là le mot *singe* employé pour désigner le *dessin d'imitation*.

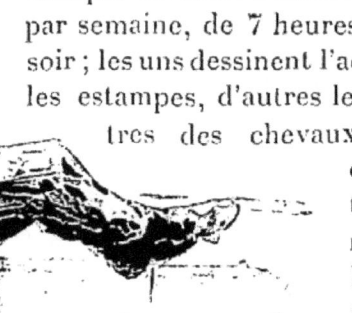

Chaque division a deux séances de *singe* par semaine, de 7 heures à 9 heures du soir ; les uns dessinent l'académie d'après les estampes, d'autres le paysage, d'autres des chevaux ; une section occupe un petit amphithéâtre réservé à la bosse ou à l'étude du modèle vivant ; ces différents genres de dessin sont ce qu'on appelle le *singe mort*, le *jodot*, les *zèbres* et le *singe vivant*. Le dessin d'académie est encore désigné par l'abréviation *aca*. Trois séances par an sont consacrées à chacun de ces genres, quelques-unes ont ont lieu dans la grande cour, en plein air : le modèle est alors un garde municipal à cheval que les élèves doivent reproduire dans des attitudes variées, ou bien la batterie de canons disposée pour l'exercice.

Le *singe* a peu d'attraits pour la majorité des élèves

On redoute d'aller terminer la soirée dans ce boyau partagé en travées étroites et chaudes, qui longe le square Monge; il est vrai que la substitution des *mercas* aux nombreux becs de gaz qui donnaient une chaleur torride a un peu diminué le supplice. Aujourd'hui on ne dessine plus que d'après la bosse ou d'après nature.

Quatre maîtres de dessin parcourent les travées, aident, encouragent les élèves, s'appliquant à obtenir d'eux des croquis bien composés et intelligemment rendus et s'efforçant de rendre le travail attrayant. Un professeur dirige tout l'enseignement.

Le célèbre Neveu fut le premier professeur. Après lui ce fut le peintre Vincent, puis Regnault, Charlet, Léon Cogniet, Yvon, le célèbre peintre de batailles, enfin M. Guillaume qui n'a pas été remplacé depuis qu'il est allé diriger l'École française à Rome.

Soufflet. — Le *Soufflet* est le café du quartier *Latin*, situé au coin de la rue des Écoles et du boulevard Saint-Michel, où les polytechniciens ont une salle spéciale et un vestiaire. Le *Soufflet* a remplacé le *Holl* (café Hollandais) qui fut durant de longues années le café fréquenté par les polytechniciens et par les saint-cyriens. C'est au *Soufflet* que l'on va se *fumister*, que l'on donne ses rendez-vous, que l'on s'arrête en sortant et avant de rentrer à l'École.

Souriau. — Nom donné à certain vase placé sous le lit. C'est une bonne farce à faire aux conscrits que de percer leurs *souriaux* avec la pointe d'une épée. La veille de Noël, c'était l'habitude à une certaine époque d'attacher les *souriaux* deux à deux par une corde solide et de les lancer dans les arbres de la cour des laboratoires. Ces arbres ainsi pavoisés, étaient les *arbres de Noël*. Pendant le *bahutage*, un ancien passe la revue des *caserts* ; les conscrits alignés ont chacun leur *souriau* à la main.

Stéré. — Abréviation de *stéréotomie*, ou art de la *coupe des pierres*, qui est enseigné en seconde année par le professeur de géométrie descriptive.

Stration. — Abréviation d'*administration*. La *stration* comprend la direction des études et l'administration proprement dite. Les élèves n'ont presque pas de rapports avec l'administrateur, le trésorier, le caissier et l'agent comptable, qu'ils aperçoivent seulement le jour de l'entrée à l'École, lorsqu'ils se présentent accompagnés de leurs parents. Cependant ils sont en rapport direct et constant avec le directeur des études, qui arrête les tableaux d'emploi du temps, tient la comptabilité des notes obtenues et dresse les listes de classement (1). A l'origine, le directeur ou commandant de l'École eut sous ses ordres trois *administrateurs* qui étaient chargés de l'instruction, des finances et de la police. Ces administrateurs, égaux en grade, devaient se suppléer quand l'un d'eux était absent, de sorte que jamais la direction d'un service n'était confiée à un fonctionnaire de grade inférieur ou de passage.

(1) Depuis 1804, les directeurs des études ont été : Guy de Vernon (1804) ; Malus, ancien élève de l'École (1812) ; Durivau (1812) ; Binet (1816) ; Dulong (1830) ; Coriolis (1838) ; Duhamel (1844) ; Bommart (1851) ; Riffault (1856) ; Ossian Bonnet (1870) ; Linder (1879) ; Laussédat (1879) ; Mercadier (décembre 1881).

Le titre d'administrateur n'est resté qu'au seul fonctionnaire chargé de la gestion des finances et du matériel.

M. Pradelle a été longtemps administrateur et en même temps caissier de la *Société amicale*. Le colonel de Rochas, actuellement en fonction, est bien connu par ses travaux sur les forces non encore définies, sur l'histoire des sciences physiques et sur la physique physiologique. Notre dessin de la page 285 le représente dans son costume de capitaine, alors qu'il était inspecteur des études à l'École; nous lui sommes redevables d'un grand nombre d'intéressants documents.

Tangente. — La *tangente* c'est l'*épée* du polytechnicien. Elle n'était portée dans le principe que par les sergents. Vainement demandée au roi Charles X lors de la visite qu'il fit à l'École en 1825, elle ne fut définitivement donnée à tous les élèves qu'au lendemain de la révolution de 1830.

« L'épée, dit le *Code X*, se porte tangente à la bande, touche à terre et fait voler la poussière. » De là son nom de *tangente*, elle n'a en effet qu'un point de contact avec le corps, le point Q.

A l'époque de la rentrée, les *anciens* s'emparent des épées des *conscrits*, les jettent pêle-mêle sur le billard en un tas où chacun ne parvient qu'avec beaucoup de peine à retrouver la sienne, encore doit-il payer une contribution qui est versée à la caisse des élèves. C'est la *salade des tangentes*.

Tapin. — Huit tambours ou clairons sont attachés à l'École. On les appelle des *tapins*. Ils sont chargés, outre leur service de tambours et de plantons employés à la transmission des ordres, de tous les détails concernant le service des élèves dans les salles d'étude, les amphithéâtres, la bibliothèque, les salles de récréation, le parloir, etc... En rapports constants avec les élèves, ils leur rendent toutes sortes de petits services; ils vont chercher un *cube* de tabac, un bocal de prunes chez *la Prosper;* ils introduisent les denrées interdites, ou bien encore portent aux prisonniers quelques douceurs défendues.

On a conservé le souvenir de quelques-uns de ces *tapins*. Sous le premier empire, le tambour Duguet composait des mélodrames qu'on se passait de salle en salle. Deux tapins furent tués en 1814 à la défense de la barrière de Vincennes dans la batterie des élèves. En 1830 il y en avait un qu'on avait surnommé *Vaudeville*, il était chevalier de la Légion d'honneur, ayant gagné la croix à Wagram. On leur avait donné à cette époque des surnoms qui rappelaient la façon différente dont chacun battait la diane matinale. : *Gavotte* semblait toujours danser, ses baguettes avaient des éclats de gaieté ; *Mélodrame* faisait des roulements cruels et tyranniques pour les dormeurs; *Vaudeville* fignolait sa diane comme une sérénade. Sous le second empire, aux beaux jours des opérettes et des bouffonneries, on les appelait *Brin d'Amour* et *Cuisse de Nymphe*.

Les clairons ont des sonneries variées pour l'*amphi*, le *boulot*, la *récré*, la *diane*, le *rat*, l'*exer*, le *pète-sec* (gymnastique), les *consignes*...

Taupin. — Les candidats aux différentes Écoles du gouvernement sont tous désignés dans les lycées par des surnoms qui rappellent plus ou moins la carrière à laquelle ils se destinent. Les saint-cyriens portent le nom peu aimable de *cornichons* ; les futurs forestiers s'appellent des *fagots* ; les élèves de Centrale sont des *pistons* ; les aspirants au *Borda* sont des *flottards* ; les candidats à l'École polytechnique sont appelés *taupins*.

On n'est pas parfaitement d'accord sur l'origine du mot *taupin*. Les uns le font remonter au vieux nom de *taupins* (*talpirii*) que les nobles donnaient par mépris aux mineurs qui fouillaient la terre, à la façon des taupes, pour faire sauter les tours des châteaux assiégés. Les autres, trop poétiques sans doute, pensent qu'il vient du nom de ces coléoptères phosphorescents appelés *taupins*, dont les belles Indiennes ornent leur chevelure, parce qu'ils répandent autour d'eux un lumineux éclat.

Le *taupin* de première année est *bizut*, celui de seconde année est *carré*, celui de troisième *cube*. On en voit de *bicarrés* qui font quatre ans de préparation ; quelques-uns même, grâce à la *surlimite* accordée aux militaires, font cinq, six, sept années : ce sont les *penta*, les *hexa*, les *hepta*. Il y en a enfin, et beaucoup qui ne réussissent jamais.

.... Infortunés *taupins*,

a dit le poète,

Pourquoi tant potasser l'ellipse et l'hyperbole,
Pour demeurer toujours asymptotes à l'École ?

Et en effet le nombre est petit des élus puisque aujourd'hui, pour les deux milliers de candidats, il n'y a guère que deux cent cinquante places. Le *taupin* qui vient en tête de la liste des refusés a du moins une consolation, on l'appelle le *Premier taupin de France*.

Le mot *bizut*, qu'on écrit encore *bisuth*, vient par altération du terme *bisongues*, en espagnol *bisagno*, désignant les recrues, les conscrits et, comme dit Brantôme, « cette racaille de soldats qui ne savent encore les courtoisies de la guerre ». La chanson du *Taupin français*, compare les *taupins* des différentes années :

Le *bizuth* est encore novice
Dans les coutumes des *taupins*;
Il se plonge avec délice
Dans la lecture des bouquins,
Il remet à l'année prochaine
De l'*exam* le souci et la peine.
    Et voilà, etc...

« Le *taupin* souffre et potasse »
C'est la devise du *carré!*
Il se fiche pas mal de la crasse
Qui recouvre son vieux collet.
De pommade il est toujours chiche,
Il conspue la *gomme* et la *corniche*.
    Et voilà, etc...

Le *cube* est une pyramide
Qui s'allonge indéfiniment
Le *bizuth* dans sa chrysalide
Le contemple avec épat'ment.
Parfois dans le plus doux rêve
De l'X, il se voit l'élève.
    Et voilà, etc...

Sur les cahiers d'algèbre et d'analytique rédigés par les

taupins on trouve parfois des croquis ingénieux ou des strophes plus ou moins poétiques. Sur l'un d'eux nous copions ces vers :

>Dans ce triste cahier, rien pour toi, blonde enfant.
>Tu n'y verras ni fleur, ni devise amoureuse ;
>Les chansons se tairaient sur ta lèvre joyeuse
>Qui ne sait que sourire aux propos d'un amant.
>Garde-toi de sonder ces sciences arides
>Qui dessèchent nos cœurs vieillis avant le temps
>   Et font venir des rides
>   A nos fronts de vingt ans !

En 1861, un *taupin* poète avait composé une chanson sur l'air de la *Lorette* de Gustave Nadaud. Cette chanson, très originale et peu connue aujourd'hui, mérite d'être sauvée de l'oubli. Elle a pour titre le *Punch des taupins* :

>   Accourez vite,
>   Le punch invite
>Tous les *taupins* à la fraternité !
>   Flamme gentille
>   Sous nos yeux brille !
>De nos *anciens* portons tous la santé !
>
>Du grand Newton qu'importe le binôme ?
>Dissipez-vous, vapeurs du cosinus !
>N'imitons pas un certain vieux brave homme,
>Tout bourrés d'x, il faudrait fuir Vénus !
>   Mais l'hyperbole,
>   La parabole
>Sont d'une vierge et la taille et le sein ;
>   Pêcheur indigne,
>   Dans l'autre ligne,
>D'appas cachés j'entrevois le dessin !
>
>Je vous dis là, je vous dis des folies,
>Que faire ici de notre sérieux ?
>Ah ! sourions à nos coupes remplies
>Et de l'algèbre à nous les demi-dieux !
>   Venez tous boire,
>   Vous, notre gloire,
>Briot, Moutard, Catalan, Ventéjol !
>   Que l'analyse
>   Chez nous se grise ;
>Pour la fêter, préparons un grand bol !

Par des témoins je me suis laissé dire
Que parfois Sturm et le bon Gérono
Allaient chercher, pleins d'un charmant délire,
Un théorème au fond d'un vieux tonneau.
   Cette méthode
   Est fort commode,
Buvons gaiement à l'abri des censeurs ;
   Nous pouvons rire,
   Un peu médire,
Puisque science et gaité sont deux sœurs !

Place au *tilleur* qui frise sa moustache,
Brave au combat, mais encor plus au lit ;
Chaque beauté sourit à son panache,
Il est très riche... hélas ! c'est par l'habit !
   Quand il travaille,
   Quand la mitraille
Apporte au loin la mort aux ennemis,
   Scène touchante,
   Peut-être il chante
De l'*Artilleur* nos vieux couplets chéris.

L'ingénieur, d'humeur plus pacifique,
Trône en pacha dans ses vastes bureaux,
Il fume, il boit, il cause politique :
Il a le temps d'applaudir les héros !
   La belle route !
   Sans aucun doute
Nous la devons au docte ingénieur,
   Et chacun vante
   L'œuvre savante.
Le cantonnier rit tout bas de l'erreur !

État-major, mines, artillerie,
Moulins à poudre, usines à tabac,
Marine, ponts, télégraphe, génie,
Sont tous états que nous mettons à sac !
   On mène vie
   Digne d'envie,
Mais aurons-nous aussi nos vœux comblés ?
   Hélas ! c'est comme
   Au saint royaume,
Fort peu d'élus et beaucoup d'appelés !

Prions les dieux... et surtout Lefébure,
Peut-être un jour nous rendront-ils heureux ?
Le précédent n'est pas de bon augure :
Nous étions trente, ils n'en ont pris que deux !

>   A nous, je pense,
>   Retour de chance,
> J'attends en paix les arrêts du destin ;
>   Et vers l'École,
>   Gaîment je vole,
> Tout en buvant mon verre en vrai *taupin !*
>
> Versez à flots la liqueur enivrante,
> De l'union resserrons les liens !
> Vidons d'un trait notre coupe brûlante,
> Je porte un toast à nos jeunes anciens !
>   Ah ! buvons vite,
>   Le punch invite
> Tous les *taupins* à la fraternité !
>   Ma tête fume,
>   Mon front s'allume
> Et je parcours un pays enchanté !

La poésie est toujours en honneur dans les classes de *taupe* et, au moment même où nous écrivons, commence à circuler la *Ballade des Points Cycliques* d'un *taupin* du *bazar* Louis :

> Insaisissables locataires
> Des espaces interstellaires,
> Nous sommes les points circulaires
>   De l'infini,
> Car tout cercle qui se respecte
> Nous dévoile à l'œil qui l'inspecte ;
> Et plus d'un *taupin* s'en délecte
>   Le front pâli.
>
> Le cas d'imaginarité
> Qui fait notre divinité
> Nous empêche, hélas ! de flirter
>   Près des planètes.
> Qui, réelles et sans nous voir,
> Mais non pas sans nous émouvoir,
> Dans l'espace font le trottoir,
>   Filles coquettes !

Thêta. — Dans les formules de physique, la température est toujours désignée par la lettre grecque θ ; de là le mot *théta* pour désigner le degré de température et, par extension, le thermomètre qui marque ce degré. Il y a un *théta* de précision dans la cour des élèves. On ne passe jamais sur le Pont-Neuf sans s'arrêter au *théta* de l'ingénieur Chevalier. On dit, par exemple : « Quel *théta*, hier au bal du général ! »

Un certain professeur d'analyse, qui abuse des lettres grecques ornées d'indices, commence ainsi son cours, à la séance des *Ombres* : « Considérons les points θ, θ_1, θ_2, θ_3, θ_4, etc., θ *gueule* ». C'est le même qui considère ensuite « les points η (*éta*), η_1, η_2, η_3, etc., η *sœur* ».

Pendant quelques années, au lieu de dire le *théta*, on disait le *soubra*, du nom d'un adjudant caractérisé par un nez bourgeonné dont la teinte empourprée montait ou descendait à l'inverse de l'alcool dans le tube capillaire.

Topo. — On donne le nom de *topo*, par abréviation du mot *topographie*, non seulement à tout dessin qui représente le plan d'un terrain, mais à toute feuille imprimée ou manuscrite que les élèves se communiquent entre eux, soit dans un but sérieux, soit pour servir d'amusement.

Aux deux ailes du Pavillon, dans le corridor, tout près de la porte d'entrée de chaque division, l'administration a fait mettre une planche sur laquelle elle placarde ses avis officiels. C'est la *planche aux topos*, qu'on appelle encore la *déci* ou le *decharme*. On y trouve certains ordres généraux, les tableaux du service, le menu des repas journaliers. Les élèves y placardent toutes les communications de nature à intéresser la promotion, mais seulement celles qui peuvent sans inconvénient être connues de l'autorité : programmes, invitations, articles de journaux visant l'École, avis sérieux ou burlesques, parfois illustrés d'un coup de crayon original, par les artistes de la promotion.

Un reporter loustic vient coller sur la *planche aux topos*, avec quatre pains à cacheter, une nouvelle du jour dans le goût de celle-ci :

« Hier des voleurs ont escaladé les murs de l'École en se servant de *l'échelle des teintes ;* ils ont brisé le *cycle de Carnot,* faussé la *règle d'Ampère,* volé un terme de la *série de Taylor...* »

Un autre *topo,* signé Pierre Delix, est ainsi conçu :

« Ce matin certaines *coniques* qui s'étaient fait remarquer par leur *excentricité* ont été renvoyées dans leurs *foyers...* »

Un troisième *topo* annonce ces lugubres nouvelles :

« Des points ont été projetés violemment sur le plan horizontal ; lorsqu'on les a relevés, ce n'étaient plus que des *points morts.* A cette vue, une poulie est devenue *folle.* »

C'est sur la *planche aux topos* que sont consignés les renseignements ou *tuyaux* que l'on a intérêt à connaître. Se méfier des *bateaux,* mauvaises plaisanteries qui constituent de *faux tuyaux.*

Le *topo* est aussi la feuille de papier qui circule de salle en salle, soumettant au jugement de chacun quelque question baroque, s'enrichissant en chemin des observations les plus comiques, dont la lecture dissipe un instant la fatigue et l'ennui des trop longues études. Un *topo* fait connaître par exemple l'épitaphe suivante : *Quies quiam angelum laetorum,* qu'un *ancien* dit avoir trouvée dans un cimetière gallo-romain et qu'il s'agit de traduire (1). Un autre *topo* demande la construction immédiate du funiculaire de la rue de la Montagne-Sainte-Geneviève, ou bien soumet à la promotion certaines propositions burlesques qui reviennent avec une étonnante périodicité : celle qu'on ait une femme nue à dessiner comme modèle vivant, qu'on adopte des dossiers aux *bourets,* qu'on pave en bois la rue Tournefort, qu'on installe une cantine au *binet* de service, qu'on élargisse l'escalier du *Soufflet,* etc., etc.

(1) *Qui est-ce qui a mangé l'omelette au rhum?*

Le *topo* est encore la feuille circulant de salle en salle et sur laquelle chacune d'elles inscrit son vote et ses observations, lorsqu'il s'agit de consulter la promotion tout entière et de prendre une résolution générale obligatoire ; on l'appelle le *topo d'observ*. Il est de principe à l'École que toute décision doit être votée et le *Code X* reproduisant formellement ce principe a réglé la procédure du vote par les articles suivants :

>Les décisions sont prises à la majorité des votants.
>Il n'est tenu aucun compte des abstentions ; les seules voix comptées sont celles qui se prononcent pour ou contre la proposition en question.
>Si au premier tour le total des voix n'atteint pas les deux tiers du nombre d'élèves de la promotion (ou des deux promotions, si les deux promotions votent ensemble) il est procédé à un second tour de scrutin. Au second tour le vote est valable, même si le total des voix n'atteint pas le chiffre des deux tiers, pourvu qu'il atteigne le chiffre de la moitié.
>Pour toute question importante, sauf le cas de déclaration préalable d'urgence, un premier *topo* circule dans les salles et reçoit les observations de tout le monde. Ce premier *topo* sera rapporté à la caisse. Les caissiers feront ensuite circuler une deuxième fois ce *topo* dans toutes les salles en même temps qu'un projet de vote revêtu (au moins pour les questions importantes) du timbre de la caisse ; aussitôt après le passage de ce *topo* de vote, les sergents apporteront les votes de leur salle au major de leur compagnie, qui apportera le résultat à la caisse, en même temps que les *topos* d'observation et de vote qui doivent être conservés aux archives.
>Les caissiers feront connaître immédiatement aux deux promotions le résultat définitif du vote.
>Les conscrits ne peuvent prendre part aux votes qu'à partir du 15 février ; à partir de cette époque, aucune décision ne pourra être prise que par les deux promotions réunies.
>Dans les cas déplorables où les intérêts des deux promotions seraient en désaccord, les influences seront modifiées en multipliant les votes de chaque promotion par le nombre des votants de l'autre.
>Cet article ne sera pas applicable quand l'une des deux promotions se trouvera réduite par suite de départ prématuré d'une partie des élèves.

L'autorité cherche bien à saisir le *topo* qui circule et qu'elle sent, la plupart du temps, dirigé contre elle, mais elle n'y réussit presque jamais. Quand le *topo* doit passer d'une salle à l'autre, trois coups de *houret* frappés sur la cloison avertissent les voisins, les portes des salles s'ouvrent à demi, deux mains sont tendues l'une vers l'autre et la feuille est passée sans que le *basoff* aux aguets ait rien vu du mouvement.

C'est ainsi que, depuis l'époque où l'École a été casernée, s'est organisé et transmis le système de résistance à l'autorité, donnant raison aux prédictions de cet élève qui écrivait au Directoire agitant déjà la question du casernement : « Attendez-vous à toutes les espiègleries de la part de jeunes gens embastillés par vos soins. »

Torsion. — *Accès de gaieté.* Terme faisant image et dépeignant l'état de celui qui rit « à se tordre ». A vingt ans, quand on est enfermé, le moindre incident est un sujet de *torsion*.

On donne le nom de *topos torsifs* aux *topos* qui circulent dans les salles, aux heures de fatigue, agitant, en manière de plaisanterie, les propositions les plus saugrenues, les plus incohérentes. Pour les faire lire, les auteurs ont bien soin de les recommander en les décorant du nom de *topo sérieux* : dès la première ligne on est renseigné. Tel veut qu'on *dévisse* les majors au *géné* pour obtenir qu'un tramway conduise les X au manège ; tel demande l'expulsion des jésuites, et chaque salle couvre le *topo* des observations les plus folles.

Trapu. — Synonyme de *fort*, au point de vue intellectuel, au même titre que *calé*, *chic*, *époil*... Richepin présente ainsi Césarine :

« Cette petite, servant d'Égérie au vieux licencié est *plus trapue en x* qu'un candidat à l'École polytechnique. »

Triple X. — Synonyme de géométrie analytique à trois

dimensions. Ne pas confondre avec *Triplice*. La *triple X*, enseignée par Monge, est restée attachée au cours de géométrie descriptive jusque vers 1851, époque à laquelle on l'exigea pour l'admission. Le professeur Bour, en entrant dans l'amphithéâtre, traçait trois petits axes des coordonnées dans le coin gauche du tableau, puis saluait et commençait sa leçon.

Trompe-nature. — Sobriquet donné à un préparateur de physique à cause de sa laideur. Son véritable nom était Obelliane ; il appartenait à une famille de physiciens distingués, praticiens habiles, attachés à l'École depuis la fondation. Celui-là était le second de la génération. Rien n'était plus comique que de le voir, à l'amphithéâtre, jouant un air sur le violon théorique de Savart. « Ne jouez pas trop vite, » lui disait malicieusement le professeur Lamé, « cet instrument n'a jamais réussi que pour l'*andante*. »

Trompette (la). — La *Trompette* est un salon musical de Paris, universellement connu. Il s'y donne des concerts d'une exécution parfaite, dans lesquels les meilleurs artistes se font entendre. Les invitations réservées de préférence aux anciens élèves de l'École, à la marine, aux personnalités du monde scientifique, à des personnages de distinction et, naturellement, à des relations personnelles, sont fort recherchées. S'y faire entendre est pour les artistes comme une consécration de leur talent.

La création de la *Trompette*, son organisation extrêmement originale, sont l'œuvre d'un *antique*, amateur éclairé de musique, l'ingénieur Émile Lemoine, qui en fait les honneurs ainsi que madame Lemoine avec une exquise amabilité.

L'origine en remonte à l'année 1860. Dans un *binet de*

colle, des élèves épris de musique classique, Lemoine, Peyrot, Rossel, Bazaine, Caspari, et quelques autres s'exerçaient à exécuter les œuvres des maîtres pendant la récréation ; des camarades venaient s'asseoir ou se coucher par terre pour les entendre en fumant leur pipe. Cette petite pseudo-société s'appelait la *Philopipobithouinique*, « bithouine » venant du mot « Beethoven » qu'un *cocon* profane avait un jour prononcé naïvement *Bithouine*, comme un nom anglais, à peu près comme *between*. Après la sortie

de l'École, les mêmes camarades et d'autres se remplaçant comme les pièces du couteau de Janot — mais Lemoine restant la *constante* — ont continué à tenir leurs réunions musicales à Paris dans des chambres d'étudiant, puis, le public de ces réunions s'accroissant d'année en année, dans des ateliers d'amis, dans des locaux particuliers, chez Érard, chez Pleyel, enfin dans la salle de la Société d'horticulture, qu'elle dut à la faveur du savant chimiste Würtz, l'un des auditeurs les plus assidus.

L'œuvre artistique de M. Lemoine, créée uniquement dans le but de faire entendre de la bonne musique à ses amis, aujourd'hui hautement appréciée, a eu ce résultat, en provoquant l'organisation de concerts publics, de matinées de musique classique ou de chambre, d'exercer la plus heureuse influence sur le mouvement ascendant de l'art musical à Paris.

Le nom de la *Trompette* vient de ce que le camarade Laurent, aujourd'hui examinateur d'admission, disait constamment à Lemoine : « Laisse donc ta *trompette* tranquille, » et l'habitude se prit — entre les exécutants de la première heure — de dire plaisamment la *Trompette*, en parlant de la réunion.

N'entre pas qui veut à la *Trompette*.

Voici quelques conseils pratiques, instituant comme un manuel du parfait invité, présentés sous une forme quelque peu décadente et que l'on attribue à un auditeur assidu, le mathématicien Laisant :

> Vraiment ! vous demandez cela !
> Vous voulez pénétrer à la
>   Trompette !
> Pour une telle ambition,
> Il faut une éducation
>   Complète.
>
> Plus d'un en dehors est resté
> Qui d'être artiste réputé
>   Se pique,
> Il faut savoir prendre le *la*
> Pour montrer que l'on aime la
>   Musique.
>
> Pas de bébés de moins d'un an
> Surtout lorsqu'ils sont en
>   Nourrice.
> De crainte que, cela s'est vu
> Un bruissement imprévu
>   Surgisse.

En somme c'est bien composé,
Le public est sage, posé,
        Pratique.
C'est surtout un monde poli
Sorti de l'École Poly
        technique.

Truffin. — On appelle ainsi le coiffeur, l'artiste (!) qui tond et rase la *truffe* (tête). Le nettoyage des *truffins* qui viennent à l'École est demandé tous les ans par les caissiers, mais sans succès.

Unif. — Abréviation d'*uniforme*. Au moment de la fondation de l'École, on ne se préoccupa guère de la question de l'habillement. « Une bonne redingote et une carmagnole doivent suffire, » avait dit l'un des membres du Comité de salut public. Cependant Lamblardie, le premier directeur, avait demandé un uniforme simple et peu coûteux, mais qui devait obliger les élèves à se respecter eux-mêmes. En 1795, une loi ayant assimilé les élèves aux gardes nationaux en activité de service et leur ayant alloué en conséquence les rations de nourriture et l'habillement, le ministre de l'intérieur décida qu'ils porteraient le costume de canonnier de la garde nationale, avec une marque distinctive. La troisième promotion, celle de 1796, eut le même costume, mais les boutons de l'habit portèrent pour la première fois cette inscription : ÉCOLE POLYTECHNIQUE. Les élèves, insuffisamment surveillés, ne tardèrent pas à abandonner l'uniforme ; mais en 1798, lors de l'épuration générale qui fut ordonnée, une nouvelle décision formelle leur enjoignit d'avoir à se procurer l'uniforme sans délai. Cet uniforme comportait l'habit à châle fermé par cinq boutons, coupé à la française, veste et pantalon couleur bleu national, les boutons dorés, le chapeau à trois cornes ; plus civil que militaire, il avait été emprunté aux dessins de David. L'habitude se prit bien vite de porter par-dessus l'uniforme une longue redingote de couleur avec un haut collet de velours noir que l'administration fut obligée de tolérer comme effet réglementaire.

En 1804, quand l'École fut soumise au régime militaire et casernée, l'empereur donna aux élèves un uniforme de grande et de petite tenue assez semblable à celui de l'armée et rappelant l'uniforme porté par lui-même à Brienne. La grande tenue des dimanches et fêtes, comportait l'habit bleu national à la française avec collet montant en drap écarlate et revers blancs, les pattes et les parements noirs, les contre-épaulettes bleues, les boutons dorés, les retroussis en drap écarlate en forme de triangle ; en outre une veste en drap blanc très fin, une culotte de même couleur, des guêtres de toile blanche à quarante-six boutons. Enfin un chapeau à trois cornes avec bordure en galon noir et ganse jaune, deux palmettes en soie bleue et la cocarde nationale. La petite tenue se composait d'un surtout en drap bleu avec parements noirs, d'une veste de même étoffe, d'une redingote croisée de drap bleu, un bonnet de police à liséré écarlate et gland jaune, de la giberne et du havresac. La tenue des jours de sortie n'ayant pas été fixée d'une manière positive par les règlements, on rencontrait des polytechniciens dans les tenues les plus disparates. Les uns étaient vêtus de drap bleu fin avec des aigles en or aux retroussis, les autres portaient la culotte blanche, le chapeau à haut bord et les bottes; quelques-uns avaient la mise d'officier, aux épaulettes près. En 1805, au moment où l'École prit possession des bâtiments du collège de Navarre, l'uniforme fut fixé par décret impérial et subsista jusqu'à la fin de l'empire, sans autre changement que le remplacement du chapeau à trois cornes par le *schako*.

Lors de la réorganisation de l'École en 1816, l'uniforme fut supprimé en même temps que le régime militaire. On

donna alors aux élèves une tenue civile, semblable en tous points à celle de l'École normale, c'est-à-dire le frac, le pantalon bleu, le chapeau rond, pas d'épée; rien ne la distinguait de celle des collégiens si ce n'est les palmes d'or au collet et les boutons en or fleurdelisés portant en exergue : ÉCOLE POLYTECHNIQUE. Une estampe du temps représente les élèves au tombeau de Monge avec cet habillement assez singulier.

L'uniforme qui est devenu si populaire a été porté pour la première fois par la promotion de 1823 ; l'habit a un seul rang de bouton, à revers rouges, avec les parements et le col en velours noir, les boutons de l'artillerie et du génie, le pantalon à bandes rouges ; seuls les sergents portaient l'épée. Le chapeau se portait dans le principe en *bataille*, comme dans la gendarmerie. Un peu plus tard, les élèves adoptèrent le manteau à la *chiroga* alors à la mode

qui se rejetait sur l'épaule à l'espagnole ; il n'était pas réglementaire (1).

Le lendemain des trois glorieuses journées de Juillet, le droit de porter l'épée fut donné à tous les élèves.

Depuis 1870 l'habit légendaire a disparu ; les élèves portent une tunique noire à deux rangées de boutons semblable à celle des officiers du génie, mais avec le même

(1) Les costumes que nous reproduisons ont été dessinés par l'artiste Régamey, pour le *Journal de la Jeunesse*. La maison Hachette nous a gracieusement autorisés à les reproduire, ainsi que le dessin du *Réfectoire*.

chapeau à claque et le même képi à large galon d'or ; une épée à poignée de cuivre avec un fourreau de cuir noirci :

l'hiver, ils prennent la capote-manteau ou la pèlerine comme les officiers de l'armée.

Vadrouille. — Mot emprunté à l'argot de la rue et qui signifie une « fête exagérée ». *Piquer une vadrouille*, c'est faire la fête. Le jour de la Mi-carême, il est arrivé que des élèves affublés de leur blouse de *manip*, d'un pantalon de *gymn*, et le visage défiguré par une fausse barbe, se sont mêlés aux cavalcades de la rue. La *vadrouille* terminée, ils se sont rendus chez le photographe Gerschel pour se faire représenter dans leurs costumes variés. Dans une de ces fêtes un *X*, insulté par une poissarde, lui répliqua gravement : « Tais-toi, vieille pyramide tronquée, vieille tangente, équation bicarrée, espèce de secteur! » La poissarde fut tellement stupéfaite qu'elle ne trouva pas un mot de réponse.

Veaux-gras. — Élèves de l'École du Val-de-Grâce.

Visser. Dévisser. — Celui-là est *vissé* sur un banc ou sur un *bouret* qui ne bouge pas de sa place. A l'inverse, se *dévisser* c'est changer de place. Les piocheurs travaillent trois heures de suite sans se *dévisser*. Quand la promotion a quelque demande à adresser au général elle lui *dévisse* le major. « Nous demandons que les caissiers se *dévissent*, » disent les *topos* qui circulent pour réclamer telle ou telle démarche. On se *dévisse* chez les *antiques* pour leur demander leur appui quand un conflit grave s'est élevé avec l'administration.

Whist. — C'est le jeu le plus en honneur à l'École. Les premiers temps, on le joue pendant la récréation, dans la salle des jeux ; mais bien vite l'habitude se prend de « faire un mort » dans la salle d'étude.

Autour d'une planche à dessin posée sur les genoux, dissimulés dans le *désert* dans les attitudes les plus gênantes, certains élèves font d'interminables parties de whist.

Quelques enragés jouent même à l'*amphi*, pendant la leçon ; accroupis sur le *géométral* (Voy. $z = h$), tenant le moins de place possible, ils parviennent à échapper à la surveillance du *pitaine* de service.

Les polytechniciens jouent rarement le whist à quatre, mais ils sont passionnés pour le *mort*.

Après la sortie de l'École c'est encore leur jeu favori, et la plupart ont la réputation d'y être de première force.

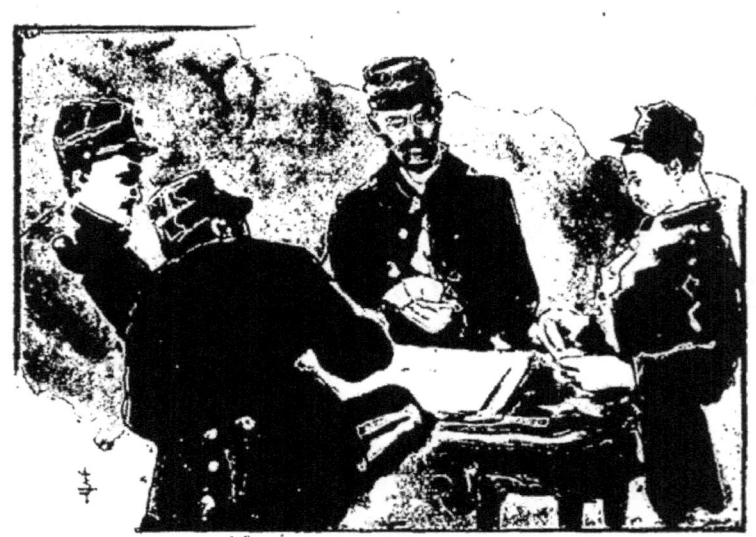

X. —. Caractère emprunté à l'algèbre, qui désigne à la fois le polytechnicien et l'École polytechnique elle-même.

Un X est pour tous les *taupins* un être en quelque sorte supérieur, pour lequel ils professent le respect et l'admiration. L'étude presque exclusive des mathématiques, son état d'abstraction dans les x et les y, lui ont valu depuis longtemps d'être désigné par ce symbole. Un jour, Charlet, pendant une séance du conseil, s'amusa à représenter un polytechnicien frappé d'apoplexie. Le médecin accourt, lui ouvre la veine : il n'en sort pas une goutte de sang... seulement des x et des y.

L'X désigne aussi l'École. La renommée, la popularité de l'institution sont encore si grandes que dans les collèges et les pensionnats, presque tous les bambins de la classe de huitième déclarent qu'ils se destinent à l'X.

Tout ce qui vient de l'X est populaire, jusqu'à ses chansons dont les airs se fredonnent dans les familles, bien que les paroles restent heureusement ignorées. Le camarade Saraz, tout à la fois excellent mathématicien et excellent musicien, a composé un *Quadrille de l'X* joué dans toutes les maisons polytechniciennes et qu'il nous a autorisés à reproduire.

La première figure rappelle l'air du *Général Coffinières* ; la seconde, celle du *Moine Père capucin*.

La troisième figure rappelle l'air de *l'Amoureux Colin* et celui des *Prisons de Nantes*.

La quatrième figure rappelle l'air du *Chameau*; la cinquième se termine par le célèbre *Pompier*.

L'*X* a ses armes sculptées par Romagnesi sur les bas-reliefs qui décorent la porte d'entrée. On y voit une petite Minerve, déesse de la Sagesse, ayant à sa droite un coq et à sa gauche un hibou. Pourquoi ce coq ? disent les loustics. Parce que Napoléon appelait l'École « sa poule aux œufs d'or ». Et pourquoi ce hibou ? Parce que l'*X* est la plus *chouette* de toutes les Écoles.

L'aspirant à l'*X* ambitionne invariablement les carrières civiles. Longtemps il fut tenu de déclarer dès le moment de son admission la carrière à laquelle il se destinait; beaucoup se trouvaient embarrassés. Une épître adressée à un jeune élève au moment de son entrée à l'*X*, dont nous donnons ci-dessous un extrait, avait été composée pour dissiper leurs incertitudes en les éclairant sur le but et l'objet des divers services. Elle est due à Paulinier de Fontenille, de la promotion 1830.

> Enfin, après deux ans de travail et d'attente,
> Sorti victorieux d'une épreuve savante,
> . . . .
> Instruit, presqu'en naissant dans les mathématiques
> Tu suivras sans effort les cours polytechniques.
> . . . .
> En entrant à l'École, il te faut sans attendre,
> Déclarer sur-le-champ l'état que tu veux prendre.
> Voudrais-tu te livrer au soin des grands travaux,
> Savoir fonder des ponts et creuser des canaux?
> . . . .
> Il faut donner tes soins et toutes tes pensées
> Au corps royal chargé des ponts et des chaussées...
> . . . .
> Préfères-tu marcher sur les pas de Vauban
> Élever des remparts tracés d'après ton plan ?
> . . . .
> Sois digne d'être admis dans l'arme du génie
> Et sois assez heureux pour y passer ta vie !
> Peut-être voudrais-tu connaître par quel art
> Dans la nuit, mais pourtant sans marcher au hasard,
> Pénétrant par des puits sous la terre qu'on fouille
> On trouve les métaux, les pyrites, la houille ?...
> . . . .
> Villefosse et Beaunier pourront t'en assigner
> Plus qu'ils n'en ont appris du classique Werner !

Mais ta vocation est pour l'artillerie,
Pour le corps qui sauva tant de fois la patrie?
Eh bien, tu peux servir, au parc, à l'arsenal,
Faire la guerre à pied, ou la faire à cheval.....
. . . .
Battre de front, d'écharpe, à dos, à ricochet,
Et de mille façons tuer par le boulet!
. . . . Tu peux vouloir aussi
Reconnaître un pays, en donner le dessin,
Lever et niveler tous les plis du terrain ;
D'après le cours des eaux, figurer les montagnes!...
... Creuser des ports de mer, avancer quelque môle,
Construire sur étais ces superbes vaisseaux
Que des plans inclinés lanceront dans les eaux !...
. . . .
Pour ne pas t'égarer dans le chemin subtil
De la main d'Arago tu recevras un fil
Qui, de mille embarras éclaircissant le doute,
Du vrai, près des erreurs, te montrera la route.

Le conscrit y trouvait ensuite une esquisse rapide de l'enseignement donné à l'École :

. . . . Tu verras dans Paris
Jeter les nouveaux ponts ou battre le pilot,
Calculer la valeur des pompes de Chaillot,
Raisonner de sang-froid sur le gaz hydrogène,
Savoir comment on cuit et peint la porcelaine
Et comment, fil à fil, copiant un tableau,
L'aiguille aux Gobelins remplace le pinceau.
. . . .
Ton esprit marchant sur les pas du génie
Parcourt le cercle entier de l'encyclopédie.

L'épître se terminait par quelques sages conseils sur la pratique de la vie.

Par ta jeunesse exclu des affaires publiques
Ne prends aucune part aux débats politiques !
. . . . Si tu veux te distraire
Reprends tes vieux amis, reviens au bon Homère,
Scande encor les beaux vers de Virgile et d'Horace...
. . . .
Dans tes nobles projets prends pour but d'être utile...
. . . .
Sois l'homme de talent qui consacre sa vie
A bien servir son Dieu, son prince et sa patrie !...
. . . .

Le choix de la carrière ayant été ajourné au moment de la sortie de l'École, voici comment il y était procédé : le général réunissait la promotion dans le grand amphithéâtre ; chaque élève, appelé d'après son rang, demandait à haute voix la carrière qu'il préférait. Quand l'élève faisait choix d'une carrière civile, l'assistance gardait un silence glacial ; quand, au contraire, il demandait la *sape* ou l'*arti*, des applaudissements éclataient de toutes parts et l'élève recevait l'accolade du général.

L'X existait déjà à l'époque des Pharaons ! ! Héron de Villefosse, de la promotion 1794, qui fit partie de l'expédition d'Égypte, déclare avoir trouvé, en faisant des fouilles aux pyramides de Giseh, un portrait hiéroglyphique du polytechnicien, dessiné il y a quarante siècles. Ce dessin que nous reproduisons, représente un polytechnicien géométrique, constitué par des triangles, des rectangles, des branches de compas, etc.

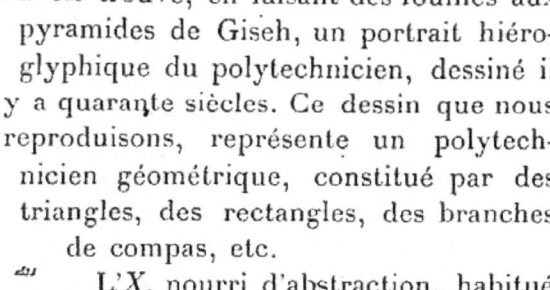

L'X, nourri d'abstraction, habitué à la logique implacable des mathématiques, est généralement regardé comme un rêveur, un utopiste. Quelle erreur ! Est-ce que toutes les affaires humaines ne comportent pas la recherche d'une inconnue ? Croyons-en là-dessus le poète de la promotion 1834, à la douce philosophie, l'auteur de cette charmante pièce :

> X est mon nom ; je ne sais quel caprice
> Me fit donner un nom si dur, si sec ;
> J'eus pour cadet un frère qu'en nourrice
> On baptisa du joli nom d'Y...
> Pour compléter cette liste gentille,
> Il nous survint un tiers frère puîné
> Qu'on nomma Z... et voilà la famille
> Dont j'ai l'honneur, messieurs, d'être l'aîné.

Au ciel de la mathématique
Je brille toujours radieux,
Et l'École polytechnique
Est mon Parthénon glorieux.
Je suis le sphinx qui d'âge en âge
Interroge l'humanité,
Pour déchiffrer page par page
Le livre de la vérité.
Je suis tout ce qu'on ignore,
Ce que la naïve Pandore
Cherchait au fond de son écrin,
Ce que cherchait le premier homme
Quand à l'arbre il cueillit la pomme
Et la croqua jusqu'au pépin.

Ainsi, d'après cette légende antique
Dont on pénètre assez la fiction,
Mon origine est de date authentique :
   Je remonte à la création.
En vieillissant, je rajeunis sans cesse ;
Je disparais, sitôt qu'on m'a tenu,
Et plus l'esprit humain marche et progresse
Plus devant lui j'agrandis l'inconnu.
L'inconnu ! ! Quel est ce prestige,
Au temps passé comme aujourd'hui,
Qui donne aux hommes le vertige,
Et toujours nous attire à lui ?

Depuis la jeune bergerette
Effeuillant une paquerette
Pour interroger l'avenir,
Jusqu'à la vieille acariâtre,
Qui, d'un désir opiniâtre,
Calcule le quine à venir ;
Jusqu'à ce joueur émérite
Qui va côtoyant sans remords
Ou l'opulence ou la faillite
A travers primes et reports ;
Dans cette immense fourmilière
Qu'on voit courir et s'agiter,
Chacun de nous, à sa manière,
Fait de l'X, sans s'en douter.

Mettre à la loterie
Pour gagner le gros lot ;
Dans tel fonds d'industrie
Risquer son bibelot ;
Quand la baisse est venue
Courir le million,

C'est chercher l'inconnue
Dans une équation.

Déchiffrer la charade
Ou le rébus du jour,
Les notes d'ambassade,
La *Gazette d'Augsbourg*,
L'empreinte vermoulue
De quelque inscription...
C'est chercher l'inconnue
Dans une équation.

Dans Mathieu de la Drôme
Chercher le temps qu'il fait,
Entre Paris et Rome
Un ménage parfait,
Au fond d'une cornue
Brevets d'invention,
C'est chercher l'inconnue
Dans une équation.

Espérer que les drames
Seront moins assommants,
Et que nos belles dames
Tiendront tous leurs serments,
Faire le pied de grue
Le soir, sous le balcon,
C'est chercher l'inconnue
Dans une équation.

Viser à faire école
Dans un genre nouveau,
Pour quelque protocole
Se creuser le cerveau,
S'en aller dans la nue
Faire une ascension,
C'est chercher l'inconnue
Dans une équation.

Chercher un cœur fidèle,
Un Gascon point vantard,
Un Normand sans querelle,
Un pays sans mouchard,
Une actrice ingénue,
Un lord sans prétention,
C'est chercher l'inconnue
Dans une équation.

Parfois, au printemps de mes jours,
J'ai cueilli le myrte et la rose
A la ceinture des amours ;
Mais aujourd'hui, l'âge morose
Me défend de semblables tours ;
Ils sont passés ces jours de fête
Où, pour faire de l'intégral
Et du magnétisme animal,
Je m'adressais à ma Lisette ;
Où nous abordions haut la tête
Le problème le plus profond,
Où sans fatigue et d'une traite
Nous poussions nos calculs à fond.

Alors, j'en ai la souvenance,
Alors, en toute occasion,
J'allongeais l'opération
Jusqu'à la n^{me} puissance ;
A présent, quel déchet cruel !
Je n'intègre qu'avec mollesse,
Et, quoiqu'en ce monde tout baisse
Par décret providentiel,
Je n'ose avouer la faiblesse
De mon chiffre exponentiel.

Il n'est à cela de remède :
A l'été, l'automne succède,
Puis l'hiver. Et de numéro
    En numéro
Nous descendons jusqu'à zéro.

Y. — La lettre y est la cousine de la lettre x, comme le disait père Faurie, un *colleur* de *taupins* qui a interrogé dans les lycées des milliers de candidats à l'X. C'est la *fonction*, x étant le plus souvent la *variable indépendante*; il conviendrait donc de répéter pour l'y ce que nous avons dit pour l'x.

Cette lettre a servi de rime à Vacquerie, le poète journaliste, qui fut candidat à l'École, et qui rappelait ainsi son travail acharné de *taupin* :

> On me tordit, depuis les ailes jusqu'au bec,
> Sur l'affreux chevalet des x et des y.

Comme Vacquerie, notre grand Hugo avait songé à se préparer à l'École. Peut-on affirmer, contrairement à l'opinion répandue, que l'étude des x et des y n'aurait en rien gêné les élans de son imagination? Oui, si l'on considère que l'École n'a pas produit que des savants, des ingénieurs ou des officiers, mais aussi des écrivains, même des poètes : Valkenaer, de Barante, le Père Gratry, Armand Silvestre, Kerviler, Marcel Prévost, Ed. Estaunier, Pierre Delix...

Z = H. — Expression qui veut dire *plan horizontal*. C'est par des plans horizontaux, dont l'équation est $z = h$, qu'on coupe les surfaces, en géométrie analytique, pour étudier la nature des sections. Le plan, représenté par $z = o$, indique pour les élèves le plancher de la salle : c'est le *géométral*. Faire $z = o$, c'est se coucher sur le sol, en salle ou à l'*amphi* et sommeiller ou faire un whist. Le nouvel *amphi* de physique offre précisément un vaste espace propre aux joueurs qui sont dissimulés par les dos de leurs camarades. Il arrive parfois que l'*amphi* se vide sur le *géométral*, et, ce qui ne manque pas d'impudence, les whisteurs se plaignent souvent du bruit que fait le professeur en parlant!

Zanzibar. — Jeu que les anciens apprennent aux conscrits dès leur arrivée. Le conscrit, bien innocent, est debout ou assis sur un tabouret, on lui fait tenir un verre de lampe entre ses jambes rapprochées et, sa tête étant légèrement inclinée en arrière, on lui place une pièce de un sou sur le front. Il doit, par de petits mouvements de la tête arriver à faire tomber le sou dans le verre de lampe. Mais, pendant qu'il s'applique consciencieusement à ce petit exercice, l'*ans* malin verse de l'eau dans le verre et le malheureux conscrit n'a plus qu'à courir au *casert* changer de pantalon.

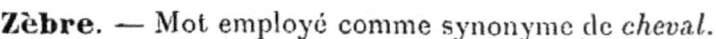

Zèbre. — Mot employé comme synonyme de *cheval*.

Les anciens, depuis une quinzaine d'années, montent à *zèbre* une fois par semaine. C'est là une innovation heureuse et une excellente préparation aux exercices de Fontainebleau. La plupart des nouveaux polytechniciens, malgré l'épreuve de l'entrée, sont assez malhabiles et les premières leçons ne sont pas sans leur causer des appréhensions assez vives; cela n'empêche pas certains d'entre eux de chercher, en portant des pantalons basanés, des éperons, à poser pour le cavalier. On en voit même quelques-uns se risquer le dimanche au bois, ceux-là sont passibles de la *cote pose* et le lendemain il reçoivent les félicitations ironiques de toutes les salles.

Les leçons de *zèbre* se donnent au manège de la rue Lhomond, dirigé par M. Brancourt; le costume de l'équitation est la tenue d'intérieur; le pantalon seul, d'une étoffe plus résistante, s'appelle le *basané*. A la fin de l'année on fait quelques promenades dans les environs de Paris.

En descendant de *zèbre* il est d'usage de s'arrêter chez la mère Corneille pour y prendre une *prune*.

Zeller. — M. Jules Zeller, le savant historien, membre de l'Institut, a occupé pendant vingt ans la chaire d'histoire à l'École.

Ses leçons, faites avec une gravité pleine de finesse, bourrées d'anecdotes et de rapprochements curieux, empreintes d'un patriotisme ardent, étaient écoutées avec recueillement. Elles se faisaient tout d'abord le mardi soir et comme le repas qui suivait comportait invariablement un plat d'épinards, le nom de *zeller* est resté aux *épinards* de l'École.

Le souvenir encore vivant du sympathique professeur est conservé le jour de la séance des *Ombres* par quelques allocutions comiques qu'on lui prête en exagérant les *hum! hum!* les *particulièrement*, les *en quelque sorte*, dont il émaillait son discours.

— Louis XIV, messieurs, passait, hum! agréablement des lettres aux arts, et des arts, hum! aux langues...

François Ier, aimait beaucoup les brunes, hum! les blondes *particulièrement*.

Alexandre VI (*hum!*), Borgia, fut pape, *en quelque sorte*. D'après ses ordres, *hum!* ses ennemis étaient précipités dans le Tibre, *en quelque sorte*, où ils mouraient, *particulièrement*.

Zinc. — *Pantalon de toile grise* qu'on portait à l'intérieur durant les chaleurs; son nom provenait à la fois de sa couleur et de sa raideur.

On a conservé le nom de *zinc* au costume de gymnastique dont la toile est de couleur grisâtre.

La première séance de gymnastique est l'occasion du *monôme des zincs*.

Zurlin. — Les stores qui protègent les salles d'étude des rayons du soleil, sont appelés les *zurlins* en souvenir du colonel Zurlinden, commandant en second (1883), et qui est aujourd'hui l'un des plus brillants de nos commandants de corps d'armée.

Sur le *zurlin*, on dessine les sujets les plus variés ; le plus souvent, c'est un artilleur avec cette inscription entourant la tête comme d'une auréole : « Vive l'arti ! »

ACHEVÉ D'IMPRIMER A CORBEIL

PAR

ÉDOUARD CRÉTÉ

le dix mars mil huit cent-quatre-vingt-quatorze.

www.ingramcontent.com/pod-product-compliance
Lightning Source LLC
Chambersburg PA
CBHW060503170426
43199CB00011B/1308